4年生
国語―教科書教材の読みを深める言語活動
発問を中心とした全時間の展開例

今井成司
林真由美
山本瑠香
編著

本の泉社

はじめに

この本は「どう授業をしてよいかわからない」という教師向けではありません。「指導書を見てやってみたがうまくいかなかった」という人にはぜひ読んでほしい、使ってほしいのです。「自分で考えてやってみたがすっきりしない」という人にはぜひ読んでほしいのです。

「やってみたがうまくいかなかった」という反省が出ることはとてもいいことです。「よかったのか、悪かったのか」振り返りができているからです。

言語活動が重視され始めたころ「動作化」や「〇〇作り」などが盛んになり、活動はあるがそれで言葉について考えたことになるのだろうかという疑問がたくさん出されました。私たちもこれでは「活動らしきものはあるが、文章を読んだとはならないのではないか」と感じました。

そこで、しっかりと読むためにこそ言語活動・学習活動を位置付けたいと思ったのです。

「ウナギのなぞを追って」は優れた文章です。それだけにいろいろなアプローチが可能です。たとえば、ウナギの誕生日を暦で整理した場面では、「整理したグラフができあがった時、研究者たちはどんな会話をしたのだろうか。」として「会話」を劇風に書かせたらどうなるでしょうか。研究というものの臨場感まで味わいながら、研究者の思いも伝わる会話になるでしょう。しかもそれは、もっと高度な形で、確実に研究でおこなわれたことなのです。ですからこの「会話を書く」活動は、現実に近付くことになるのです。「整理」したことの意味もここではっきりとつかめるでしょう。「会話を書く」「劇にする」という活動も、このようにして読みを豊かにすることができると私たちは考えています。

「初雪のふる日」もぜひ読み深めたい作品です。ここでは周りの様子の変化に注目して授業を展開します。最終章では、町の人々は「その日家に帰ってから、家族にどんな話をしたでしょうか」ということで文章に書かせることも提起しました。具体的な場面を設定して書くことで、表現の仕方が決まります。それを書くことで、この「事件」の性格＝とらえかたが浮き彫りになると考えたからです。

このほか、「花を見つける手がかり」では図や絵にかくことで、

「ヤドカリとイソギンチャク」では吹き出しに書くことで、より理解が具体化するというようにして、授業を展開していきます。

方法は一人歩きするのではなく、教材に合ったものを選ぶ・使うということが大事です。

本書では、教科書作品・教材以外にも触れました。作文や俳句などの言語活動そのものである表現活動および「言語事項」です。いずれも基礎的なことを扱いました。

全体にわたって「授業・提案」の形をとりました。発問を中心にしました。授業は生き物ですので、これはあくまでも一本の線にすぎません。実際にはもっと豊かな言語活動・学習活動が展開されるはずです。これを土台にして、豊かな授業を作っていただけたら幸いです。

また、「提案」の性格上、子どもから出た疑問や、問題を中心にして展開する授業については、深くは触れられませんでした。しかし、「ウナギのなぞを追って」「一つの花」「ごんぎつね」ではその方向を示しました。発展していただければ幸いです。

二〇一八年三月吉日

今井成司

0

目次

4　人物の気持ちを、行動や会話から想像する

「走れ」村中李衣（東京書籍・四年上）

【執筆者　小美濃　威】

Ⅲ　言語活動・言語事項　子どもが生きる　ことばが活きる

ご利用なさる方へ

国語の授業の型にとらわれることなく、教材・作品の特徴に合わせた授業展開・言語活動を目指し製作したものです。本書の見方は、主に次のようになっています。

- ●「■」は、その時間の言語活動です。
- ●教科書の引用文には①傍線部を引く、②『　』に入れる、③その両方、にしています。
- ●「　　」は教師の発問です。
  そのなかでも大事な発問は太字にしてあります。
- ●授業において予想される子どもの反応・発言は「・」で示してあります。
- ●四角く囲ってある文章は、黒板に書くか、もしくは掲示するとよいものです。

I

文学作品　ゆたかな読みを

1　新しい学年の出発に合わせて、楽しく表現し合う

「春のうた」

草野心平（作）
（光村図書・四年上）

音読・動作化・想像などによって、春の世界を共に楽しみ、四年生の学習の出発とする。擬音語・擬態語の特徴を押さえて詩を作る。

アラ、
カエルサン
ヒサシブリネ。
オメザメデスカ？、
キモチイイナア。
オナカガスイタヨ。
ソノマエニ
カラダヲ　アラオーット。

〈第3時での記入例〉

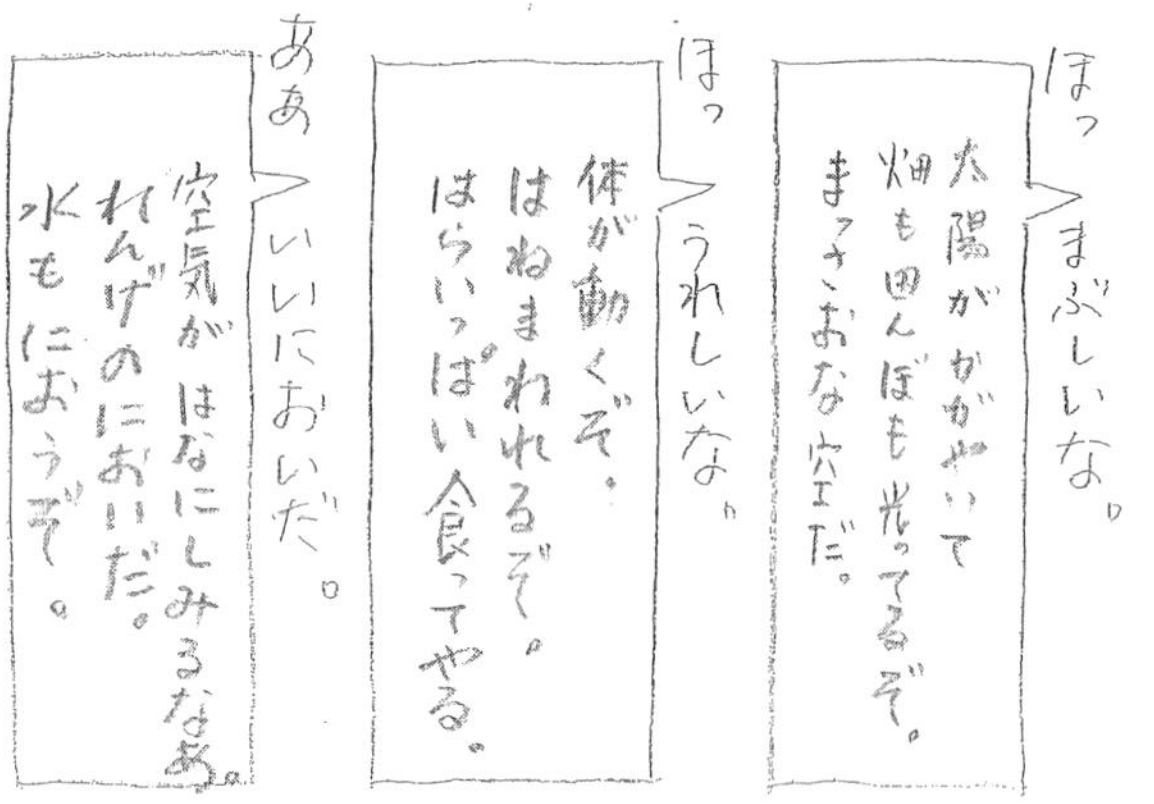
ほっ　まぶしいな。
太陽がかがやいて
畑も田んぼも光ってるぞ。
まっさおな空だ。
ほっ　うれしいな。
体が動くぞ。
はねまわれるぞ。
はらいっぱい食ってやる。
ああ　いいにおいだ。
空気が　はなにしみるなあ。
れんげのにおいだ。
水もにおうぞ。

ねらいと学習の重点

理解と表現は、切り離せないものです。詩の中身を十分に味わうことができれば、その理解が音読に表れてきます。

また逆に、音読を繰り返すことで、その詩のより深い内実に気付いていくものです。

創造的な発想や豊かな表現を、学級みんなで褒め、認めていきます。

せっかくの名詩を、機械的な暗唱や斉読だけで終了するのはもったいないというもの。そこで、

①かえるのいる場所をはっきりさせることでイメージを鮮明にする。

②読み取ったことを絵に描く。

③技法を学び取って、同じような詩を作る。

このようにして、できるだけ広い活動に発展させます。

■学習指導計画〈3時間〉「春のうた」

時	学習内容	学習活動
1	想像して世界を広げる	・土の中と外の世界を比べて、感じたことや様子を書いて話し合う。 ・書かれていない気持ちを吹き出しに書く。
2	読み取ったことを絵にして交流する	・想像したことを絵と言葉で書き表す。 ・絵に表せないことを言葉で補う。
3	虫・生き物になって詩を作り、交流する	・技法を学んで詩を書く。 ・発表会をする。

※この詩の扱いは、三時間として提起しましたが、二時間扱いも可能です。また、順序についても変えることができます。

授業展開

第1時　想像して世界を広げる

■書かれていないことも読み取る

詩は、どれも短く圧縮された句から成り立っています。さらに書かれていない世界をも想像させてくれます。この詩では「土の中」です。それが前提にあるからこそ、この詩が生まれたのです。言葉の背後に隠れた豊かな世界を引き出すのは想像力です。想像力は、子どもたちの体験に裏打ちされています。

ここでは、かえるが見て、感じたであろうことを発表し合います。

■外の世界に出たカエルが感じたことを話し合う

教師が範読し、斉読して話し合います。

「かえるが長い冬を土の中で過ごして、この日はじめて外に出てきたのですね。外に出た瞬間は、どんなふうに感じたでしょう」

・初めに「ほっまぶしいな」と書いてあるから、一瞬目がくらんだのだと思います。今まで真っ暗な穴にいたからです。

・そのあとには、「ほっうれしいな」と書いてあるので、土の中では、「やだなあ。早く外に出たいよ」って、がまんしていたのだと思います。

・「ああいいにおいだ」は、春の花の匂いだと思います。

・外の空気をいっぺんに吸い込んだ感じです。

「この三つの句からは、カエルの感動が伝わりますね。どういう世界に出た感じですか」

主な言語活動

・感覚を表す言葉に着目して感じたことを書き、話し合う。
・書かれていない気持ちを吹き出しに書く。

・外の世界
・外の春の世界

「そうですね。では今まではどんな世界にいたのでしょうか」

・土の中です。

■五感で比較して記入し、発表し合う

「それでは今までいた土の中の世界はどうだったか、外の世界と比べて、想像して記入してください。暗いとか、静かだとか、いい匂いとか、冷たいとか、そういう感覚をしっかり比較して想像してみましょう」

こう助言して、各自対照表を仕上げていきます。

〈対照表記入例〉

外の世界	土の中
みずは つるつる	土はざらざら
かぜは そよそよ	むっとして じめじめ ポトッ しずくの音
いいにおいだ	こけとかびのにおい
いぬのふぐり	まっくらで見えない
おおきなくも	ちょっとすきまから光が入るだけ

※上の段には本文を書いておきます。

書きあがったら、全体、またはグループで次のように発表し合います。外の世界の刺激的な様子が対比されるでしょう。

・「みずはつるつる」って書いてあるから、土はざらざらだね。
・「かぜはそよそよ」と書いてあるから、土の中は風がなく、じめじめ、むっとしています。
・そよそよは、音も表している。風の音。土の中は、ポトッというしずくの音がする。
・外はいいにおいだったら、土の中はどんなかな。こけやかびのにおいかな。

■書かれていないことを自分の言葉でたっぷり補う

対照表を使った話し合いで、だいぶイメージが広がってきました。ここで、さらにもう一歩踏み込みます。隠れている5W1Hを発掘するのです。（二〇ページ参照）

吹き出しを三つ板書して、発問します。

「『ほっ　まぶしいな。』何がまぶしいのか、ちっとも書いてないね」

・太陽です。土の中にいたからです。

「そうですね。でも、まぶしいものは、ほかにもあるのではないですか。『ほっ　うれしいな』ここも何が、どうしてうれしいのか、ここもやっぱり書いていませんね」

・やっと外に出られたのがうれしい。

「そうすると、書かれていないことがまだありそうです。かえるの生態だとか、さっきの対照表を見て、詳しく書かれていないことを具体的に吹き出しに書きましょう」

第六句「ああいいにおいだ」も同じようにします。

「では、この画用紙にグループで書き込んでください」

子どもたちは、大判の画用紙にサインペンで書くようにします。書きあがったら、発表会をします。春の世界が具体的な感覚として広がってきます。（ワークシートは次ページ）

学習シート二枚。上には、表、土の中と外の世界。下には、吹き出し。

土の中の世界を想像しよう

外の世界	土の中
みずは つるつる	
かぜは そよそよ	
いいにおいだ	
いぬのふぐり	
おおきなくも	
※	

※書いていて気づいたこと 比べてわかったこと その ほか、ことば・もじのことで 気づいたことなど 自由に書きましょう。

カエルのつぶやきを書こう

ほっ まぶしいな

ほっ うれしいな

ああ いいにおいだ

授業展開

第2時

読み取ったことを絵にして交流する

■描画を楽しみながら、イメージを具体化する

絵に描くことで細部の発見をし、自分の持っているイメージをより具体的に焼きつける活動です。とりわけ新学年のこの時期、人前でのパフォーマンスを苦手とする子どもにとって、これは救いとなる活動です。子どもたちは漫画やイラストを描くことが大好きです。

「前の時間に話し合って、イメージが具体的になってきましたね。今日はそれを絵にします」

学習シート（二二ページ）を配り、めあてを板書します。

めあて
1　詩を書き込む。
2　吹き出しを使って、かえるの言葉を入れる。
3　下絵以外の細かい部分は、自分で描き加える。
4　ワークシートの見本例に頼らないで、全部はじめから自由に描く人は、裏面を使う。

描き終わったら、一人ずつ前に来て、絵を黒板に掲示します。絵の工夫したところを簡単に発表し、そのあと、吹き出しの部分を音読をします。

発表を聞いた子どもたちは、絵や音読のよい点を発表します。

主な言語活動

・言葉・イメージを絵の世界で表現する。
・絵に表せないことを言葉で補う。

・太陽がかえるに呼びかけているせりふが、とても温かいです。
・川の中に、めだかやおたまじゃくしを描いたところがいいと思います。

最後に全員の作品を黒板に貼ってから、全員で詩を音読します。

〈学習シート〉

〈学習シート記入例〉

第3時　虫・生き物になって詩を作り、交流する

主な言語活動

・技法を学んで詩を書く。
・発表会をして読み合う。

■技法に学んで、楽しむ

読む活動と書く活動は、相互に支え合っています。鑑賞や音読を楽しんだだけで終わりにせず、その後も、ぜひ創作するほうへと意欲を向けたいものです。

「わたしも書いてみたい」という意欲を大切にします。創作といっても、今回は技法をまねて書いてみます。いい詩を書こうというよりも楽しんで書くのがいいのです。

■五感をはたらかせ、つぶやきを書く

「自分が動物になったつもりで、詩を書いてみましょう。色・光・匂い・温度・音・手触りなどをしっかり感じ取ってね。独り言をつぶやくように書いてみましょう」

「ほっ、まぶしいなはつぶやきでしたね。そのつぶやきをだけで、何がまぶしいのかなと私たちは想像できました。ほっ、うれしいな、もつぶやきだけです。何がうれしいのかは書いてなくていいのですね。読む人が想像するからです。ですから、つぶやきだけはしっかりと書いてみましょう」

・どんなつぶやきかな
・何を見てつぶやくのかな

■擬音語・擬態語などの言葉を作る

「この前、○○さんが『ケルルンクックという鳴き方がおもしろい』と言いましたね。ケルルンクックだけではなくて、私たちも自分で音を作りましょう。犬がワン、猫がニャーではなく、もっとオリジナルな声を作りましょう」

・おもしろそう。
・世界中で一つしかない言葉だね。
・カラスは、クオークオーとか。

「そうそう。ごみ箱をあさっている感じがよく出ています。その調子でいきましょう」

新しい言葉は、受けねらいでなく、生き物の生活・生態を描写するものであってほしいです。読み手の共感をよぶようなものがよいでしょう。言葉を作る側になることなど滅多にないので、子どもたちはとても喜びます。

■対句や反復を用いて書く

「これも前に誰かが発表しましたが、『春のうた』には、二句一セット（連）になっているところがいくつも見られますね。こういう技法も、おおいにまねていいのです」

教科書で対句・連・繰り返しを確かめます。

〈板書例〉

動物（虫）の詩を作ろう

①身近な生き物を選ぶ。
②場面を決める。
（どこで、いつ、何をしているところ）
③生き物の動きを書く。
④生き物が話す「つぶやき」を書く。
⑤擬音語を作る。
⑥対句・反復を入れる。
⑦微音読して、全体のリズムを整える。

①で選んだ生き物の名前は、詩のなかではできれば書かないようにします。これが多いと、説明文になってしまうからです。

③から⑥を入れて書くことで、②が浮かんでくるのがいいのです。

書き終わったら、最後に発表会をします。よいところを認め合い、楽しく活動します。

〈作品例〉

ありんこ　　大宮　マリ

ココココ　ココココ
えさはどこ？
チョロチョロ　チョロチョロ
えさはここよ

ヨイヨイ　ヨイヨイ
えものは重いぞ
ドッコラ　ドッコラ
うちまで運べ

ココココ　ココココ
冬はもうすぐ
チョロチョロ　チョロチョロ
そらいそげ

秋のバッタ　　清水　太郎

じゅくの帰り道のこと。目の前をいきなり虫がとんだからびっくりしました。苦労してやっとつかまえました。そのときの詩。（※）

よもぎの根っこから
あざみの花へ
ヒョンヒョン　ヒョンヒョン
どっちへヒョン？
すすきのはっぱをあっちへヒョン
ヒョンヒョン　ヒョンヒョン
そっちへヒョン
秋の野原はすすき色
ぼくの体もすすき色

※いわゆることば書きをはじめに書いて、場面を設定するやり方もあります。

場面をはっきりさせて詩を作る

「春のうた」はかえるが冬眠から覚めた日という設定で書かれています。このように、ことば書きをはじめに書くことによって場面を限定して詩を書くと、イメージがしっかりとできるでしょう。また、それにあった表現も生まれるでしょう。

●あなたが書こうとするのはどんな場面ですか。

①クマが冬眠から覚めた朝のことです。
①ネズミが猫を見た瞬間のことです。
②イナゴが、カマキリから逃げるところです。
③かえるが冬眠に入る秋の夕方です。

　こんな風にして自分が書く詩の動物とその場面をはっきりさせます。

●その時の気持ちや感動は、どういうものですか。擬音・擬態語につなげる。

①びっくりしています。
②迷っています。
③困っています。
④喜んでいます。
⑤とても心配しています。
⑥恐怖を感じています
⑦おこっています。

　このようにして感情・気持ちもはっきりさせることができるでしょう。それがどのような、擬音・擬態語になるのか、五〇音表をもとにして見付け・作ることになります。

●周りには何が見えますか。何がいますか、ありますか。

・大きな稲の葉っぱです。揺れています。その上にカマキリです。
・板の隙間です。猫の目があります。髭が動きました。

　周りの描写・遠景をちょっと入れると、イメージがわいてくるでしょう。

●中心人物に焦点を当てる

　子どもは、これらすべてについて、擬音・擬態語を作ってしまいがちです。ここでは例にあるように、中心人物（動物の動きと気持ち）に視点を当てて擬音・擬態語で表現するようにするとよいでしょう。（今井）

2　本を読み、一番心に残った場面や言葉を紹介する

「一つの花」

今西祐行（作）
使用教科書・光村図書四年上

平和や戦争に関する本を読み、場面の様子や登場人物の気持ちなどを考えて、一番心に残ったところを紹介する言語活動。

ねらいと学習の重点

市井で普通に暮らす親子が戦争で別れなければならなかった状況のなかで、幼いゆみ子を心配し、精一杯見守り続ける両親の愛情が静かに描かれている作品です。「一つだけちょうだい。」「一つだけよ。」「一つだってもらえないかもしれないんだね。」「一輪のコスモス」「一つの花」など、作品の中核となる「一つ」の意味をつなげ、関連付けて読んでいきます。

この作品では、特にゆみ子へのお父さんの行動が象徴的に描かれています。「なぜそのような行動をするのか。」行動の意味を背景や言葉から想像します。そして、文中のコスモスがどんな働きをしているかを考えます。

だれもが平和に暮らせる世界を願って書かれた本を読み、強く心に残った言葉や場面、できごとなどを紹介する読書活動につなげていきます。本文の読みと並行読書しながら進めていきます。

■学習指導計画　読み〈8時間〉　本の紹介〈3時間〉「一つの花」

時	学習内容	学習活動
1	物語の設定をつかみ、感想や話し合いから学習課題を立て、学習の見通しをもつ	・物語の設定をつかむ。 ・学習課題を立てる。
2	「一つだけちょうだい」を覚えてしまったのはなぜかを考える	・ゆみ子がおなかをすかしていたことについて話し合う。 ・お母さんが「一つだけよ」と言うときの表情や声を話し合う。 ・ゆみ子に「一つだけよ」と言うときのお母さんの思いを書く。
3	お父さんは、なぜめちゃくちゃに高い高いをするのかを考える	・お父さんの気持ちが一番よく表われている言葉から、お父さんの気持ちを話し合う。 ・挿絵から、お父さんの表情や気持ちを話し合う。 ・なぜ、お父さんは、高い高いをするのかを書いて話し合う。
4	お父さんが戦争に行く日のゆみ子の様子を考える	・お父さんに何も言わないで、ゆみ子におにぎりを全部あげたお母さんの気持ちを書いて話し合う。 ・一つだけちょうだいと言って泣いたゆみ子について話し合う。
5	ゆみ子に「一つだけの花」を渡すお父さんの思いを考える	・ゆみ子に渡したコスモスは、どのようなコスモスかを考える。 ・ゆみ子に言ったお父さんの言葉の意味を話し合う。 ・お父さんが一輪のコスモスにこめた思いを書く。
6	汽車に乗って行ってしまったお父さんの思いを考える	・お父さんが何も言わないで行ってしまったことについて話し合う。 ・ゆみ子のにぎっている「一つの花」の意味を話し合う。
7	一〇年後のゆみ子の様子とコスモスの花を考える	・ゆみ子がどんな女の子かを話し合う。 ・ゆみ子がどのような女の子に成長したかを書く。 ・「コスモスの花でつつまれている」から想像したことを話し合う。
8	一〇年後の文章の表現に注目して読みを深める	・十年後がどのように語られているかを話し合う。 ・ゆみ子とお母さんはどのように暮らしているかを書く。

授業展開

第1時

物語の設定をつかみ、感想や話し合いから学習課題を立て、学習の見通しをもつ

学習に入るまでに、全員の児童が本文を読めるようにしておきます。

■物語の設定をつかんで二・三文で書く

物語の設定をつかむ

①登場人物はだれか
　ゆみ子、お母さん、お父さん

②いつの時代のことか
　戦争がはげしかったころ
　一〇年後

③どんな場所が描かれているか
　プラットホーム・家の庭

④どんなできごとが人物に起こったか
　お父さんが一輪のコスモスをゆみ子に渡して戦争に行ってしまう。

⑤どんな結末に終わったか
　お父さんが戦争で亡くなった一〇年後、庭にたくさんのコスモスが咲き、お母さんとゆみ子がつつましくくらしている。

①～⑤まで二～三文で書きます。

■感想や話し合いから学習課題を立てる

物語を読んで一番話し合いたいところはどこか、何について考えたいかを話し合います。感想を書いてから話し合ってもいいでしょう。

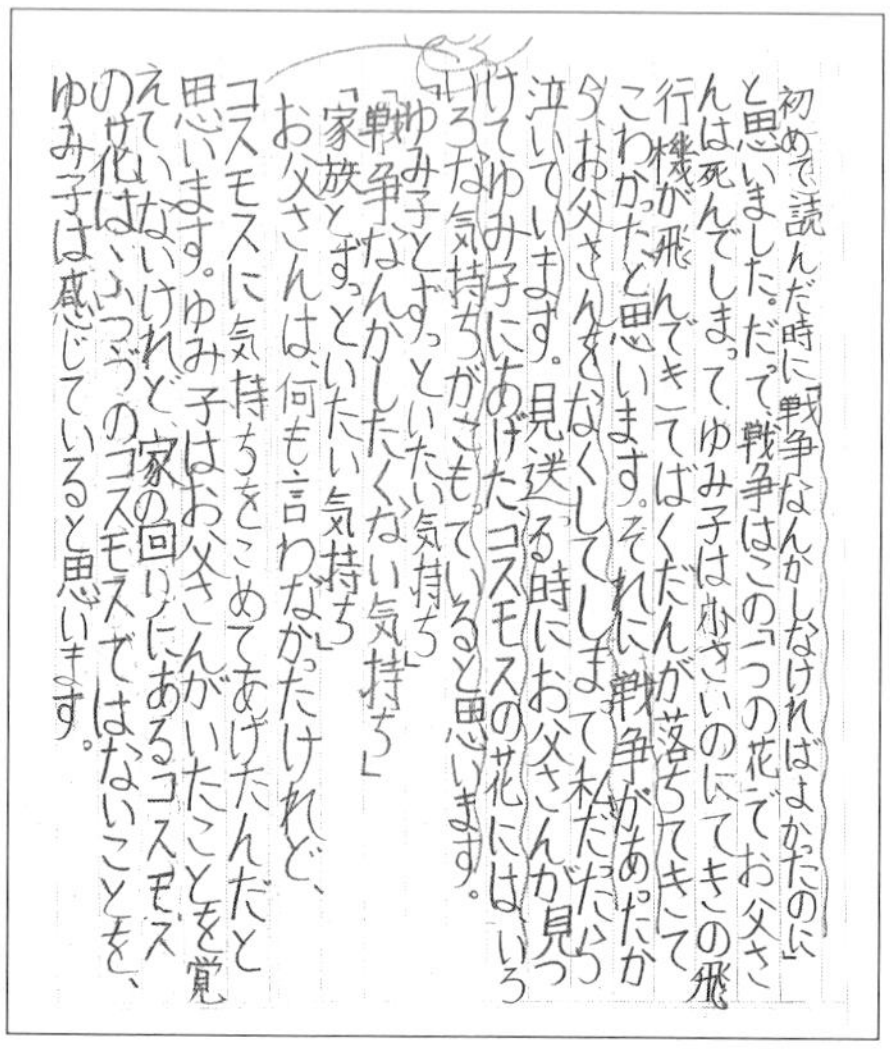
初めて読んだ時に「戦争なんかしなければよかったのに」と思いました。だって、戦争はこの「一つの花」でお父さんは死んでしまって、ゆみ子は小さいのにてきの飛行機が飛んできてばくだんが落ちてきてこわかったと思います。それに戦争があったからお父さんをなくしてしまって私だったら泣いています。見送る時にお父さんが見つけてゆみ子にあげたコスモスの花にはいろいろな気持ちがこもっていると思います。

「ゆみ子とずっといたい気持ち」

「戦争なんかしたくない気持ち」

「家族とずっといたい気持ち」

お父さんは、何も言わなかったけれど、コスモスに気持ちをこめてあげたんだと思います。ゆみ子はお父さんがいたことを覚えていないけれど、家の回りにあるコスモスの花は、ふつうのコスモスではないことを、ゆみ子は感じていると思います。

主な言語活動

・物語の設定をつかむ。
・学習課題を話し合う。

●問題から課題へ

話し合いや感想をもとにして個々の問題を出し合います。それをさらに課題へと発展させます。

1、個々の問題は読みへの手がかり

・戦後になって、お母さんはゆみ子にお父さんのことをどのように話しているのか。
・なぜ「一つだけちょうだい。」と言ったのか。
・お母さんは、自分の食べ物をゆみ子に食べさせたから、おなかがすいていたのではないでしょうか。
・なぜゆみ子は、いつもおなかをすかせていたのか。
・お父さんは、なぜめちゃめちゃに高い高いするのか。
・ゆみ子は、わがままな子かな。
・お母さんは、なぜお父さんに何も言わないでゆみ子におにぎりを全部あげたのか。
・お父さんはなぜ、ゆみ子にコスモスをあげたのか。
・戦争に行くのに、人々はどうしてばんざいと言うのか。
・お父さんが死んだと、どうしてはっきり書いていないのか。
・ゆみ子はどんな女の子に育っているのだろう。
・とんとんぶきの小さな家がなぜ、コスモスでいっぱいにつつまれているのか。

これらは子どもにとっては大事な読みです。しっかりと話し合います。

2、話し合って課題にする

やはり多くの子が指摘した個所は課題としておきます。また、人物の行為の背後にある意味や象徴的な言葉などは、課題となるでしょう。私の教室では以下のようになりました。

①ゆみ子は、なぜ、いつもおなかをすかせているのでしょう。
②お父さんは、なぜめちゃめちゃに高い高いするのでしょう。
③お父さんが戦争に行く日のゆみ子の家族のことを考えよう。
④お父さんはなぜ、ゆみ子にコスモスをあげたのでしょう。
⑤お父さんは、なぜ何も言わずに行ってしまったのでしょう。
⑥ゆみ子はどんな女の子に育っているでしょう。
⑦とんとんぶきの小さな家がなぜ、コスモスでいっぱいにつつまれているのでしょう。
⑧戦争から一〇年後、どのようにして平和になったのでしょう。

これも「仮の課題」と押さえておいたほうがいいでしょう。読みのなかで変化していくはずだからです。課題の「解決」という読みではありません。課題を立てて読んでいくなかで、読みが深まることがいいのです。

授業展開

第2時 「一つだけちょうだい」を覚えてしまったのはなぜかを考える

初め〜おぼえてしまったのです。

■一場面を読み、学習課題を確認し、学習することを話し合う

学習課題

「一つだけ」がお母さんの口ぐせになったのはなぜかを考えよう。

「課題解決に向かって何について考えるといいですか」

・どんなときに「一つだけ」を言ったのか。
・ゆみ子が「一つだけちょうだい」という言葉をどうして最初に覚えたか。
・ゆみ子は、どうしていつもおなかをすかしていたのか。
・お母さんは、ゆみ子が「一つだけちょうだい」を最初に覚えて、どんな気持ちだったか。
・戦争のこと。配給のこと。
・「口ぐせ」というのはどういうことか。

まず、食べ物について話し合いが展開されます。

■ゆみ子は、どうしていつもおなかをすかしていたのかを話し合う

「ゆみ子は毎日何を食べていたのでしょう」

叙述から考えます。着目する言葉や文を見付けサイドラインを引きます。そのなかから着目する言葉を選び、その言葉から考えます。

主な言語活動

・ゆみ子がお腹をすかせていた訳を話し合う。
・ゆみ子に「一つだけよ。」と言う時のお母さんの表情や声を話し合い、口ぐせになった訳を書く。

食べる物といえば、お米の代わりに配給される、おいもや豆やかぼちゃしかありませんでした。

・「お米の代わりに」だから、お米の代わりになるものを食べていたということです。
・おいもや豆やかぼちゃです。
・コメのごはんはありません。
・今、普通に食べるごはんさえもなかったのです。
・ごはんが食べられないということは、カレーとかチャーハンとか、牛丼も絶対に食べていないということです。

・「おいもや豆やかぼちゃしか」のしかから、ほかにはないということです。
豊かな時代に育っている児童には、なかなか実感として捉えられないようです。

・配給というのはどんなことですか。
と質問する子どもがいるでしょう。
「『配給』と言うのは、戦争中、好きなだけ自由に買えるのではなく、もともと物が少ないから、家族の人数によって割り当てるということです」と、補足します（※辞書で調べてもよいでしょう）。

> おまんじゅうだの、キャラメルだの、チョコレートだの、そんな物はどこへ行ってもありませんでした。

・そんな物というのは、お米すらないのに、キャラメルやチョコレートなどのようなお菓子があるわけがないということです。
・どこへ行ってもというのは、日本中どこにもないと言うことです。
・「だの」「だの」と言っているのは、そんなものはとてもありません、ということ。だから他のものもほとんどないということ。

「おやつどころではありません。」と書いてあるのに、「おやつのときでも、もっともっと言ってほしがる。」と書いてあるのはどうしてですか。

問われてはっと気付く疑問です。記述の仕方に矛盾を見付けたのです。叙述を基に考えます。そこでまた、深い読みができるのです。
・普段はないけど、時どきおやつの時間に食べるものを見付けてゆみ子にだけはやっていたのだと思います
・お母さんが、少ない食べ物のなかからゆみ子のためにとっておいたのです。
・めったにおやつはないけど、たまにはあったのではないでしょうか。

このような話し合いから、食べる物が極端に少なくて、大人は我慢して子どもには何とか与えようとしていたことが感じられるでしょう。

■お母さんが「一つだけよ。」と言うときの表情や声を話し合う

「『一つだけよ』とお母さんがゆみ子に言う時、どのような言い方でしたか」

・「一つだけよ」と言うときは、ゆみ子がおなかがすいて食べる物がほしいときです。困ったな、どうしようという顔をして言った。
・「じゃあね、一つだけよ」と明るくやさしく言ったと思います。

この二つの意見が出てくるでしょう。そのときは、さらに話し合います。どちらにしても、そのときの母親の思いが、ゆみ子には伝わっていった。だから口ぐせをおぼえてしまったのです。

■「一つだけ」がお母さんの口ぐせになったのはなぜかを書く

【ノートの例】

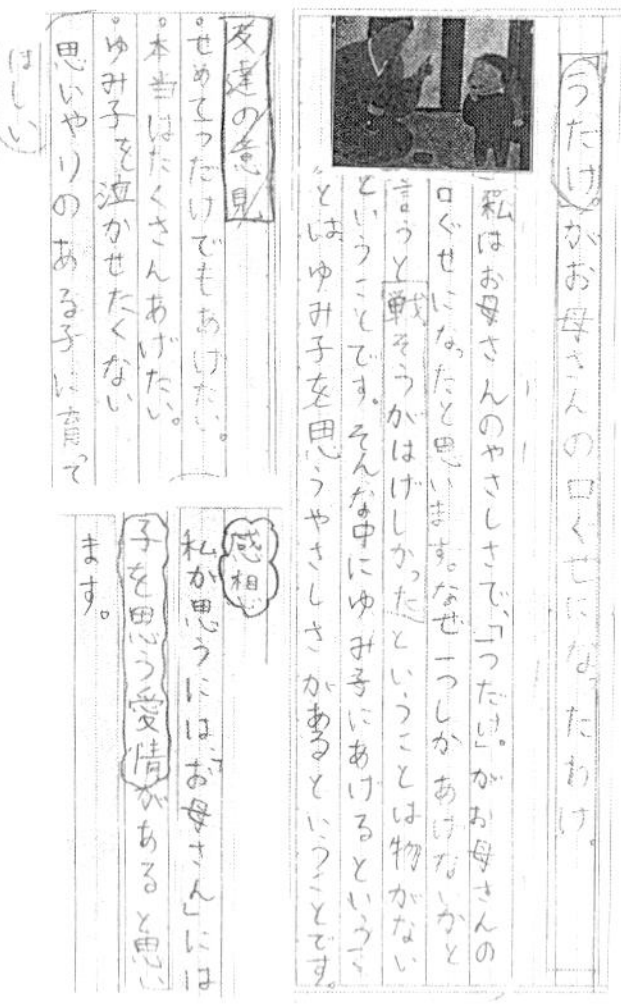

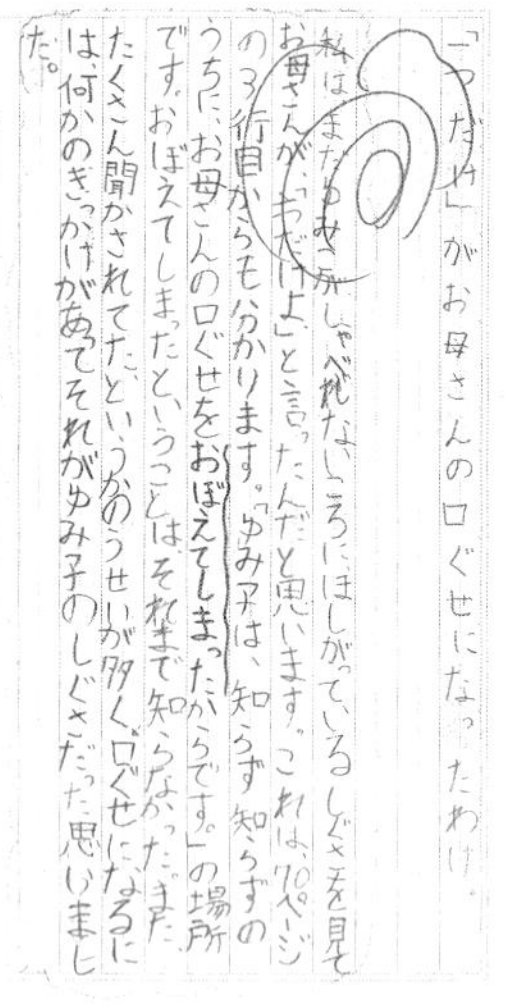

■ゆみ子のはっきりと覚えた最初の言葉について話し合う

・ゆみ子が満腹になるまで食べさせてあげら

れなかったお母さんは、「一つだけ。」を何回も繰り返して言ったから覚えてしまった。

・大好きなお母さんの気持ちのこもった言葉だから、覚えてしまった。

・ゆみ子はいつもおなかをすかしていた。食べたい、食べたいと思っているときのお母さんの言葉だから、すぐに覚えてしまった。

・もっと楽しい言葉から先に覚えてほしいと思います。

「この口ぐせをおぼえたのはあまりいいことではない」というのはどの文からわかりますか。

・口ぐせをおぼえてしまったのです。

・いいことならば「覚えてくれました」と言うと思います。

・ふつうは、お母さんの言葉を小さな子がまねをして覚えるのは、うれしいこと、良いことです。それが、悲しく感じられる表現です。

課題とねらいの関係

本時ではお母さんに焦点を当てました。基本的には「ゆみ子がさいしょにおぼえた言葉＝一つだけちょうだい」を巡って学習を展開するのですが、「お母さんの口癖がなぜできてしまったのか」を読んでいくことでそれに迫れると考えたからです。そのほうが具体的にイメージできると考えたからです。子どもが立てた課題でもあったからです。

食糧事情や母親が一生懸命に子どもに接している姿、声掛け、表情など（すべて口癖に関係していること）をおさえることで、ゆみ子がおぼえてしまったことが理屈を超えて感覚としてもとらえられます。

その結果として「なぜゆみ子は覚えてしまったのか」につながっていきました。事情だけでなく人とのかかわりのなかで言葉を覚えていったのです。生活の言葉にも戦争が忍び込んでいたのです。（今井）

授業展開

「なんてかわいそうな子でしょうね。」～高い高いするのでした。

第3時　お父さんは、なぜめちゃくちゃに高い高いをするのかを考える

■二場面を読み、学習課題を確認し、学習することを話し合う

学習課題

お父さんは、なぜめちゃくちゃに高い高いをするのかを考えよう。

「課題解決に向かって、何について考えるといいですか」

・お父さんの言葉から考えます

・挿絵からお父さんがどのように高い高いしているかを考えます。

・ゆみ子が高い高いしてもらっている様子を考えます。

・お父さんが高い高いしているときの気持ちを考えます。

子どもが課題を解決するために、何を考えればよいのかを話し合います。ヒントとなる叙述を基にして考えていきます。

■お父さんの気持ちが一番よく表われている言葉にサイドラインを引き、言葉からお父さんの気持ちを考える

「お父さんの気持ちが一番よく表われている言葉はどれか、サイドラインを引きましょう」

①深いため息

②めちゃくちゃに高い高いする

サイドラインを引くと、一文全部に引いてしまいます。

主な言語活動

・キーワードや挿絵から父さんの気持ちを話し合う。

・なぜ、お父さんは、めちゃくちゃに高い高いをするのかを書いて話し合う。

深いため息をついて言いました。

「一文のなかの、**特にどの言葉ですか**」と聞き返し、深いに着目させます。

深いため息

形容詞や副詞に行動の様子が深く書かれていることに気付きます。

●深いため息

「ため息は、どんなときにしましたか」

どんなときにため息をしたことがあるのか、

経験を出させます。

・宿題がたくさん出た時に、いやだなあと思って、「あ～あ」とため息が出る。

・一生懸命に応援していたサッカーチームが負けたとき、がっかりして「ええって」ため息をつきます。

・一〇〇点が取れると自信があったのに、返されたら八〇点だったとき、信じられないと思ってため息をつきます。

いろいろなため息はどのようなときにするのか整理します。

> 自分の思い通りにいかないとき
> 自分の願いがかなわないとき

具体的な場面を想起してからこのように一般化します。具体から抽象へ、逆に抽象から具体へ置き換える作業が思考力です。

具体（個別）　⇔　抽象（一般）

「ゆみ子のお父さんのため息はどんなため息でしょう」

・自分の思いや願いがかなわないときのため息です。

「お父さんの深いため息からどんなことが考えられますか」

・深いため息というのは、願いや期待が大きく強いが、自分の力ではどうしようもできないという気持ち

・先のことがわからないから心配がどんどん大きくなっていく。

・お父さんは、こんなときに生まれてきたゆみ子を心配していますが、どうしていいのかわからない。

・先のことがどうなるかわからないから、どうしてあげることもできない不安なお父さんの気持ちが大きいです。

●めちゃくちゃに

「『めちゃくちゃ』からお父さんのどんな様子や気持ちを考えますか」

・何回も何回も高い高いをして、手を離してゆみ子を高く上げたり、キャッチしたりして喜ばせてあげています。

・「めちゃめちゃに」は、ちょっと乱暴なやり方で普通ではないやり方です。

・自分も戦争でいつ死ぬかわからないという不安な気持ちを消したい。

・自分の気持ちを忘れたいという気持ちが強いと思います。

■「一つだけ」が繰り返されることについて話し合う

「お父さんが、一つだけを何回も言っているのは何でかな」とつぶやく子がいます。六回も出てくるので不思議に思うのは当然です。物語の書き方や表現の仕方に着目すると、内容がより深くなりますので、ぜひ、取り上げたいことです。

「『一つだけ』が書かれている言葉にサイドラインを引きましょう。」

・一つだけのいも
・一つだけのにぎりめし
・一つだけのかぼちゃのにつけ
・みんな一つだけ
・一つだけのよろこびさ
・よろこびなんて、一つだって
もらえないかもしれない。

「一つだけ、一つだけとなぜ何回もお父さんは言うのでしょう」

・いっぱい食べさせてあげて喜ばせてあげたいのに、いつも「たった一つだけ。」食べさせてあげられないからくやしいという気持ち。
・いつも一つだけしかあげられない。かわいそうに。いっぱい食べさせてあげられるときなんてこれからないのだろうかという不安になる。
・ゆみ子をかわいいと思う気持ちでいっぱいになるけれど、どうしてあげることもできない。
・こんな世の中で、ゆみ子は幸せになんかなれるんだろうか。

■「そんな時」について話し合う

「そんな時」という言葉からわかることは何ですか。
・つらい苦しい時
・「そんなとき」だから、高い高いは、他の日にもやっていたということ。何回もあった。
・こういうことが何回もあるということは、お父さんは、つらい日々を過ごしていた、ということがわかる。

「一つだけ」とつぶやきながらお父さんは、不安と心配と虚しさとを発露しているのです。そしてその高い、高いは、繰り返される。それを見ているお母さんの心情も理解できるでしょう。

■挿絵からお父さんの表情や気持ちを話し合う

「高い高いしている挿絵からどんなことを考えますか」
・お父さんは、ゆみ子の目をしっかり見ていて、ゆみ子を守っている感じがします。ゆみ子のことを真剣に思っています。
・ゆみ子は高い高いが嬉しくて笑っているけれど、お父さんは笑っていません。
・笑ってはいないけど、目はやさしい。
・お母さんもそばにいて、ゆみ子を喜ばせている。お父さんと一緒に「よかったわね、ゆみ子。」と言っているみたいです。
・3人そろっていて、幸せな感じもしますが、お父さんが笑っていないので、なんだか寂しい感じがします。

以上のような学習活動をした上で、「授業のまとめとして書く」活動になります。

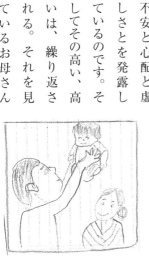

■お父さんが、めちゃくちゃに高い高いをするのはなぜかを書く

【ノートの指導】

学習課題

着目する叙述

自分の考え

絵

話し合いをしている時の、友だちの発言メモ

まとめ（友だちと話し合って）

【ノートの例】

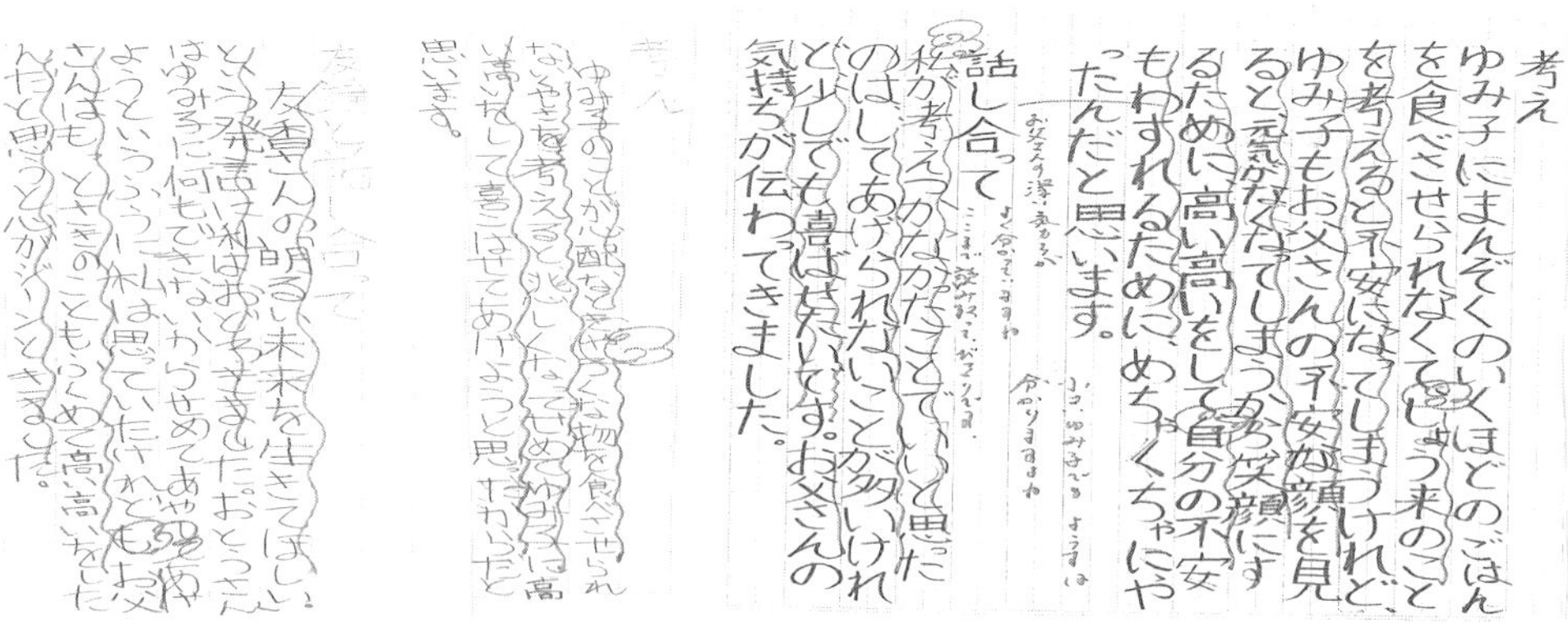

考え

ゆみ子にまんぞくのいくほどのごはんを食べさせられなくて、しょう来のことを考えると不安になってしまうけれど、ゆみ子もお父さんの不安な顔を見ると元気がなくなってしまうから笑顔にするために高い高いをして自分の不安もわすれるためにめちゃくちゃにやったんだと思います。

話し合って

私が考えつかなかったことで、いいと思ったのは、してあげられないことが多いけれど少しでも喜ばせたいです。お父さんの気持ちが伝わってきました。

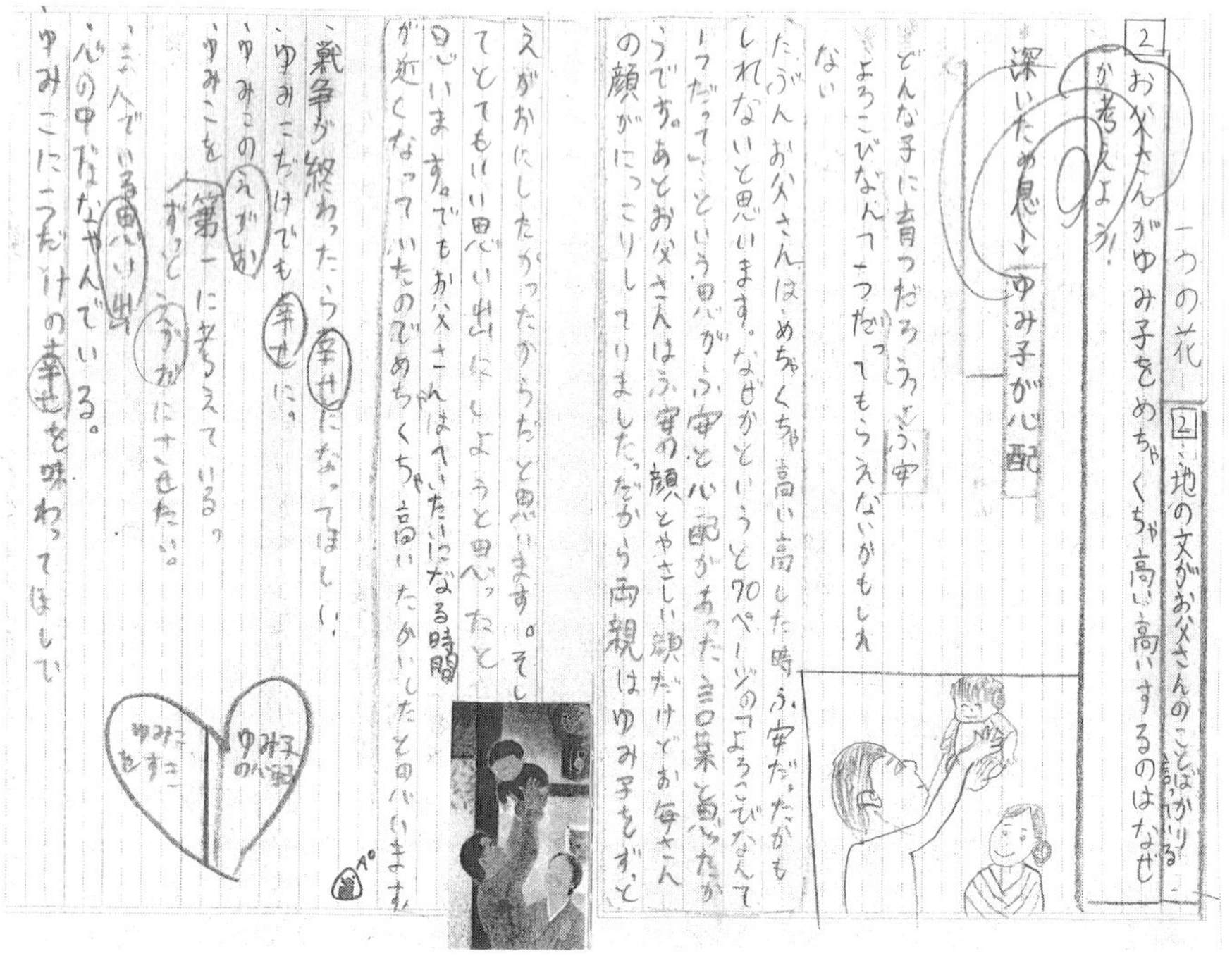

2 一つの花

② 地の文がお父さんのことばかり

お父さんがゆみ子をめちゃくちゃ高い高いするのはなぜ

か考えよう！

深いため息→ゆみ子が心配

どんな子に育つだろう→ふ安

よろこびなんて一つだってもらえないかもしれない

たぶんお父さんはめちゃくちゃ高い高いした時ふ安だ。たかもしれないと思います。なぜかというと70ページの「よろこびなんて一つだって」という思いがふ安と心配があった言葉と思ったからです。あとお父さんはふ安の顔とやさしい顔だけどお母さんの顔がにっこりしてりました。だから両親はゆみ子をずっと

えがおにしたかったからだと思います。そしてとてもいい思い出にしようと思ったと思います。でもお父さんはせんそうに行くことになる時間が近くなっていたのでめちゃくちゃ高いたかいしたと思います。

戦争が終わったら幸せになってほしい。

ゆみこだけでも幸せに。

ゆみこのえがお

ゆみこを第一に考えている。

ずっとえがおにさせたい。

心の中でなやんでいる。

ゆみこに一つだけの幸せを味わってほしい

友だちとの話し合いが、読みをより深くしていることがわかります。

授業展開

第4時　お父さんが戦争に行く日のゆみ子の様子を考える

「それからまもなく、」〜「一つだけ。一つだけ。」と言って。

■三場面（前半）を読み、学習課題を確認し、学習することを話し合う

学習課題

> お父さんが戦争に行く日のゆみ子の様子を考えよう

「課題解決に向かって、何について考えるといいですか」

・お父さんに言わないで、ゆみ子におにぎりをみんなあげたお母さんの気持ちを考えます。

・おなかがいっぱいのはずのゆみ子が、汽車が入ってくる時、「一つだけちょうだい」と言ったのはどうしてでしょう。

・ゆみ子を一生けんめいにあやすお母さんの様子や気持ちを考えます。

■お父さんに言わないで、ゆみ子におにぎりをみんなあげたのはどうしてかを書いて話し合う

●ゆみ子におにぎりを全部食べさせたお母さんの思いについて考えを書く。

話し合う前に自分の考えたことを書きます。話し合ってから書く場合と書いてから話し合う場合とがありますが、そのときのねらいや子どもの様子で決めます。

ノートに見られるように、

・お父さんにゆみ子の泣き顔を見せたくない。

・お父さんに心配をかけたくない。

・お父さんにゆみ子の笑顔を見せてあげたい。

主な言語活動

・おにぎりを全部ゆみ子に食べさせたお母さんの気持ちを書いて話し合う

・「一つだけ」と言って泣いたゆみ子について話し合う。

【ノートの例】

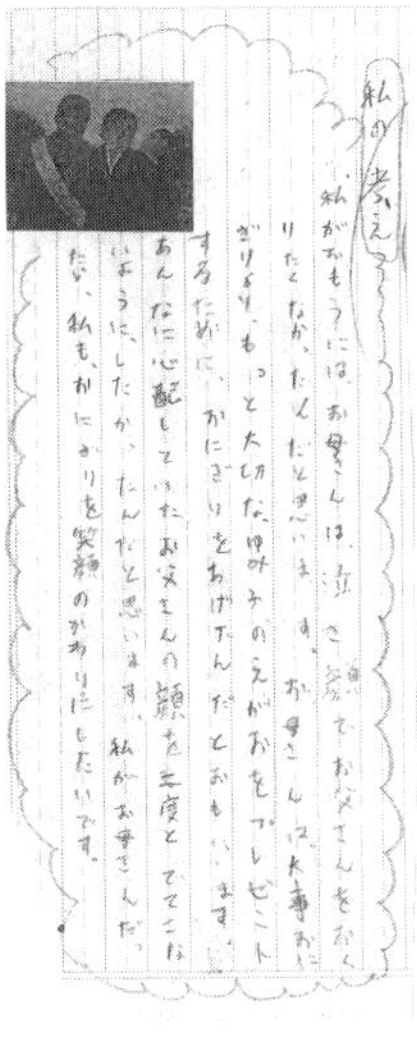

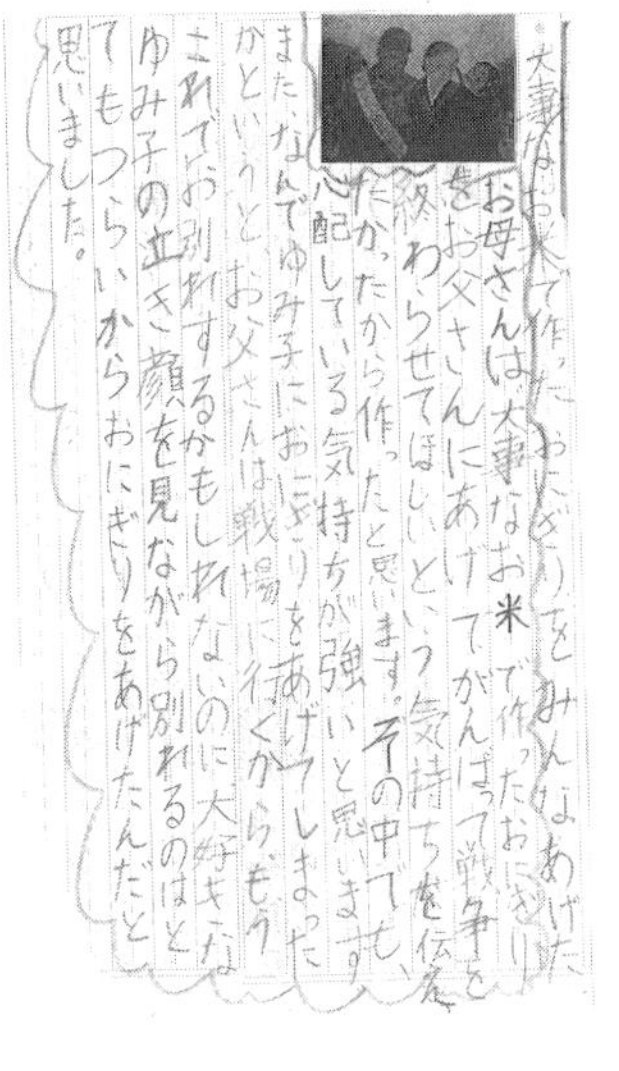

以上のようなことが出されます。しかし、ゆみ子におにぎりをあげてしまったら、お父さんの分がなくなってしまいます。お母さんは、「お父さんにあげられなくなってしまう。どうしようかな」と思わなかったのかという疑問が子どもから出されます。そこで、話し合います。

・本当はお父さんにもあげたかった。
・お父さんにも食べてほしかった。
・家族一緒に最後に食べたかった。

と言うようなお母さんのもう一つの気持ちも出されます。

●話し合った後でお母さんの思いをお母さんになって書く。

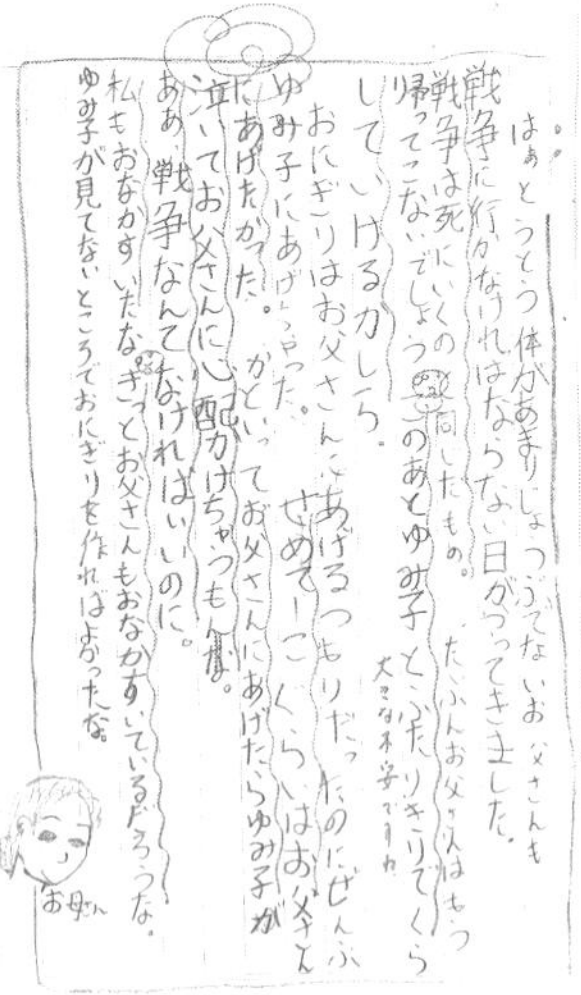

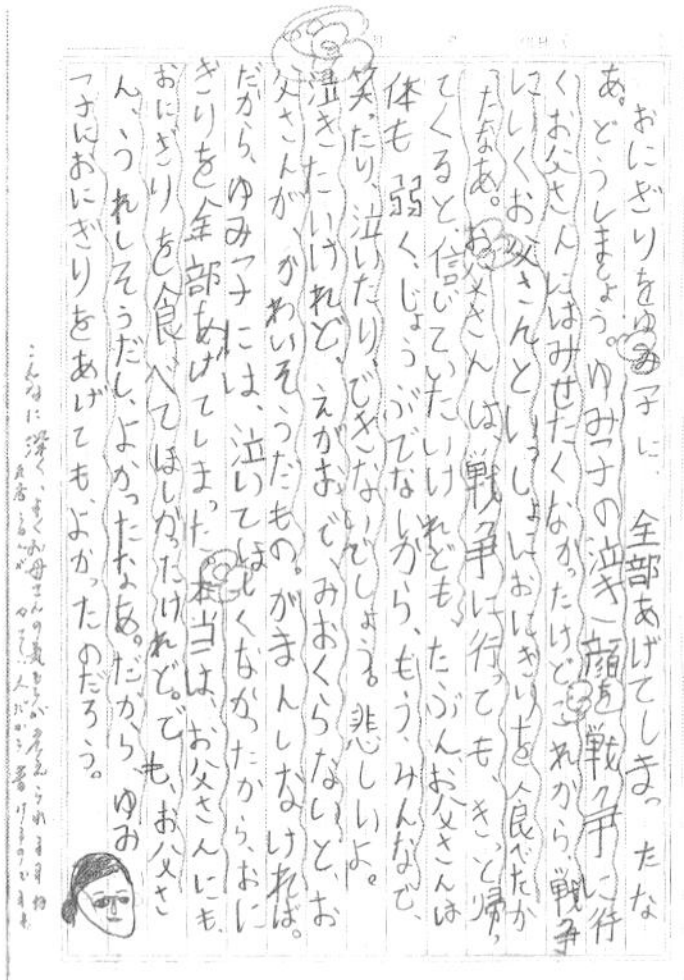

■「汽車が入ってくるとき、一つだけちょうだい」と言って泣いたゆみ子について話し合う

「また『一つだけちょうだい』と言って泣いたのはどうしてでしょう」

・めったに食べないので、米のにぎりめしがとてもうまかったからです。
・汽車が入ってくるときに言ったのは、いつもとどこか違うので怖かったからです。

ゆみ子は、小さくてもただならぬ雰囲気に気付き、一つだけはっきり言える「一つだけ」を言って、精一杯自分の意思を伝えたのではないかと考える子どももいます。言葉もはっきり言えない小さな子どもにまで、悲しい思いをさせるのが戦争です。

■「いいわねぇ、おとうちゃん。兵隊ちゃんになるんだって」について考える

・あやすために言っている。
・本当はいいとは思っていない。
・あまり深く考えないで言っている。

母親の本心ではない言葉であやしていることの悲しさを読み取ります。

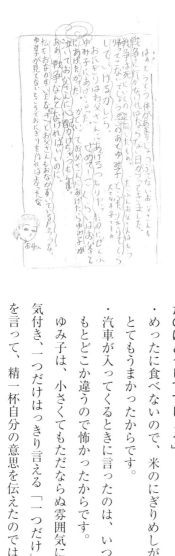

授業展開

第5時

ゆみ子に「一つだけの花」を渡すお父さんの思いを考える

「お母さんが、」～「一つの花を見つめながら――」

■三場面（後半）を読み、学習課題を確認し、学習することを話し合う

学習課題

お父さんはなぜゆみ子に、「一つだけの花」を渡したのかを考えよう。

「課題解決に向かって、何について考えるといいですか」

・ゆみ子にあげたコスモスはどんな花か。
・どうして一輪だったのか。
・ゆみ子がどのようなときにお父さんは渡したか。
・ゆみ子に渡すときのお父さんの表情や気持ち

■ゆみ子に渡したコスモスはどのようなコスモスかを話し合う

「ゆみ子に渡したコスモスはどのようなコスモスでしたか」

・プラットホームの端っこで忘れられたようなところで咲いていた。
・忘れられたようにだから、目立たないで咲いていた。

主な言語活動

・コスモスの花について話し合う。
・ゆみ子に言ったお父さんの言葉の意味を話し合う。
・お父さんに言ってあげたいことを書く。

・ゴミ捨て場のようなところだから、自然に育ったのだと思います。
・それほど立派ではないと思います。

「摘んできたお父さんの様子はどうですか。気持ちはわかりますか」

・あわてて帰ってきたお父さんの手にはコスモスの花がありました。
・汽車がもうすぐ来るので焦っています。
・ゆみこに何かあげたいと思っていたのでとってきたのです。

このような一輪のコスモスをお父さんはどんな思いでゆみ子に渡したのでしょう。

■ゆみ子に言ったお父さんの言葉を話し合う

> 「ゆみ。さあ、一つだけあげよう。
> 一つだけのお花、大事にするんだよう――」

「お父さんのこの言葉からどのようなことを考えますか」

・大人になっても、コスモスのように明るく、やさしい人になってほしいと願っている。
・お父さんが戦争に行っても、ゆみ子の命は大切にしてほしい。
・コスモスのようにきれいで、元気に育ってほしい。
・コスモスのように、人を癒す人になってほしい。

強い願いを子どもたちは読み取ります。ではどこからこういう願いを読み取ったのでしょうか。もう少し詳しく読んでみましょう。

●作者の書き方にも目を向けて

ここでコスモスについての書かれ方を見てみます。

比較して考えましょう。

A「あわてて帰ってきたお父さんは、手にコスモスを持っていました。」

B「あわてて帰ってきたお父さんの手には、コスモスの花がありました。」

Aはお父さんの行動を表す文です。全体のことを表しています。B（本文）は、主語はコスモスの花です。述語は「ありました」です。コスモスの花が焦点化されています。読み手の目はコスモスに注がれます。

そこから

「一つだけあげよう。一つだけのお花」に直接につながっていくのです。

「『一つだけあげよう。一つだけのお花』の『一つだけ』の意味をどのように考えますか」

・ゆみ子はいつも「一つだけ」と言ってよく知っている言葉だから、今日も「一つだけ」と言って、お父さんは、ゆみ子を落ち着かせています。
・「一つだけ」は、お父さんがゆみ子にあげられるものはもうコスモスの花だけ。それも一本だけしかないよ。
・でも、一番大事な願いが入っているものなんだ。
・他に代えられない物なんだよ。
・このコスモスはゆみ子の成長と命を見守るものなんだ。

こんな話し合いができるでしょう。

●この作品のキーワード「一つだけ」を整理する。

☆お母さんの
「一つだけよ。」「一つだけ――。」
☆ゆみ子の
「一つだけちょうだい。」
☆お父さんの
「みんな一つだけ。一つだけのよろこび」
「一つだけあげよう。一つだけのお花」

こう整理してみると、最後の場面の「一つだけ」は「不十分さや足りなさ」の表現ではなく、父としての強い願いのこもった「一つだけ」であり、積極性をもった言葉として変化していることに気付くでしょう。

■――にした意味を考える

「一つだけのお花、大事にするんだよう――」

この「――」には、さまざまな思いがこめられています。言いたいことがたくさんあるのにもかかわらず、胸がいっぱいで言葉にならないのです。言葉にならないとき人は、どんな思いなのか、想像してみたいところです。

ここで子どもたちから、次のような疑問が出されるでしょう。

・なぜゆみ子は喜んだのか。

■渡されたものがおにぎりではなくコスモスだったのに、喜んだのはどうしてかを話し合う

・お父さんからもらったからうれしい。きっと、今まではお母さんからもらうことが多かったからです。
・きれいな花だったのでうれしい。
・いつもと違うお父さんの言葉を聞いて何か感じたから。
・手に握ったので安心したから。
・「一つだけ、一つだけ」という言葉と一緒にもらったからうれしい。

「コスモスをもらって喜んだゆみ子をどのように考えますか」

・ゆみ子が「一つだけ」と言ったことをお父さんが分かってくれた。
・ゆみ子とお父さんの目が合って、気持ちが通じたのです。（挿絵から）
・食べ物ではない一つだけ、があることをゆみ子はここで初めて知ったのかもしれません。

食べ物ではない一つだけとは何なのか、それをコスモスの花が象徴しています。それは、高い高いの場面のお父さんの言葉に重なります。生きることの喜び、表現することの喜びなど。話し合いではもっと具体的なことが出されるでしょう。

■ゆみ子に一輪のコスモスの花を渡すお父さんの願いを書く

以上のような学習を経て、本時の学習課題、

お父さんはなぜゆみ子に、一輪のコスモスの花を渡したのかを考えよう。

について自分の考えを書かせます。

【ノートの例】

お父さんは、コスモスに元気にそだつそうに」とねがいをこめ
て言ったと思います。どうしてかというと、戦争のはげしかった
ので空しゅうでしんでしまうと思ったからです。そしてなんで

コスモスを一輪にしたかというとゆみ子が
「一つだけ。一つだけ。」
と言ったのでお父さんも
「ゆみっこさあ、一つだけあげよう」…
と、お父さんも一つだけと返したんだと思います。
あとゆみ子はお父さんが兵隊に行くのを知っていなかったから「一つだけ」と
言っていかもしれないようにしていると思いました。
「大事にするんだよう―」とダッシュをつけたのはゆみ子が
なのできこえやすくしたんだと思います。お父さんの顔が
「元気すな」
と言っている上うに思いました。お母さんの顔も
「かわいそうに」
と思っていると思います。なぜかというとお父さんが戦争で
しんでしまうと思うからです。

お父さんは、しあわせになってねさようならとねがいを
こめてコスモスをわたしたと思います。大事という
ことばをいれたのはお父さんがこれでさいごの一つ
たけのプレゼントと言う意味だと思います。
一つだけにした理由はわたしは一つ花でみんなを笑が
おにしてねと言ういみで気もちをこめて一輪にしたと思
います。

お父さんはゆみ子に幸せになってほしい、
コスモスのようにプラットホームのはしっぽの、
ごみすて場のような所でも強く、キレイに
育ってほしいという意味があるのかもしれ
ません。そして、一輪といわずに「一つだけ」とか
いたのは、二場面で言った一つだけのよろこびを
知ってほしかったのかもしれません。

授業展開

汽車に乗って行ってしまったお父さんの思いを考える

第6時　「お母さんが、」～「一つの花を見つめながら——」

主な言語活動

・お父さんが汽車に乗って行ってしまう場面を話し合って書く。
・一つの花のもつ意味を話し合う。

■三場面（後半）を読み、学習課題を確認する

学習課題

汽車に乗って行ってしまったお父さんの思いについて考えよう

「課題解決に向かって、何について考えるといいですか」

・汽車に乗って行ってしまったお父さんの様子からわかります。
・お父さんを見送るお母さんはどんな思いなのでしょう。
・どうしてお父さんは、何も言わないで行ってしまったのでしょう。

・ゆみ子を見つめないで、どうして一つの花を見つめていたのでしょう。

■お父さんが汽車で行ってしまう最後の場面を話し合う

「汽車に乗って行ってしまう場面です。どのような映像が浮かびますか」

・お父さんは、にっこり笑っています。
・お父さんは身動きもしないで、手も振らないでゆみ子とお母さんだけを見ています。
・お母さんは、ゆみ子を抱っこしながら泣いています。
・きっと声を出さないで泣いていると思います。ゆみ子が泣き出さないようにです。
・ゆみ子はコスモスの花を手に持って、それを見て、笑っていると思います。

■なぜお父さんはにっこり笑ったのかを話し合う

別れの場面です。そのときに、にっこり笑ったのはなぜなのか、考えたいところです。

・ゆみ子が足をばたつかせて喜んだからです。
・おにぎりではないコスモスの花で喜んだことがうれしかったからです。
・大事にするんだようということばで、喜んだからです。
・それだけではないと思います。お母さんに向けてにっこり笑ったのかもしれません。

■お父さんが、何も言わないで行ってしまったことについて話し合う

「どうしてお父さんは、何も言わないで行ってしまったのでしょう」

・もうこれが最後だと思うと、胸がいっぱいになって何も言えなくなります。
・何か言おうとすると泣いてしまうからだまっています。
・思いつめたときは言葉になど表せない、言葉などにできないのかもしれません。言葉になどできないほどの深い思いだと考えます。

お父さんは「ゆみ子のにぎっている、一つの花」を見つめています。

「持っている」のではなく、「にぎっている」のです。

■にぎっている一つの花の意味を話し合う

「『持っている』と『にぎっている』とでは、どう違いますか」

・持っているは普通に持つことで、にぎっているは力を入れてしっかり持つこと。
・持っているは気持ちが入っていない、にぎっているは気持ちが入っている。
・持っていると落ちてしまうかもしれませんが、にぎっていると落ちません。

辞書的な意味の違いを明確にした上で、文脈上の意味を読みます。

「ゆみ子のにぎっているという意味は何ですか」

・お父さんからもらった花をゆみ子は、絶対に忘れないという意味
・お父さんにもらった花がゆみ子はとっても嬉しかったという意味
・お父さんは、ゆみ子がしっかりにぎってくれていたから嬉しかった。
・お父さんは、ゆみ子がしっかりにぎってくれたから安心したのかもしれません。

■ゆみ子のにぎっている一つの花を見つめながらについて考える

「どうしてお父さんは、ゆみ子とお母さんではなく、一つの花を見つめながら」去っていったのだろうか。疑問のわくところです。

このように図に示してから話し合います。

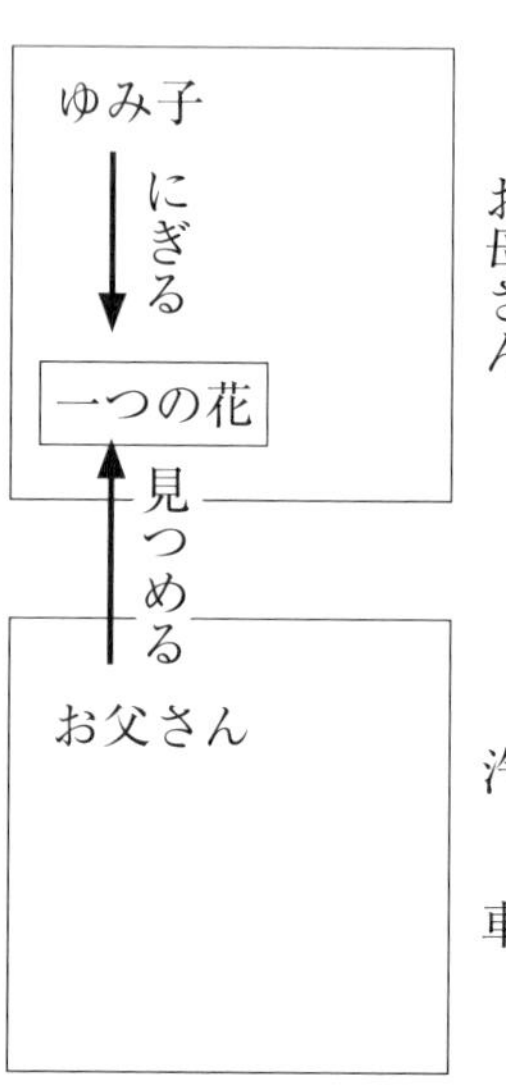

・ゆみ子のにぎっている花をお父さんは見つめています。
・二人が一つの花でつながっています。
・一つの花を中心にしてつながっています。
・ゆみ子は手でそれを感じていて、お父さんは目でしっかりと見ています。
・一つの花にこめられた願いを感じます。

授業展開

第7時

一〇年後のゆみ子の様子とコスモスの花を考える

「それから」～「終わり」

一〇年の月日が過ぎたゆみ子のとんとんぶきの小さな家の様子が語られています。この場面は、〝ゆみ子とコスモスの花〟が象徴的に描かれています。ゆみ子とコスモスの花を中心にして学習を進めます。

学習課題

・ゆみ子はどんな女の子に育っているか。
お父さんの願った通りのゆみ子に育っているか
・家の庭がコスモスの花でいっぱいになっているのはどうしてかを考える。

■ゆみ子はどんな女の子に育っているか着目する言葉にサイドラインを引く

「ゆみ子はどんな女の子に育っているか、考えたい言葉にサイドラインを引きましょう」

「母さん、お肉とお魚とどっちがいいの。」

ゆみ子の高い声

スキップをしながら

ゆみ子が小さなお母さんになって、お昼を作る日です。

主な言語活動

・ゆみ子がどんな女の子に育っているかを書く。
・庭がコスモスでいっぱいになっているのはどうしてかを書く。

■サイドラインを引いた言葉から、どんなゆみ子かを話し合う

着目した言葉からどんなゆみ子に育っていると思うかを話し合います。

「母さん、お肉とお魚とどっちがいいの。」

・今はお肉もお魚も買える暮らしをしていて、ゆみ子は、お肉料理もお魚料理もどちらも作られる子になっている。
・お母さんのお手伝いができるやさしい子に育っています。
・自分で決めないでお母さんの好きなほうを大切にしようとしていて、お母さん思いの

子に育っています。

・お母さんに聞いているところから、相手のことを考えられるやさしい子になっていて、わがままではない。

・お母さんが仕事をしていて買い物に行けないとき、代わりに行ってくれるやさしい子。

ゆみ子の高い声

・高い声は、はりきっているときに出ます。お手伝いが大好きな子になっています。

・ミシンの低い音とぴったりと合っている感じがします。

スキップをしながら

・スキップは嬉しい時や楽しい時にするので、お料理をするのが大好きな子になっていきます。

・お母さんのお手伝いも喜んでしている子だと思います。

・くよくよしない明るい子になっています。

ゆみ子が小さなお母さんになって、お昼を作る日です。

・お母さんと仲良く暮らしています。話し合ってお料理を作っているので、協力する子になっています。

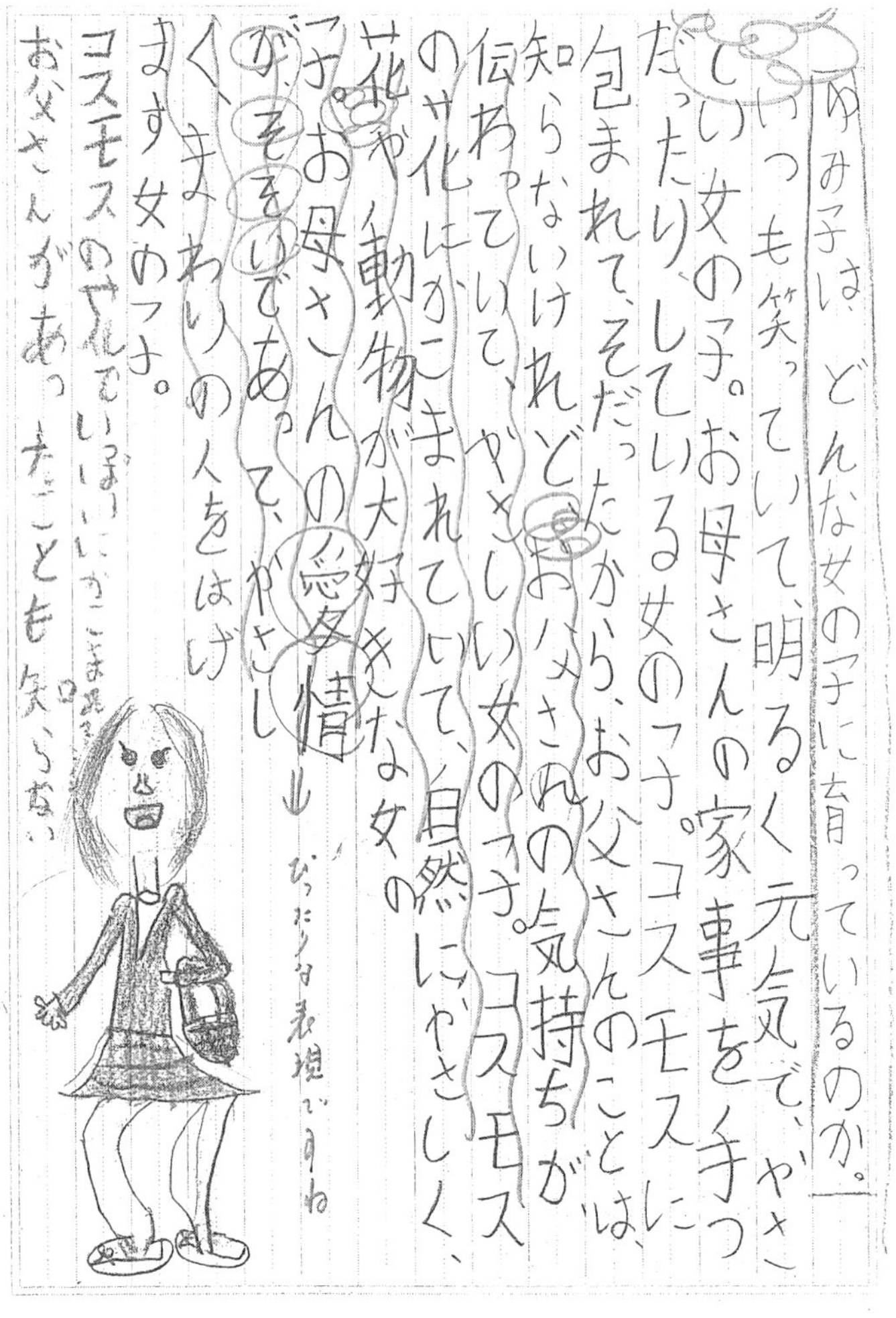
ゆみ子は、どんな女の子に育っているのか。
いつも笑っていて、明るく元気で、やさしい女の子。お母さんの家事を手つだったり、している女の子。コスモスに包まれて、そだったから、お父さんのことは、知らないけれど、お父さんの気持ちが伝わっていて、やさしい女の子。コスモスの花にかこまれていて、自然にやさしく、花や動物が大好きな女の子。お母さんの愛情がそそいであって、やさしくまわりの人をはげます女の子。
コスモスの花でいっぱいにかこまれ
お父さんがあったことも知らない
ぴったりな表現ですね

■ゆみ子がどんな子に育っているのかを書く

「ゆみ子のとんとんぶきの小さな家」は、瓦を乗せる屋根と比べて粗末であり、母子二人が暮らせるだけの狭い家であることが分かります。戦争が終わり、お父さんがいないお母さんは、どんなに苦労をしたのでしょうか。大変な思いをしてゆみ子をここまで育ててきたのかが伝わってきます。

　いよいよ物語も最終です。お父さんから渡されたコスモスの花、コスモスに託したお父さんの思いをお母さんは、どのように受け止めてきたのでしょう。それを象徴するのが、庭にいっぱいに咲くコスモスの花です。コスモスで「包まれている」のは、ゆみ子・お母さんですが、

「ゆみ子とお母さんを包んでいるのはコスモスだけでしょうか」

と問うと、きまって「お父さん」と答えが返ってきます。お母さんがお父さんの思いを受け止めて毎年庭にコスモスの種を蒔き、それが一年、また一年とどんどん増えて、庭一面に広がってきたのでしょう。そのまとめを最後に書きます。

■「コスモスの花でいっぱいに包まれています」から想像したことを書いて話し合う

「ゆみ子のとんとんぶきの小さな家は、コスモスの花でいっぱいに包まれています、から、考えや思いを書きましょう」

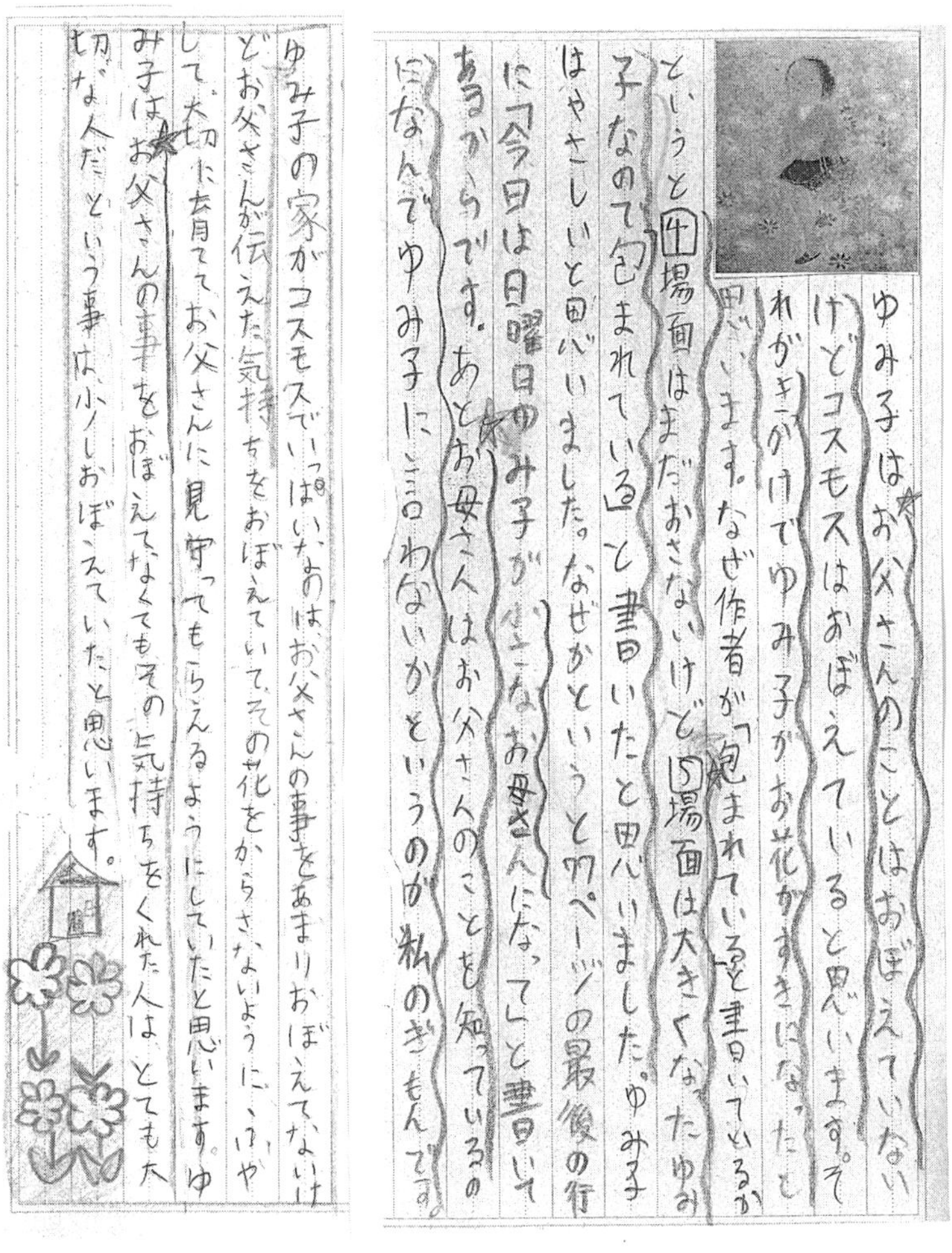
ゆみ子はお父さんのことはおぼえていないけどコスモスはおぼえていると思います。それがきっかけでゆみ子がお花がすきになったと思います。なぜ作者が「包まれている」と書いているかというと⑭場面はまだおさないけど⑮場面は大きくなったゆみ子なので「包まれている」と書いたと思いました。ゆみ子はやさしいと思いました。なぜかというと77ページの最後の行に「今日は日曜日ゆみ子が小さなお母さんになって」と書いてあるからです。あとお母さんはお父さんのことを知っているのになんでゆみ子に言わないかというのが私のぎもんです。

ゆみ子の家がコスモスでいっぱいなのは、お父さんの事をあまりおぼえてないけどお父さんが伝えた気持ちをおぼえていてその花をからさないように、けやして大切に育ててお父さんに見守ってもらえるようにしていたと思います。ゆみ子はお父さんの事をおぼえてなくてもその気持ちをくれた人は、とても大切な人だという事は小しおぼえていたと思います。

授業展開

第8時　物語全体

一〇年後の文章の表現に注目して読みを深める

今までの学習は、主に物語の「内容・出来事」を読む学習でした。授業の最後は、物語の語られ方を考えていきます。物語の語られ方とは、構成も含めて作者の表現や表現の仕方について考えることです。そこには作者の願いや思いが反映されています。

■一〇年後から感じることを話し合う

「これが書かれているとどこがいいのですか」

・ああ、二人は生きていたんだ。とわかるから、よかったなあと思います。

・一〇年後がないと、「かわいそうな物語」で終わってしまいます。

・ないと、その後、ゆみ子がどうなったのかわからない。

・一〇年後があると、お母さんもゆみ子もがんばったんだなあとわかります。

・一〇年後があると、明るい希望の話になります。

「そうですね。でも、よかったなあ。希望の話とだけ皆さんは感じましたか」

・いいえ。なんか悲しい感じがします。

・確かに明るい感じがしますが、辛くて悲しい出来事があって、一生懸命にがんばってきた話なんだなと思います。

・なんだかけなげな感じがして、応援したくなります。

「なぜ、そう感じるのか、それを考えていきましょう」

主な言語活動

・一〇年後はどのように語られているかを話し合う。

・ゆみ子とお母さんは、どのように暮らしているかを書く。

■一〇年後の「コスモス」はどのように語られているかを話し合う

コスモスの花でいっぱいに包まれています。

コスモスのなかから聞こえてきました。

コスモスのトンネルをくぐって出てきました。

「一〇年後のコスモスから、どのようなことを考えますか」

・平和、幸せ。

・花に包まれていて幸せ。

・お父さんの思いがいっぱいつまっているコスモスに守られている感じです。

・お母さんはお父さんの思いをしっかり守っている。

「お母さんがお父さんの思いを守っていることが、どう表現されていますか」

・どれも包まれている、守られている、囲まれているという感じの言葉です。

・ゆみ子も母さんも、お父さんはいないけど、コスモスが出てくるので、お父さんに守られている感じがします。

「『コスモスの繰り返し』・『包む』からあの時のお父さんを思い浮かべるのですね」

・だから、幸せそうだけど、私たちは、悲しさを感じてしまうのです。

・先生、では「お肉とお魚どっちがいいの」という言葉も、あのころを思い出させてしまう言葉ですね。

・ここで使われている一つ一つの言葉が、あの時の悲しさを思い出させるのですね。

ここで読み手は、一〇年前の出来事と「今」を重ねて読んでいるのです。そう読めるようにここは書かれているのです。

■「ミシンの音」はどのように語られているかを話し合う

「ミシンの音の描きからどのようなことを考えますか」

> ミシンの音が、たえず速くなったりおそくなったり、まるで、何かお話をしているかのように聞こえます。

・お母さんの姿は見えませんが、一生懸命働いていることがわかります。

・お母さんは、ミシンで何かを縫ってそれを仕事にしています。

「お母さんが働いて、それで二人が生活しているのがわかりますね」

> ミシンの音がしばらくやみました。

・どんな話をしているのかはわかりません。書いてありません。

・でも、この瞬間が、二人の幸せを感じる瞬間です。

「書かれていないことでかえって、私たちが、仲の良い親子を想像できるのですね。」

> ミシンの音がまたいそがしく始まったとき、買い物かごをさげたゆみ子が、スキップしながら、コスモスのトンネルをくぐって出てきました。

・ゆみ子と話していたから、急がなくてはと思って、速くミシンで縫い始めたのではないでしょうか。

・お母さんは、一日中、ミシンを使って仕事をしているように聞こえます。

・ゆみ子がいるので、家でできる仕事をしています。

「ミシンの音からだけでもこんなに二人のことが想像できますね。実は、想像してもらうように書いてあるからです。」

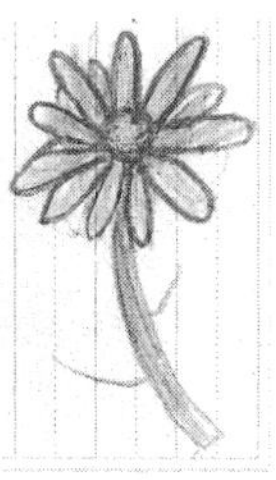

コスモスが「静」だとすれば、ミシンの音は「動」です。動と静とのコントラストが物語に彩を与えています。これは、何よりも活力と希望を描いているのではないでしょうか。

このような話し合いを経て、なぜ題が『一つの花』になっているのか、『一つの花』の作品が描きたかったことを考えてもよいでしょう。

■一〇年後、ゆみ子がどのように暮らしているかを想像して書く

最後のまとめのやり方は、いろいろな方法がありますが、私のクラスでは、一〇年後ゆみ子がどのような子になり、どのように暮らしているのかを考えました。

お父さんの思いがゆみ子に伝わっているかをコスモスの花と共に考えることが、「一つの花」を読むことになると思ったからです。

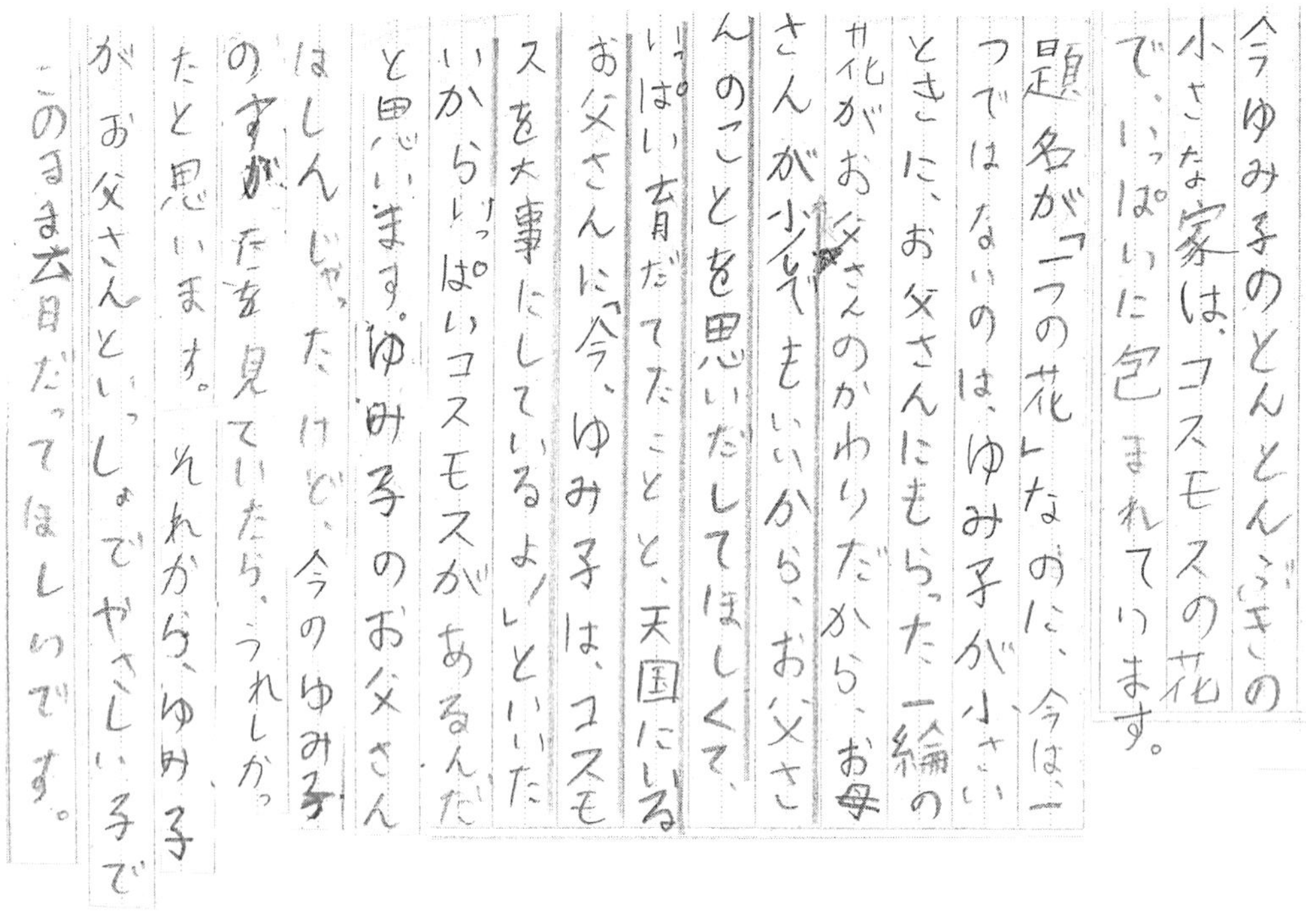

今ゆみ子のとんとんぶきの小さな家は、コスモスの花でいっぱいに包まれています。

題名が「一つの花」なのに、今は、一つではないのは、ゆみ子が小さいときに、お父さんにもらった一輪の花がお父さんのかわりだから、お母さんが少しでもいいから、お父さんのことを思いだしてほしくて、いっぱい育だてたことと、天国にいるお父さんに「今、ゆみ子は、コスモスを大事にしているよ！」といいたいからいっぱいコスモスがあるんだと思います。ゆみ子のお父さんはしんじゃったけど、今のゆみ子のすがたを見ていたら、うれしかったと思います。それから、ゆみ子がお父さんといっしょでやさしい子でこのまま育だってほしいです。

平和と戦争について紹介したい本

書名	作者	出版社
ぼくがラーメンたべてるとき	長谷川義史	教育画
へいわってすてきだね	安里有生	フロンズ社
せかいいちうつくしいぼくの村	小林　豊	ポプラ社
ぼくと弟はあるきつづける	小林　豊	ポプラ社
土のふえ	今西祐行	岩崎書店
ぼくのこえがきこえますか	田島征三	童心社
ひでちゃんとよばないで	おばまこと	小峰書店
くつがいく	和歌山静子	童心社
まちんと	松谷みよ子	偕成社
へいわってどんなこと？	浜田桂子	童心社
よしこがもえた	たかとう匡子	新日本出版社
はらっぱ	神戸光男	童心社
地雷ではなく花をください	柳瀬房子	自由国民社
いわたくんちのおばあちゃん	天野夏美	主婦の友社
新版ガラスのうさぎ	髙木敏子	金の星社
平和の種をまくボスニアの少女エミナ	大塚敦子	岩崎書店
むこう岸には	マルタ・カラスコ	ほるぷ出版
なぜ戦争はよくないか	アリス・ウオーカー	偕成社
なぜ戦争をするか・六人の男たち	デビット・マッキー	偕成社
おとうさんのちず	ユリ・シュルヴィッツ	あすなろ書房
きぼうこころひらくとき	ローレン・トンプソン	ほるぷ出版
ピース・ブック	トッド・パール	童心社
世界中のこどもたちが	絵本作家たちのアクション	講談社
さがしています	アーサー・ビナード	童心社
非武装地帯に春がくると	イオクベ	童心社
８月６日のこと	中川ひろたか	河出書房新社
ちえちゃんのおはじき	山口節子	佼成出版社
おかあさんのいのり	武鹿悦子	岩崎書店
わすれたって、いいんだよ	上条さなえ	光村教育出版
だっこの木	宮川ひろ	文渓堂

発展（3時間扱い）

お勧めの本を読んで友だちに紹介する文を書く

平和を考える本を読んで友だちに紹介する文を書きます。紹介する時に、次の観点で書くようにしました。

・一番伝えたい場面
・一番心に強く残ったところ（こと）
・本を読んで考えたことや思ったこと

○教師が紹介文のサンプルを書いて、イメージを持たせる。
○本のキャッチコピーを考える。
その本が読みたくなるような言葉を考える。
そのとき、実際に本屋で売られている本のキャッチコピーを参考に見せる。
○紹介文が一ページに収まるようにする。
○物語の挿絵から好きな場面を選んで描く。

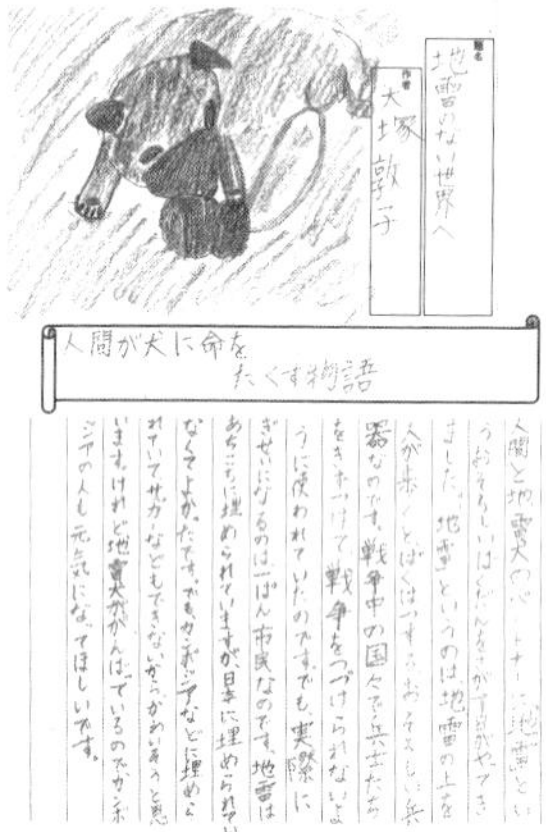

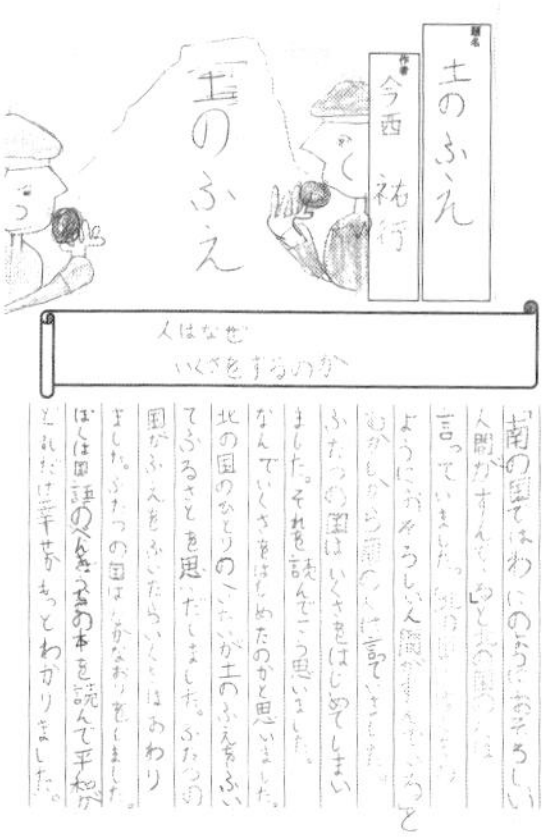

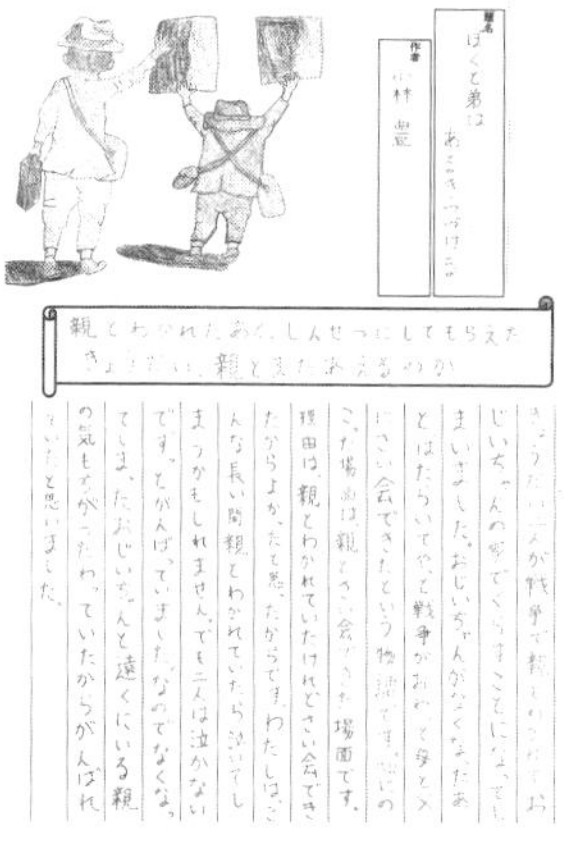

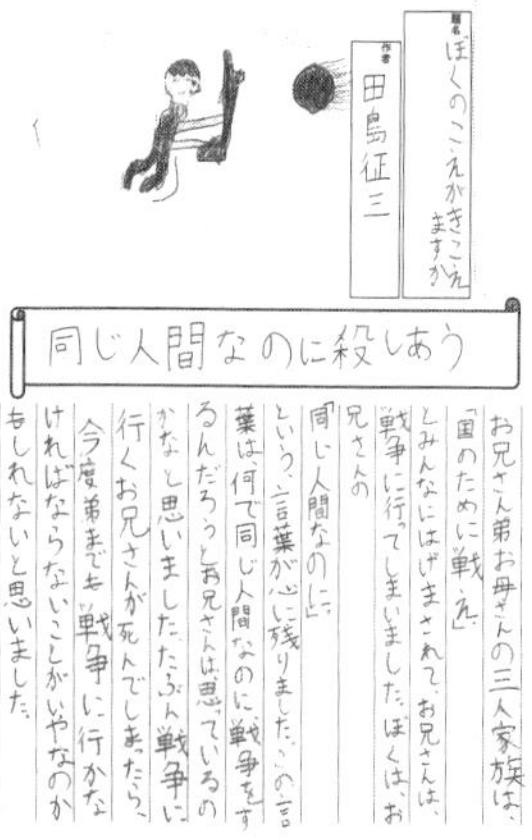

✍「逸脱」に気付く子に。思ってばかりいるごん

「言葉に着目して読む」とよく言われますが、その言葉がそこに書かれている、そこにあることこそ大事なのです。

ある優れた教師の話です。「ごんぎつね」を読んでいた時、一人の子が気付きました。

「ごんは、……言いました」という表現が一つもありません。ほとんど「……思いました」となっています。普通ではありえません。なぜですか。

みんなで、調べてみると、その通りでした。これは重要な指摘です。

ごんは一人ぼっちだから、全く会話がないんだ。

恐ろしいくらいのごんの寂しさに気付く瞬間でした。

そのごんが「考える」ところが2ヵ所あります。これは変化ですから大事なところです。

「一つだけちょうだい。」これがゆみ子のはっきり覚えた最初の言葉でした。

「『一つの花』はこう始まります。意味は明白です。でも、物語の始め方についていえば「普通ではないよ」「倒置になっているよ」と感じる子がいるはずです。今までの物語の経験から見て「逸脱」を感じるからです。

なぜこのような表現で始まっているのだろう。そう考えると、「一つの花」を読む課題が出てくるはずです。

しかし、逸脱には客観的な基準がありません。あくまでも、その子が「逸脱」「普通と違う」と感じるところからはじまります。

✍出来事と説明を分けて読む

たとえば「ごんぎつね」の第一章です。「物語はどこから始まりますか。」

こういう問いをしたらどういう反応が起こるでしょうか。

Aこれは私が小さい時に……聞いた話です。

Bある秋のことでした。

どちらなのでしょうか。

「物語の始まりは、『これは……聞いた話です』で、出来事の始まりは『ある秋のことでした』です。」

こういうことになるでしょう。実は冒頭部分は「説明」なのです。最初の3行は、文末も「です」「ます」となっています。

その後は、いつもの「出来事・繰り返されること」を書くことで「性格」「習性」が伝えられています。ですから、ここは人物紹介の部分です。説明的要素の高い文章です。ただ厄介なのは「出来事」が書かれているので、イメージが伴うということです。

出来事と説明の見分け方は、文末表現でもわかりますが、一番いい見分け方は、「そこで時間が進行しているかどうか」です。説明部分では時間・出来事は進行しません。私たちは物語を読んでいるときに説明部分が長いといやになります。もちろん作者は、それを意識しています。ですから、エンターテイメント小説では、説明はできるだけしないで「会話」という出来事で、事態を説明させているのです。劇やテレビドラマは宿命的に「会話」で事態の説明を強いられています。

では『一つの花』はどこから始まりますか？

（今井）

3 登場人物の行動や気持ちの変化を考え、情景を想像しながら読む

「ごんぎつね」

（光村図書・東京書籍・教育出版・学校図書・三省堂）

登場人物の行動や気持ちの変化を叙述に基づいて読み、美しい情景を想像しながら読んで考えたことを話し合う。

ねらいと学習の重点

ひとりぼっちのごんとひとりぼっちになった兵十。ごんと兵十との悲しいまでの心のすれ違いが美しく描かれている作品です。場面の展開が明確で人物の描き方が分かりやすく、ごんの心情の移り変わりを見事に描いています。また、情景とそのなかに登場人物の心理描写を重ね合わせた描き方が巧みです。

兵十に対するごんの思いを行動や会話を中心に、対比しながら想像することを中心に読んでいきますが、場面の情景と心情とを考え合わせて読むことも大切にします。

ごんがいろいろな行動をするわけを、「ごん日記」や「ごんへの手紙」に書き表したり、ごんになりきって音読をしたり、ごんの足跡を図や絵で描いたりして読んでいきます。

「ごんぎつね」はすぐれた表現の描写がたくさんあります。情景描写、独話、会話文、副詞、複合動詞、文末、擬声語、擬態語、比喩、倒置法など。こう言った叙述に着目しながら丁寧に文章を読み、物語文を読む楽しさを味わい、次への読書につなげていきます。

■学習指導計画　読み〈11時間〉「ごんぎつね」

時	学習内容	学習活動
1	全文を読み、一番感動したことを中心に感想を書く	・範読を聞く。　・音読する。　・感動の中心を題にして感想を書く。
2	物語の場面に小見出しを付ける（あらすじをつかむ）	・全文を読み、場面毎に小見出しをつけ、あらすじをまとめる。
3	兵十のうなぎにいたずらをするごんを考える	・ごんはどんなきつねなのか、人物像を話し合う。 ・ごんがどんないたずらをしたかをつかむ。 ・兵十がどなったわけを話し合う。
4		・ごんがいたずらをするのはなぜか考えを書き、書いたことを基にして話し合う。 ・ごんは、どんなきつねとして描かれているかを考える。 ・兵十にいたずらをしたごんのことをどう思うかを書く。
5	いたずらしたことを後悔するごんを考える	・ごんの足取りを図に描きながらごんの変化を話し合う。 ・いたずらを後悔するごんをどう思うかを書く。
6	兵十にうなぎのつぐないをするごんを考える	・ごんがどんなつぐないをしたかをつかみ、どうしてつぐないをしようとしたのかを話し合う。 ・何回も何回もくりや松たけを持って行くのはどうしてなのかを話し合う。 ・ごんの気持ちの変化を書いて話し合う。
7	兵十と加助の話を聞くごんの様子と気持ちを考える	・兵十はごんが持って行く栗や松茸をどのように受け止めているかを話し合う。 ・兵十と加助の会話を聞いているごんの気持ちをつぶやきに書き、音読劇化する。 ・ごんが、二人の後を付けていく理由を話し合う。
8	引き合わないと思ったのに、その明くる日も栗を持って行くごんの思いを考える	・兵十の影をふみふみ行くごんの様子と気持ちを考える。 ・引き合わないと思いながらも栗を届け続けるごんの思いを考える。
9	兵十は、なぜごんを撃ってしまったのかを考える	・ごんが倒れている挿絵を見て、思ったことや感じたことを話し合う。 ・気持ちや様子が表れている言葉にサイドラインを引き、その言葉から意味を考える。
10	ごんの思いは兵十に伝わったのかを話し合う	・ごんの思いが兵十に伝わったかどうかを話し合う。 ・ごんが兵十に伝えたかったことを書き、ばたりの音の意味を話し合う。
11	「青いけむりが、まだつつ口から細く出ていました」の意味を考える	・青いけむりが出ている意味を書く。 ・青いけむりが出ている意味を話し合い、再び自分の考えを書く。

授業展開

第1時　全文を読み、一番感動したことを中心に感想を書く

■全文を読む

①各自で読む

自分で黙読か微音読をします。

②範読を聞く

範読を聞きながら話の場面をとらえ、話の大体をつかめるように聞きます。

③各自で正確に読む

どの場面やどんなことに感動したのかを考えながら読みます。

☆音読する時は、何のために音読するのか、めあてをもたせて読むようにします。
☆単元に入る一週間前位から「音読カード」を使って一人で読む習慣をつけ、単元が始まるころには、全員が教材を読めるようにしてから授業に入ります。

■全文を読んで一番感動したことを書く

「全文を読んで一番感動したことはどんなことですか。感動したことを中心に書きましょう。」

何に一番感動したのか、感想の中心を明確にしてから感想を書きます。そのために、感想の中心に「題」をつけて書くとよいでしょう。

【例】

・かわいそうなごん
・ごんの気持ちが通じたのかな
・兵十もかわいそうだ

主な言語活動

・音読する。
・範読を聞き、場面をとらえる。
・感動の中心を題にして感想を書く。

思ったことをあれもこれも書くのではなく、一番心に強く思ったことを書き、どうしてそう思ったのかを書くようにします。

【感想文の例】

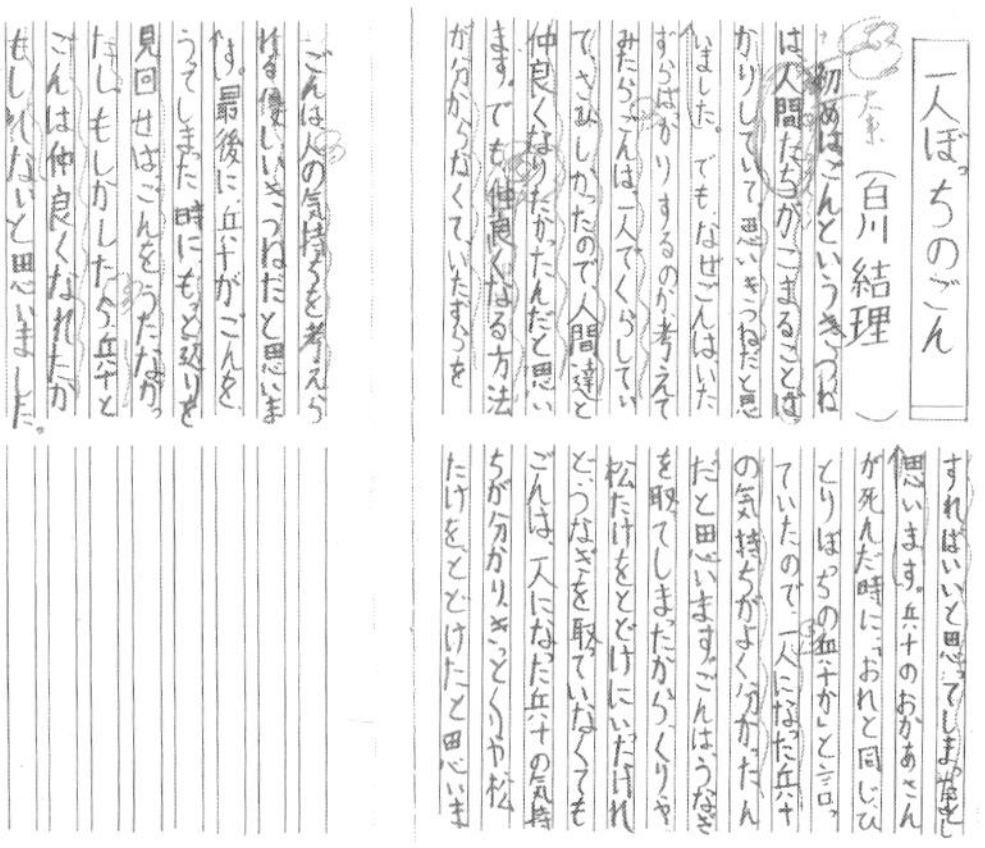
一人ぼっちのごん
名前（白川 結理）
初めはごんというきつねは人間たちがこまることばかりしていて悪いきつねだと思いました。でもなぜごんはいたずらばかりするのか考えてみたらごんは一人でくらしていてさみしかったので人間達と仲良くなりたかったんだと思います。でも仲良くなる方法が分からなくていたずらをすればいいと思ってしまったと思います。兵十のおかあさんが死んだ時に「おれと同じひとりぼっちの兵十か」と言っていたので一人になった兵十の気持ちがよく分かったんだと思います。ごんはうなぎを取ってしまったからくりや松たけをとどけにいったけれど、うなぎを取っていなくてもごんは一人になった兵十の気持ちが分かりきっとくりや松たけをとどけたと思いますごんは人の気持ちを考えられる優しいきつねだと思います。最後に兵十がごんをうってしまった時にもっと辺りを見回せばごんをうたなかったしもしかしたら兵十とごんは仲良くなれたかもしれないと思いました。

音読カードの例　※単元に見合っためあてや学級の実態を踏まえてめあてを考えます。

ごんぎつね　音読のめあて

① 読めない漢字がないように読む。
② つかえないで、スラスラ読む。
③ 物語の場面やあらすじを考えながら読む。
④ ごんの行動と気持ちを考えながら読む。
⑤ 兵十の行動と気持ちを想像しながら読む。
⑥ 情景を描きながら読む。
⑦ 声の大きさ、速さ、調子、間の取り方を考えて読む。
⑧ 読み深めたいところはどこかを考えながら読む。

回数	月日	場面	めあて	めあてについて気付いたこと	家族や友だちから
1					
2					
3					
4					
5					
6					
7					
8					
9					
10					
11					
12					
13					
14					
15					
先生から					

授業展開

第2時

物語の場面に小見出しを付ける（あらすじをつかむ）

■学習課題をつかむ

「今日は、『ごんぎつね』にはどんな場面があるのか、話の大体の筋はどうなっているか学習します」

学習課題を板書して、一時間に何を学習するのかを明確にします（児童にはノートに書かせます）。

『ごんぎつね』の場面のあらすじをつかみ小見出しを付けよう。

■全文を音読する

学習課題を解決するために一人で音読することを話します。ここでは黙読します。

■いくつの場面があるかをつかむ

「この物語は、いくつの場面がありますか。」

・六つの場面です。

教科書に一～六までの番号が付いているので簡単に捉えられます。

■物語の場面に小見出しをつける

ごんが中心人物なので、ごんが何をしたか、どんなことをしたのか、どんなことを思ったり考えたりしたのかをつかんで小見出しを付ける学習です。小見出しは、左のように

ごんが、（　　　）をした場面

と一言で書き表すようにします。

各場面で、

［何をしたか］

ごんはたくさん行動しますが、場面の中心となる出来事は何かをつかみます。出来事を表すキーワードとなる重要な言葉を見付けます。

［どうなったか］

どうなったか、どうしたかは大体が場面の終わりに書かれています。

何をして、どうなったのかを短い言葉で書き表します。

主な言語活動

・どんな場面かを読み、場面に小見出しを付ける。
・物語のあらすじを書く。

何回も教材を読み返しながら、出来事をつかむ学習を通して小見出しを付けていきます。ですから、小見出しを付ける学習は、物語はどんな話なのか、物語の内容をつかむことになります。

《小見出しの付け方》

①場面を読む。
②出来事をつかむ。
③着目する言葉を見付ける。
④短い言葉で言い表す。

〈場面一の場合〉

［何をしたか］

「ちょいと、いたずらがしたくなったのです。」

から、ごんがいたずらでいろいろな行動をしたことが分かります。

→ **いたずらをした**

［どうなったか］

「うわあ、ぬすっとぎつねめ。」とどなりたてました。ごんは、一生けんめいににげました。ごんはほっとしました。

から、兵十に見付かり、どなられてにげたことが分かります。

→ **兵十に見付かってにげ、ほっとした**

⑤よりよい小見出しになるように話し合います。

自分で考えた小見出しを基にして、ペアやグループで話し合う なかで、良い考えは自分に取り入れ、互いに出し合って、よりよい小見出しにしていきます。友だちと同じにそろえる必要はありません。

※小見出しを模造紙に書いて教室に掲示しておきます。

挿絵と小見出しを各場面で一枚にして、ラミネートしておくと、次からの授業に使えて有効です。

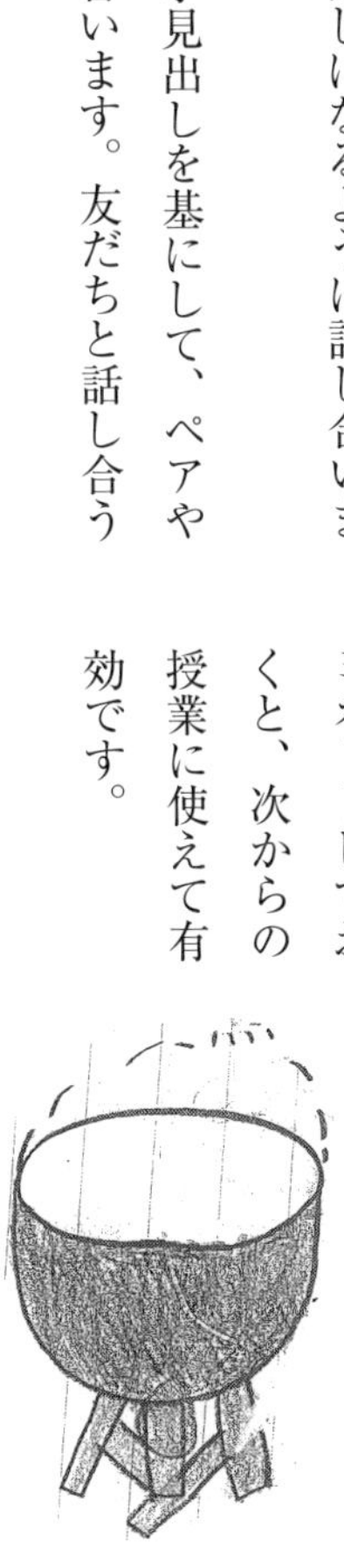

【小見出しの例】

場面	小見出し
1	ごんがいたずらをして、兵十にどなり立てられ逃げた場面
2	ごんがいたずらをこうかいした場面
3	ごんが、兵十につぐないを始める場面
4	ごんが兵十と加助の話を聞いて、その続きを聞きたいと思った場面
5	ごんが二人の話を聞き、神様にお礼を言うのでは引き合わないと思った場面
6	ごんが、兵十に見付かってうたれた場面

あらすじをつかむ学習の仕方

■話のあらすじを書く

あらすじを読むことは、話の展開（話の流れ）を理解することです。あらすじをつかむ具体的な方法はいくつかあります。

【あらすじのつかみかた】

A　挿絵を使って大体を読む。

B　物語の山場（主人公がどこで大きく変わったか）をおさえて読む。

〈物語の構造〉

冒頭——紹介

発端——物語の始まり・きっかけ

山場の始まり——展開

最高潮——クライマックス

結末——終結

C　場面毎に「だれが」「何をしたか」で読み、物語全体のあらすじをまとめる。

A　挿絵を使って、あらすじを書く。

「だれが」「何をしている絵か」を一文で説明します。あらすじがつかめない児童の手立てにもなります。——光村図書の場合——

P９の絵

↓雨が続くのでごんは、外へも出られないであなのなかで「つまらないなあ。」と思いながら雨がやむのを待っている。

P10、11の絵

↓やっと雨が上がって外に出ると、兵十が魚をとっているのを見て、ごんは、楽しそうだなと思い、いたずらがしたくなった。

P14、15の絵

↓六地蔵のかげからごんは、そうれつを見て、兵十のおっかあが死んだと思った。

P19の絵

↓次の日も、その次の日も、ごんは、つぐないにくりを拾って兵十のうちへ持ってきてやった。

P20、21の絵

↓月のいいばんに、ごんは、兵十と加助が話をしているのを聞いた。

P24、25の絵

↓くりを持って行ったごんを見て、またいたずらをしに来たと思った兵十は、ごんを火なわじゅうでうってしまった。

挿絵の説明ができたらといって、あらすじが書けるわけではありません。

①話のきっかけ

②どんなことが起きたか。

③話がどうなったか。

を短くまとめます。

【あらすじの例】

ひとりぼっちのさみしいごんは、雨上がりの晴れた日、兵十がお母さんのためにとった魚をいたずらしてしまいました。兵十はおこりました。

ごんは兵十のお母さんが、死んでしまったのは自分のせいだと思って、つぐないをはじめました。

ある日、いつものようにくりを持って兵十の家に行きましたが、ついに見付かって、兵十にじゅうでうたれてしまいました。
兵十は、初めて、くりを持って来てくれたのはごんだと分かりました。

B　物語の山場（主人公が大きく変わったところ）をとらえてあらすじを書く

山場では主人公が大きく変わります。ごんが兵十にうたれ、大きく関係が変わる場面が山場です。大きく変わる場面を中心に書きます。

【あらすじの例】

くりを持って行ったごんは、兵十に見付かってしまって、じゅうでうたれてしまいました。うってからくりや松たけを持ってきてくれていたのが、兵十はごんだと分かりました。ごんも兵十にやっと分かってもらえましたが、そのとき死んでしまいました。

C　場面毎に「だれが」「何をしたか」で読み、物語全体のあらすじをまとめる。

場面毎にまとめた文を参考にして、例文にあるように、四～五文でまとめるようにします。

何について書かれた物語なのかを短い文でまとめる力は、これから文を要約したり、主題を考えたりする学習に生きてきます。また、人の話を聞くときに、話の要点をつかむための学習にも必要です。

ごんは、ひとりぼっちでいるのがさみしいから、軽い気持ちでちょっといたずらをしました。兵十のおっかあに食べさせるうなぎをとってしまったのです。おっかあを死なせてしまうことになってこうかいしたごんは、ひとりぼっちになった兵十につぐなうため、くりや松たけを持って行きました。またごんがいたずらをしに来たと兵十に思われて、ごんの気持ちが通じないまま兵十に火なわじゅうでうたれてしまいました。うたれたときにやっとごんがしたことを兵十にわかってもらえました。

あらすじを書く時は、だれかに内容を伝えようとする説明意識が働きます。あらすじのとらえ方にその子なりの物語の理解の仕方が反映されています。不十分であっても大事にしたい学習です。（林）

授業展開

第3・4時

兵十のうなぎにいたずらをするごんを考える

■学習場面の課題を話し合って立てる

1　人物像を読む

「今日学習する1は、どんな場面ですか。」

> ごんが、いたずらをして兵十にどなり立てられ、逃げた場面

そうですね。場面の中心はこれですが、でも、1は二つに分かれますね。

「どこで2つに分けますか。」

・はじめは、ごんのことの説明です。ずっとごんがしてきたことです。

・ある秋のことでした、からが、出来事の部分です。事件の始まりです。

前半部分は人物の紹介であることをおさえます。

●ごんについての村人の反応を想像して話し合う。

・村の人たちは、困っていたと思います。菜種柄に火をつけるなんて火事になってしまいます。

・とても怒っていた。なぜならば、とんがらしをむしってしまうからです。

・いもは大事な作物です。それをいたずらされれば怒ります。

・いたずらばかりをしています。だから嫌われていたと思います。

・でもゴンは一人ぼっちで寂しかったからしたのだと思います。

ある秋のことでしたから後が、出来事・場面ですね。そこを読んでいきましょう。

主な言語活動
・学習課題を立てる。 ・どんないたずらをしたのかを話し合う。 ・ごんのいたずらについて考えを書く。

2　課題について話し合う

「この場面で何を課題に読みますか。学習課題を考えましょう」

・ごんはどんないたずらをしたのか。

・ごんがいたずらをしたのはどうしてか。

・兵十は、ごんにいたずらをされてごんをどのように思ったか。

・兵十にどなられてごんはどうしたか

1時間ではできないので、2時間に分けて学習します。

本時では、どんないたずらをしたのか。それは兵十にとってはどういうことなのかを中心に話し合います。

■兵十にどんないたずらをしたのかを書き出してから話し合う

「ごんはどんないたずらをしましたか。ノートに書き出しましょう」

・びくの中の魚をつかみ出しては、川の中を目がけて、ぽんぽん投げこみました。魚を川に逃がしました。

・魚をつかみ出してはの「は」から、何回も何回も川に投げこんだことが分かります。

・何を投げこんだかと言うと、太いうなぎや大きなきすで、一匹だけではありません。

・「いちばんしまいに、太いうなぎをつかみにかかりました」と書いてあるから、兵十がとった魚全部です。

・滑ってつまめないので、うなぎの頭を口にくわえてから投げようとしました。

■兵十の怒りについて話し合う

「『ぬすっとぎつねめ』と怒ったのはどうしてでしょう」

・「ぬすっとぎつねめ」の「め」から、兵十がとっても怒っている。三日間雨がやむのを待って、やっと魚を取ったのに、何するんだよ！　と怒っている。

・雨あがりで、水が多くて流れが速くて、とても危ないことなのに、そこでとった魚だから怒っています。

・「また、いたずらしたな。ごん、このやろう。もう許さない。」と怒っています。

・でも、「うわあ、ぬすっとぎつねめ。」という言葉であわてているのもわかります。しまったという気持ちです。

「ぬすっと」は、ぬすびと・盗人の音が変わったものです。

似た例が、すぐ3行後にあります。

・横っ飛び

次時

■ごんが「ちょいといたずらがしたくなった」わけがわかる文を書き出す

ここでは、文を書き出してから、気持ちやわけを書くことにします。

「ごんは、どうしてこのようないたずらをしたのだと思いますか」

・雨があがると、ごんは、ほっとしてあなからはい出ました。から、何日もあなのなかでしゃがんでいたからつまらなかったな。やっと外に出られた。何かおもしろいことはないかな、と思っていたからです。

・ただの時には水につかることのない。だから、今日は水が多い。兵十は何をしているのかなと興味をもったのだと思います。

・空はからっと晴れていて、もずの声がキンキンひびいていました。から、気持ちがうきうきして、何かしたくなったのだと思います。

・はちまきをした顔の横っちょうに、円いはぎの葉がへばりついているくらい一生懸命なので、からかいたくなったと思います。

・だれかが一生懸命にやっていると、ちょっといたずらしたくなることもあります。

3　逃げていくごんの様子からわかることを話し合う。

・あわてています。それは急に怒鳴られたからです。
・飛び上がったこと。横っ飛び。ウナギを振り捨てて。どれもあわてている様子がわかります。
・ウナギが首に巻き付いているのでうまく走れません。
・でも、不思議です。動物は、普通は自分の巣のほうへは逃げません。でもゴンは穴の外にウナギを置きました。
・とてもあわてていたからだと思います。

ごんの心の中のさけび
（伊澤 彩）
教科書からはイタズラばかりして悪い子というふうに読みとれる人はたくさんいると思います。けれど私はそうは思いません。ごんはさびしい気持ちをまぎらわそうとイタズラをしたのではないでしょうか。どうしてさびしいのかというとごんは一人ぼっちの子ぎつねで」という文と「おれと同じひとりぼっちの兵十か。」という文から読みとれるのがごんの「さびしさ」だからです。
題にかいた「ごんの心の中のさけび」について。ごんは心の中で「さびしくてたまらない。だれかにかまってもらいたい」とさけんでいるのだと思います。ごんはそう思ってどうすればこのさびしさをのがれられるだろう。どうすればだれかにかまってもらえるだろうと考えたのではないでしょうか。そして思いついたのは「イタズラ」だったのではないでしょうか。一回イタズラをしてみたら、だれかがおいかけてきてかまってくれる、楽しい気持ちになったから「イタズラ」をするようになったのだと思います。だから、ただの悪いきつねではないのです。

4　ここでの、ごんについてノートに自分の考えを書き話し合う。

「このいたずらをしたごんのことを、あなたはどう考えますか。そのわけも書いてください。」＊

〈話し合いの例〉

まず、ごんの立場で書いた子がいたら話してもらいます。
・いたずらはよくないが寂しかったからです。
・いい天気で気持ちがよくて何かしたい、という気持ちはわかります。
・私は魚を逃がしたことに何か意味があると思います。殺したり食べたりしないで川に戻したことが、ただのいたずらとは違います。

「ではそれだけですか。兵十のことも入れて書いた人はいますか。」
・兵十にとっては「いたずら」ではすみません。
・してはいけないいたずらがごんには、分からないのです。
・おもしろいほうが先に立つのです。ごんには人の気持ち、困る人の気持ちをわかってほしいと思いました。
・兵十が追いかけてこなかったのは、魚とりをしたいからだと思います。
・兵十の様子がおもしろくてごんは、いたずらをしたのだと思います。兵十については、おや、「兵十だな」と名前も知っていました。だから、親しみもあったのだと思います。

＊ここでの問いは「この場面でのごんのことをどう思うか」としました。「いたずらについて」という狭い問いではなく、ここでは考えたいのです。「ごんという人物」について、ここでのごんへの願いも出てきます。そこには、読み手の「不十分さを持ったごん」と「可能性を持ったごん」＝人物像を豊かにしていきます。

視点にかかわって＝立場を変えて読む

1　村人の思いも読む

この物語は、ほとんど、ごんの視点で書かれています（ただし、最後だけ変わります）。ですから「いたずら」という言葉も、ごんの立場で書かれています。とんがらしをむしり取ったり、芋を掘り散らしたり、菜種柄に火をつけたりは、ごんにとってはいたずらですが、村人にとってはいたずらではすみません。生活がかかっています。火事にでもなったら大変です。

ですから「このいたずらを村人はどう思っていますか」という問いが必要です。

・許せないいたずら。
・憎いと思っている。

こういう反応が出るでしょう。村人から見れば、鉄砲で撃たれても仕方がない存在です。

2　兵十の立場で読む

ウナギのところもそうです。ごんは魚を逃がそうとしていましたが、兵十から見れば「泥棒」です。それが「ぬすっとぎつねめ」、という怒りの言葉になります。

3　立場が交差するとき

この後、兵十の葬式に出会うことで「いたずらが、とてもひどいことをしたこと」とごんは気付きます。相手の立場に立って考え始めたのです。両者の立場が「交差」したところです。ここからごんは変わるのです。

4　視点の転換とクライマックス

最後の場面では、転換して、兵十の視点で書かれます。ここでは兵十の気持ちはよくわかりますが、今度は、ごんの気持ちは書かれていません。ごんは、どんな思いで、「家の裏口から入ったのか」を読むことになります。

5　青い煙を見ているのはだれか

最後の一文は、だれの視点で書かれているのか、によって読み方が変わっていくでしょう。

物語文では、だれの視点で書かれているのかに気を付けます。また立場を変えて読むことが、深い読みにつながります。（林・今井）

授業展開

第5時 いたずらしたことを後悔するごんを考える

■学習課題を立て、音読する

「二の場面はどんな場面ですか」

・ごんがいたずらを反省した場面です。

「どんな学習課題にしたらよいでしょう」

・ごんが、なぜいたずらをしたことを反省したのかを考えます。

> いたずらしたことを後悔するごんを考えよう。

ごんがなぜ後悔したのか、どのようなことを後悔したのかを考えます。そのために、後悔するきっかけとして、ごんにどんな出来事があったのかを考えます。

「みなさんが後悔するのは、どんなときですか」

・悪いことをして先生や家の人に怒られた時に、どうして怒られるようなことをしたのかなと後悔しました。

・お小遣いをもらったすぐにゲームでいっぺんに使ってしまって、後から何も買えなくなって後悔したことがあります。

・ラーメンを食べすぎておなかがいたくなり、あんなに食べなきゃよかったと後悔しました。

後悔する時は、何か出来事があった後で、何かきっかけがあることを押さえます。

■後悔するまでに、ごんにどんな出来事があったのかを図に描く

ごんの足取りを図（絵）で表しながら、ごんの心の動きを考えていきます。

主な言語活動

・ごんの足取りを図に書き、見たものやつぶやきを抜き書きする。
・図を見てごんの変化を話し合う。
・後悔するごんについて考えを書く。

①ごんのあなから墓地までの足取りを図に描きます。

「墓地に行くまで、ごんは、村のどこを通っていますか。」

・弥助の家の裏
・新兵衛の家の裏
・兵十の家の前

ごんが村のどこを通ったか、穴から墓地まで通った足取りを書いていきます。

②ごんが見たものを書き入れます。

「歩いている時、ごんは何を見ましたか」

歩いている時に見た物を書き抜きます。

③その場所でのごんのつぶやきを書き抜きます。

〈板書例〉

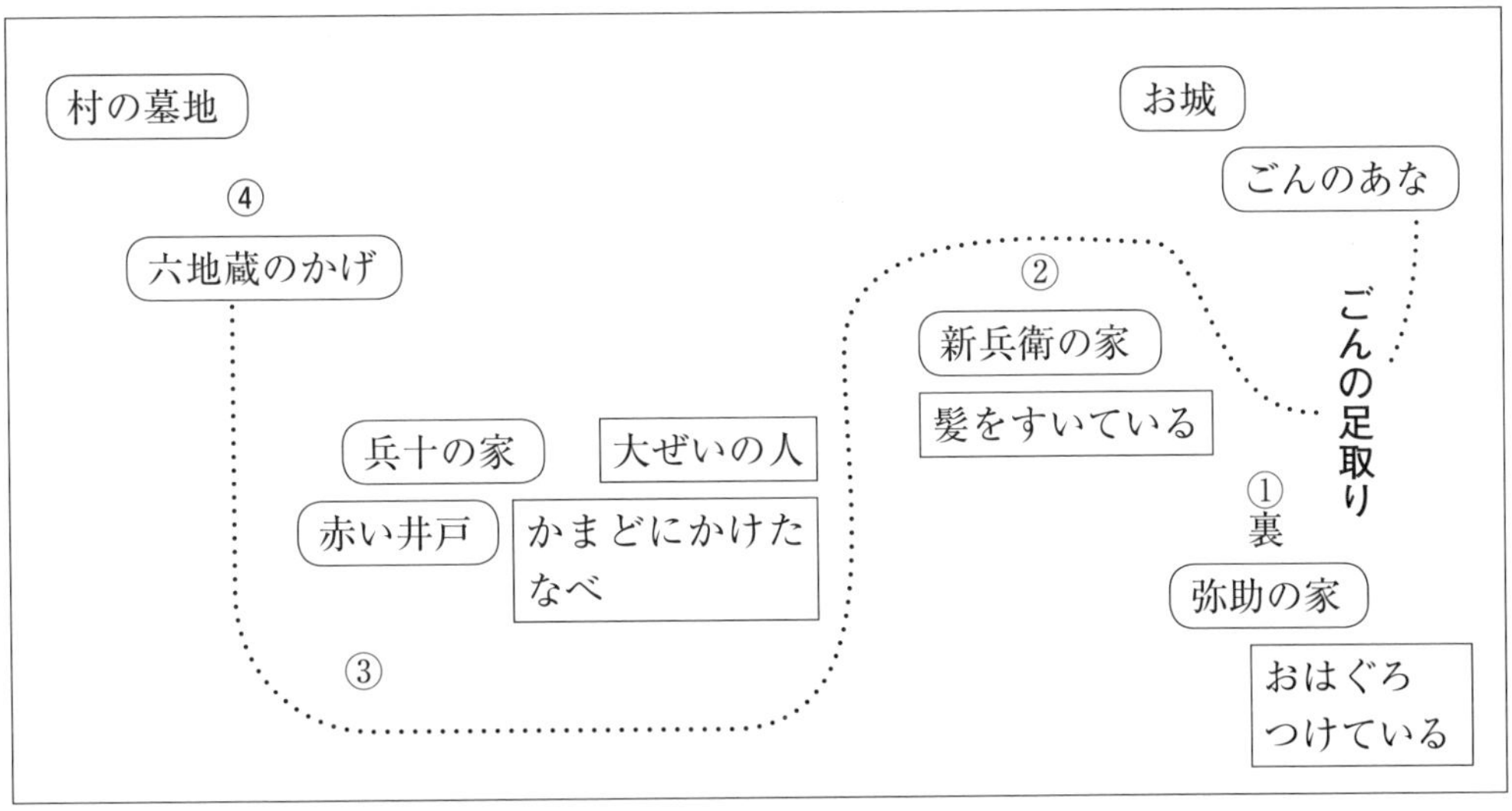

その時にごんが思ってつぶやいたことを抜き書きします（図に書き込むとよい）。

①家内がお歯黒をつけている。

②家内がかみをすいている。

ふふん、村に何かあるんだな

なんだろう、秋祭りかな。祭りなら、たいこや笛の音がしそうなものだ。それにだいいち、お宮にのぼりが立つはずだが。

③赤いいど。おおぜいの人。よそ行きの着物大きななべ。

ああ、そうしきだ。

兵十のうちのだれが死んだんだろう。

④村の墓地。白い着物を着たそうれつ。兵十が、白いかみしもを着けていはいをささげている。

ははん、死んだのは、兵十のおっかあだ。

■図に描いてごんの変化を話し合う

「図に描いて何か気付いたことはありますか」

・家の裏を通ったのは村人に見付からないようためです。ごんは村人に見付かると、つかまってしまうとわかっていたのだと思います。

・「通りかかりますと」から、何か目的があったのではなく、何となく歩いていたのだと思います。

「図に描いてごんが変化したことに気付きましたか。」

・村のことが気になって、「何があったんだろう。」とどんどん村に入り込んで行っています。

・兵十のことが何となく気になって、兵十の家まで行ってしまったのだと思います。

・『いつのまにか』と書いてあるから、始めから兵十のことを考えていたわけではない。

・「兵十のうちのだれが死んだんだろう」から、ごんは兵十のことが気になって、だれの葬式か確かめたくなった。

■挿絵と本文を合わせて、話し合う

　田舎の墓地の、葬式の様子が悲しく美しく書かれています。挿絵を見ながら、話し合います。

「六地蔵の陰に隠れているとき、ごんには何が聞こえますか。何が見えますか。それでどんな感じがしますか」

・いいお天気で、遠くのお城の屋根瓦が光っています。こういう日のお葬式なので悲しい感じがする。
・彼岸花が赤い帯のように咲き続いています。美しいなかで、お葬式の行列です。やはり寂しさがある。
・カーン。カーンと葬式の出る合図のかねが聞こえます。寂しい感じです。
・白い着物を着た人たちの姿が見えてきます。
・だんだんと葬式の人々の話声が聞こえてきます。
・通った後には、彼岸花が踏み折られています。命が折られることで悲しい感じです。

ここの描写には、静けさ、美しさが描かれています。それが、かえって読み手には、寂しさや悲しさを感じさせるのです。

　でもごんはこれを感じていないようです。一生懸命に見ているからです。

「ごんが伸びあがって見たとき、どんなことが見えましたか。ノートに書き出しましょう。」

・兵十が白いかみしもをつけて、いはいをささげています。いつもは赤いさつまいもみたいな元気のいい顔が今日はなんだかしおれています

←　ははん、死んだのは兵十のおっかあだ。

書き出してから、話し合います。

・かみしもは、あらたまった時に着ます。でも、かなり昔のことかなあ。
・兵十が位牌を捧げているので、おっかあが死んだと思った。
※捧げている＝大事に持っていること。
・それに、兵十がしおれているので、おっかあが死んだとわかった。

■「ははん」＝ごんの気持ちを考える

・「ははん」という言い方は、軽い感じです。ああ、分かったぞ。と言っている感じです。
・だから、兵十が、かわいそうとかはまだ感じていません。
・そうです。頭をひっこめた、というのも、その場だけという感じです。心配ならばずっと見ています。
・でも、墓地での様子は、きっと心に残ったと思います。だから、夜になってから考えたのです。

■「ちょっ、あんないたずらをしなけりゃよかった」について話し合う

・反省しています。
・しなければよかった、と後悔しています。
・兵十の、おっかあが死んだことがわかったからです。
・いつも元気な顔をしている兵十が、しおれている様子を見てびっくりしたからです。

「では、後悔しているでいいですか」

・違います。まだ反省ぐらいです。「ちょっ」という言い方では、軽い反省しかしていないと思います。

・でも、その晩「考えた」、ということは、今までのごんとは違います。だから後悔と言ってもいいと思います。＊

■ごんは「後悔した」、という読みについて考える。

その晩、「穴の中で考えた」部分を音読します。そこで気付いたことを話し合います。

・兵十のおっかあが死んだことが、かわいそうと言っています。

・おっかあが、ウナギが食べたいと言っていたと思っています。

・兵十がおっかあに、ウナギを食べさせたかったができなかった、とごんは思っています。

・おっかあが、いなくなってかわいそうと思っています。

・ごんは本当は自分も、おっかあがいたらいいなあと思っていたから、かわいそうと強く感じたのだと思います。後悔でいいと思います。

・おっかあ、という言い方を3回もしています。ただかわいそうということではなく自分のこと、として考えています。そのキーワードが「おっかあ」です。

この部分では、ことばの変化＝思った→考えた＝に気付かせたいところです。

その後で、ごんがどのように後悔しているのか、ごんになってつぶやきを書きます。

＊「考える」ごん

この物語では、ほとんど、ごんは「思った」と表現されています。ところがこの「2場面」では、村の様子が変だなと「考えて」います。そこから、彼の探索が始まります。そして、その夜は穴のなかで「考えた」のです。

これまでは「思う」でしたが、ここでは「考えた」ことにより、焦点化し、立ち止まっています。後悔した、という読みはここから出てくるのでしょう。

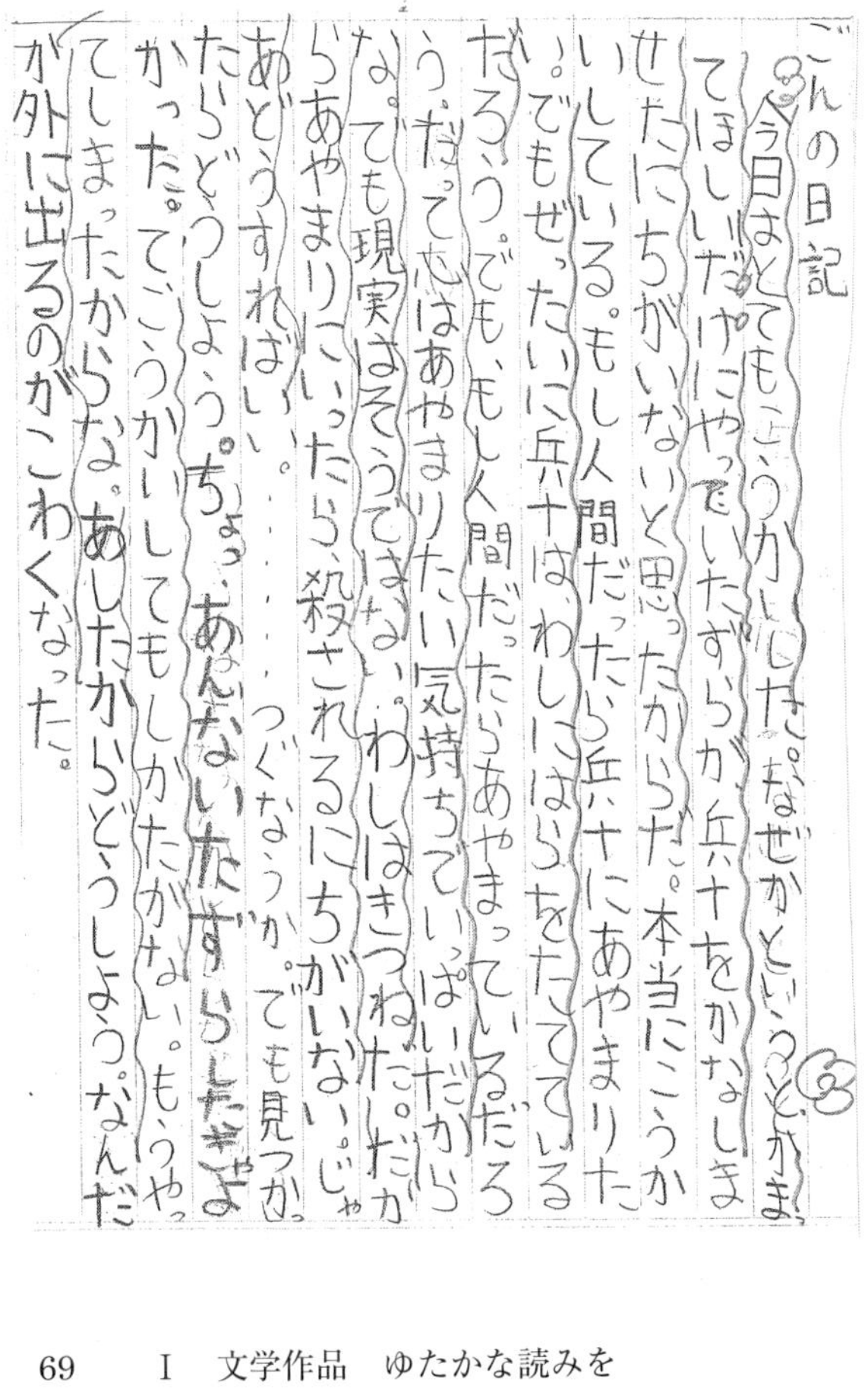
ごんの日記
今日はとてもこうかいした。なぜかというとかま
ってほしいだけにやっていたずらが兵十をかなしま
せたにちがいないと思ったからだ。本当にこうか
いしている。もし人間だったら兵十にあやまりた
い。でもぜったいに兵十はわしにはらをたてている
だろう。でも、もし人間だったらあやまっているだろ
う。だってわしはあやまりたい気持ちでいっぱいだから
な。でも現実はそうではない。わしはきつねだ。だか
らあやまりにいったら、殺されるにちがいない。じゃ
あどうすればいい……つぐなうか。でも見つかっ
たらどうしよう。ちょっ、あんないたずらしなきゃよ
かった。てこうかいしてもしかたがない。もうやっ
てしまったからな。あしたからどうしようなんだ
か外に出るのがこわくなった。

授業展開

第6時　兵十にうなぎのつぐないをするごんを考える

■学習課題を立てる

「三の場面はどんな場面ですか」

・ごんがうなぎのつぐないを始める場面です。

「どんな学習課題にしたらよいでしょう」

・ごんが、なぜつぐないを始めたのかを考えます。

ごんが、どうしてうなぎのつぐないを始めたのかを考えよう。

■ごんがどんなつぐないを始めたのかを話し合う

「ごんは、どんなつぐないをしましたか」

・いわしを兵十のうちのなかに投げこみました。

・山で拾ったくりを持って行きました。

・松たけも持って行きました。

・一回だけではなく、毎日、何回もくりを持って行きました。

「なぜ、いわしをあげようと思ったのでしょう」

・兵十がまずしいくらしをしていたので、いわしは、ごちそうだと思いました。

・いわしはなかなか買えないのではないかな。兵十に食べさせてあげたいなと思いました。

・まずしいくらしだから助けてあげたいと思いました。

・いわしを見てうなぎと似ているなと思いました。

「なぜいわしを投げこんだのですか」

・いわし売りに見付からないようにです。

・弥助のおかみさんに見付からないようにです。

・見付かるとどんなことをされるか分かっていたからです。

ごんは、人間との距離をわかって行動していたことがわかります。

「栗や松茸を持っていったのはどうしてでしょう」

・山にいっぱいあって、自分でもおいしくて大好物だから、兵十にも食べさせてあげたいなあと思ったからです。

・いわしをあげたとき兵十がぶんなぐられたから反省して、今度からは自分でできる物をあげなくちゃ、と思ったからです。

■ごんがつぐないをしようとしたのはどうしてか考え、話し合う

「ごんが、兵十につぐないたいと思ったのは

主な言語活動
・ごんがつぐないをするわけや何回も持って行くわけを話し合う。 ・ごんの気持ちの変化を話し合う。 ・何回も持って行くごんの思いを書き、話し合う。

なぜでしょう」

・「ちょっ、あんないたずらをしなけりゃよかった。」と書いています。悪いことをして反省したから、何かで償いをしなくちゃと思っていたからです。

・「まずしいくらしをしていたもので」から、貧しいから助けてあげたいと思いました。

・「もうひとりぼっちでした。」から、ひとりぼっちでかわいそうだな、さみしいだろうな、何かしてあげたいなと思ったのでしょう。

このような話し合いをしていると、子どもたちから、償うなら一回か二回くらいでいいのに、どうして何回も何回もするのかという疑問が出されます。大変重要なことですから、丁寧に進めます。

■何回も何回も栗や松茸を持っていくのはどうしてなのかを話し合う

「何回も何回も栗や松茸を持っていくのはどうしてなのでしょう」

・「うなぎのつぐないに、まず一つ、いいことをしたと思いました。」と書いています。償いは、一つだけでは足りないと思っていたのです。

・つぐないをすることはいいことだから、いいことをしたいな。いいことをすると気分がいいなと思ったのでしょう。

・「おれと同じ、ひとりぼっちの兵十か。」と書いています。ひとりぼっちの兵十がかわいそうだ、なぐさめてあげようと思ったからです。

「つぐない」からだけでは、何回も何回も、栗だけではなく、松茸も持っていくことが説明できません。そこで、「おれと同じ、ひとりぼっちの兵十か。」に着目して、つぶやきの意味を考えさせます。

●「おれと同じ、ひとりぼっちの兵十か。」の意味を話し合う。

「『おれと同じ』というのは、どういう意味ですか」

・自分もひとりぼっちで、今までずっとさみしかった。兵十もさみしいんだな。

・ひとりぼっちは自分だけだと思っていたけど、兵十もひとりぼっちになったんだ。かわいそうに。

・自分もひとりぼっちでさみしいから、兵十のさみしい気持ちが分かるよ。一人じゃないよ。おれがいるよと伝えたい。

「自分と同じ兵十もひとりぼっちになったんだ」という思いが、ごんを兵十に、より一層近付いていくことになるのです。こういう話し合いをしてから、「おれと同じ、ひとりぼっちの兵十か。」と共感するごんの思いと、何回も栗や松茸を持って行く行動とをつなげていくのです。

・今までのように一人じゃない。兵十がいるからさみしくない。兵十のために届けようと思うようになった。

・兵十に持って行くようになってから、ごんはいたずらをしていません。毎日兵十に届ける仕事ができたから、毎日が楽しくなりました。

・兵十が友だちのように思えて、兵十に届けることが嬉しくなったのでしょう。

・兵十は貧しいから何か少しでもいいから、助けてあげたいな。お役に立ちたいな。栗なら山にいっぱいあるから、たくさん届けてあげられると思いました。

・兵十がいるから明日もがんばるぞと思うようになりました。

【板書例】

「おれと同じ、ひとりぼっちの兵十か。」

いわし　うちのなかへいわしを投げこんで

ごんの気持ち

うなぎのつぐないに、まず一つ、いいことをした

次の日には
山でとったくりをどっさり
入口に置いて

次の日も
その次の日も
その次の日には
くり
松たけ

楽しいな
うれしいな
もうさみしくない
明日もがんばろう
兵十の役に立ちたいな

■ごんの気持ちはどのように変わったのかを書き、話し合う

「いわしを投げこんだときいいことをしたと思いました。何回も栗や松茸を持っていくようになって、ごんの気持ちはどのように変わりましたか。吹き出しに書きましょう」

兵十に持って行くのは楽しいな。

兵十に持って行くのはうれしいな。兵十はどう思っているかな。

今までさみしかったけど、もうさみしくないよ。兵十がいるからね。

明日もくりをひろうよ。松たけがあるといいんだけどね。

栗の絵　松たけの絵　ごんの絵

■「つぐない」は変化したのか

——持ってきてやる、と持っていく——を話し合う

吹き出しを話し合うなかで、もうこれは償いではないよ、という声が出てくるはずです。喜んでやっている。楽しんでいる。これについて表現から話し合います。

・はじめは、悪いことをしたと思って、償いでした。でもいつの間にか、それが楽しくなってしまったのです。

・兵十のところに行くのが、それが楽しくなったのです。

・変わったと思います。「持ってきてやりました」という書き方は、いいことをしている、という気分です。

・でも、今までいいことなどしてこなかったから、そういう気持ちになるのはわかります。

・でも、最後の文は、もっていきました、だから、ごんが頑張って償いをしている感じがします。

償いという気持ちがなければこの行為は成り立ちませんが、それだけでは続かない。そこで、文末表現も揺れています。

授業展開

第7時 兵十と加助の話を聞くごんの様子と気持ちを考える

主な言語活動
・情景を話し合う。
・兵十が栗をどのように受け止めているかを話し合う
・会話を聞いている時のごんの気持ちを会話文にして音読する。
・ごんの気持ちを考えて発表する。

■学習課題をおさえ音読する

「四の場面はどんな場面ですか」
・ごんが月のいいばんに兵十と加助の話を聞く場面です。
「どんな学習課題にしたらよいでしょう」
・ごんが、二人の話を聞いているごんのようすを考えます。

> 二人の話を聞いているごんのようすと気持ちを考えよう。

■課題を解決するために、どんな学習をしたらよいのか話し合う

・兵十と加助の話の内容をつかみます。
・二人の話を聞いているごんの様子を想像します。
・なぜ二人の話が気になるかを考えます。

■挿絵を見て情景をイメージし、情景からごんの気持ちを想像する

「月のいいばんは、どのような情景ですか」
・満月で明るいから、夜なのに遠くまでよく見えます。
・マツムシが鳴いているだけでとても静かです。
・月が明るくて影絵のように見えます。
・そよそよと風が吹いていて心地がいいです。
・兵十と加助の声が聞こえるだけだからさみしい感じがします。
・ススキなどの草が風に揺れています。

「月のいいばんのごんはどのような気分だったでしょう」
・さわやかな月夜で気持ちがいいな。
・うきうきするな。ちょっと出かけてみよう。
・何かいいことがありそうだ。
・明るい気分にさせてくれています。
「ごんは、ぶらぶら遊びに出かけました。」の「ぶらぶら」から、何か目的をもってでかけたのではないことがわかります。

■ごんが届けている栗や松茸を兵十がどう受け止めているかを考える

「栗や松茸が届けられることについて、兵十がどのように受け止めていると思いますか」
・兵十が、「不思議なことがあるんだ。」と加

助に話していることから、だれが届けてくれているのか全く見当がつかない不思議な出来事だと思っている。

・「それがわからんのだよ」から、ごんが届けていることについて全く気付いていない。

・「置いてあるんだ。」と言わないで、「くれる」話していることから、兵十が栗と松茸を喜んでいると思う。

■二人の会話を聞くごんの気持ちをつぶやきに書き、音読劇で発表する

二人の会話を聞いているごんの気持ちだけをごんの言葉で書かせます。

この方法は、よく演劇では使われています。この掛け合い読みを通して、兵十に知ってほしい、自分のことをわかってほしい、自分のことがどう評価されているか知りたいというごんの気持ちと行動をつかむことができます。

【例】A君の場合

「　」は本文　**「ごんの気持ち・内言」**

「そうそう、なあ、加助。」

「ん、何のことかな。」

「ああん。」

「のんびりした返事だ。」

「おれあ、このごろ、とても不思議なことがあるんだ。」

「何だろう。あのことかな。」

「何が。」

「おれも聞きたいよ。何て言うかな。」

「おっかあが死んでからは、だれだか知らんが、おれにくりや松たけなんかを、毎日毎日くれるんだよ。」

「ああ、やっぱりあのことだな。兵十は何と言うかな。」

「ふうん、だれが。」

「あまり興味がないみたいだな。」

「それが分からんのだよ。おれの知らんうちに置いていくんだ。」

「おれが気付かれないように置いてくるんだから だれなのか分からないよな。」

「ほんとかい。」

「本当だよ。おれが置いておくんだからな。」

「ほんとだとも。うそと思うなら、あした見に来いよ。そのくりを見せてやるよ。」

「おいしそうなくりだよ。そのくりは、おれが山で拾ったんだから。」

「へえ、変なこともあるもんだなあ。」

「変なことだなんて言わないでもらいたいな。」

ごん・兵十・加助の役を決めて劇のように読み合います。ごんになった子どもは、自分が書き込んだ言葉を読みます。三人で役を交代して読む、クラスを三つに分けて順番に読むなど工夫して読みます。

■ごんが、二人の後をつけていった理由を話し合う

「ごんは、かくれていたのにどうして二人の後を付いて行ったのだと思いますか。」

・二人の話の続きを知りたいから。

・兵十がどのように話すか知りたいから。

・兵十のそばにいたかったから。

「ごんはぴくっとして、小さくなって立ち止まりました。」の叙述から、ごんと二人の距離が見付けられてしまうほど短いことがわかります。こんな危険をおかしてまで、ごんはなぜ近付くのでしょうか。

授業展開

第8時

引き合わないと思ったのに、その明くる日も栗を持って行くごんの思いを考える

主な言語活動

・ごんの表情や気持ちを話し合う。
・会話文の読み方を工夫して音読する。
・引き続き栗を持って行くごんの気持ちを書く。

■学習課題を立て、音読する

「五の場面はどんな場面ですか」

・ごんが二人の話を聞いて神様にお礼を言うのは引き合わないと思った場面です。

「どんな学習課題が考えられますか」

・ごんが二人の話を聞いて、引き合わないと思っているごんの気持ちを考えます。

ここは、クライマックスの六の場面とつなげて、引き合わないと嘆いていたのにもかかわらず、なぜその明くる日もくりを届けたのかを考えていきます。

> 引き合わないと思っているごんは、どうして明くる日もくりをとどけたのかを考えよう。

■「兵十のかげぼうしをふみふみ行く」ごんの様子を話し合う。

「兵十のかげぼうしをふみふみ行くごんは、どんな様子ですか」

・兵十の後を付いていくのは楽しいな。
・「かげをふみふみ」というのは、楽しい感じがします。兵十のすぐ近くにいることがうれしいなと思っている。
・虫の声がずっと聞こえていて、虫の声に合わせてリズムを取りながら歩いているかもしれない。
・影は短いからすぐ後ろにいます。兵十に気付かれないと思っています。
・さっきの話の続きはどんなかな。栗や松茸を喜んでくれているかな。兵十がどう思っているのか知りたいなと思っています。

「『兵十のかげぼうし』と書いてあります。加助もいるのに、なぜわざわざ兵十のをふんでいるのですか」

・兵十のすぐそばに行かないと話がよく聞こえない。兵十が何と言うのか聞きたいからです。
・ごんには、兵十しか頭にない。兵十といっしょにいたかった。
・兵十の近くにいられるから喜んでいる。明るい満月と松虫の鳴き声、ススキの穂が揺れて、実に美しい場面です。美しい景色は、心も高鳴り明るい気分になってきます。ごん

の期待と希望、ごんの気分も最高潮です。ごんが兵十の一番近くにいる場面がここです。ごんはどんなことを期待していたのでしょう。

■ごんの気持ちを考えて音読する

ごんの思いを考えながらどのように音読すればよいのか考えさせます。

「へえ、こいつはつまらないな。おれがくりや松たけを持っていってやるのに、そのおれにはお礼を言わないで、神様にお礼を言うんじゃあ、おれは引き合わないなあ。」を視写して、その後でどのように音読するかを考えます。

【日記風に書いた例】

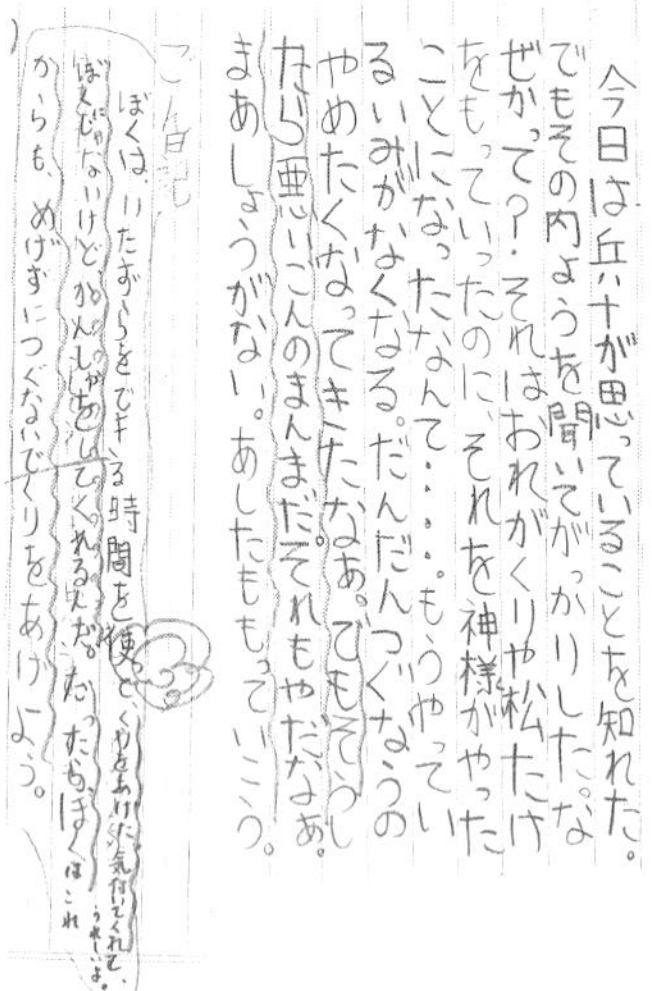
今日は兵十が思っていることを知れた。でもその内ようを聞いてがっかりしたなぜかって?・それはおれがくりや松たけをもっていったのに、それを神様がやったことになったなんて…。もうやっているいみがなくなる。だんだんつぐなうのやめたくなってきたなあ。でもそうしたら悪いごんのまんまだそれもやだなあ。まあしょうがない。あしたももっていこう。

ごん日記
ぼくは、いたずらをできる時間を使って、くりをあげた。気付いてくれてうれしいよ。ぼくじゃないけどかんしゃしてくれる史だ。だったらぼくはこれからも、めげずにつぐないでくりをあげよう。

・怒った言い方で読みます。何で分かってくれないんだよ、とイライラしているからです。
・「おれ」って三回も言っているから、おれのことわかってほしいとお願いするように読む。
・「引き合わないなあ。」と言わないで「引き合わないなあ。」と言っているから、仕方ないと思っている。だから、がっかりした言い方で読みます。
・「へえ、つまらないな。」と言っているから、怒った言い方とがっかりした言い方と両方です。

音読の仕方に理由を添えてから、一人ひとり音読発表します。

■「『引き合わない。』と思ったのに、ごんは、どうしてあくる日も栗を兵十に届けたのかを書き、話し合う

> 私の考え
> はじめはつぐないの気持ちで、くりや松たけをとどけました。何日もとどけているうちに、ごんは兵十ともっと親しくなりたいと思うようになりました。兵十のことが大すきになりました。「わしは、ひとりぼっちじゃない、わしには兵十がいる。」と思うようになりました。ここでくりを届けるのをやめると、またひとりぼっちになってしまうから、がんばってとどけたのだと思います。

クライマックスに向かってごんの思いを考える重要な学習です。なかなかごんの気持ちが伝わらないのです。償う気持ちだけでしょうか。

「おれと同じ、ひとりぼっちの兵十か。」から孤独な者同士の共感もあるでしょう。いたずらをすることでしか楽しみのなかったごんにとって、兵十のために栗を届けるという新しい楽しみと、誰かのために行動する、役に立つと言う喜びを味わう視点もあるのではないでしょうか。

これから起こるであろう悲劇が待ち受けていることも知らずに、「引き合わないなあ。」と自分の行動のせつなさを感じるにもかかわらず、兵十に再び、栗を届けようとするごんです。

授業展開

第9時

兵十は、なぜごんを撃ってしまったのかを考える

主な言語活動

・兵十が、なぜごんをうったのかを話し合い、説明する文を書く。
・ごんを撃った兵十の思いを話し合い、書く。

■学習課題をおさえ音読する

「六の場面はどんな場面ですか」

・ごんが兵十に撃たれた場面です。

最後の場面で、クライマックスです。この場面は、叙述から読むことはもちろんのこと、挿絵からも感じ取ったことを考えます。

兵十は、なぜごんをうってしまったのかを考えよう。

■ごんが倒れている挿絵を見て、思ったことや考えたことを話し合う

自由に話し合いを重ねていくうちに、挿絵と本文の叙述を読むことによって物語の核心に迫っていきます。

・ごんが兵十に撃たれてしまってかわいそう。何で撃たれなくちゃいけなかったんだろう。

・兵十がもっと注意して周りを見ていれば、ごんだとわかったのに。残念です。

・兵十が撃ったのは早合点です。

・兵十はごんのことを『うなぎをぬすみやがったあのごんぎつねめが』と言っているから、ずっとごんのことをうらんでいたから撃つのは当たり前です。

そこで、なぜ撃ってしまったのかを考えます。

■なぜごんを撃ったのか――サイドラインを引き、そこから兵十の思いを話し合う

「ごんを撃った兵十の気持ちが強く表れているのはどこですか。サイドラインを引きましょう」

サイドラインを引いた言葉から、兵十がごんをどのように思って撃とうとしたのかを話し合います。

うなぎをぬすみやがった

・にくにくしく思っている。

・以前、川でせっかく獲ったうなぎを盗まれただことをずっとうらんでいる。

・にくらしいやつめ、許さないと思っている。

あのごんぎつねめが

・うなぎを取って腹だたしい限りだ。

・いつも困るいたずらばかりしている憎いごんのやつめ。

いたずらをしに来たな

・また、いつものようにいたずらをしに来たんだな、ときめつけている。

・とうとう家のなかにまで入って来たぞ。

ようし

・今度こそ許さないぞ。
・生かしてはおけぬ。殺してしまえ。

足音をしのばせて

・ごんに絶対に気付かれないようにする。

近よって

・絶対に失敗しないように近くに行くぞ。

戸口を出ようとするごん

・こちら（兵十の方）を向いているごんを正面から撃つぞ。

ドンと

・一発でしとめたぞ

このような記述から、兵十にとってごんを撃つことに迷いや逡巡、躊躇することが全くなかったことがわかります。ですから、ごんだと認識したとたん、立ち上がり、火縄銃に火薬をつめ、足音をしのばせて近寄って、ごんを撃ったのです。この間、どれくらいの時間だったでしょうか。わずかな、一瞬だったと読むことができます。それだけ、兵十にとってごんは、殺しても悔いがない存在だったことがわかります。

憎しみが、「戸口を出ようとするごんを、ドンとうちました。」で頂点に達したことが分かります。

「『戸口を出ようとするごんを、ドンとうちました。』からどんなことがわかりますか。」

（兵十から見れば）
・出てくるのを待ちうけていた。
・ねらいを定めて一発で撃った。
・「ドン」の音が、兵十の怒りが爆発した音に聞こえる。

（ごんから見れば）
・ごんがたった一発で撃たれた音
・命が消えた音
・取り返しがつかない悲しい音に聞こえる。

■兵十がなぜごんを撃ったのかを説明する文を書く

「話し合ったことを基にして、兵十がなぜごんを撃ったのか、書きましょう」

> 兵十はごんがくりや松たけを持って来てくれていたとは知りませんでした。また、ごんがいたずらをしに来たのだと思い、うってしまいました。

> ごんにうなぎをとられたり、あぶないいたずらをされていたりしたので、見付けたからうってやろうと思っていたのです。

今までの話し合ったことを参考にして短くまとめます。的確な言葉を使って説明するように書きます。

■ごんを撃った後の兵十の様子と思いを考える言葉にサイドラインを引く。

「ごんを撃った後の兵十の気持ちが強く表れているのはどこですか。サイドラインを引きましょう」

・「ごん、おまいだったのか、いつも、くりをくれたのは。」
・「火なわじゅうをばたりと取り落としました。」

■ごんを撃った後の兵十の思いを話し合う

●叙述から兵十の思いを話し合う。

特に、「――」部分に着目して考えます。

○「ごん、おまいだったのか、」

・ごんだったんだ。知らなかった。まさかごんだったとは。信じられない気持ちです。
・まさかあのいたずらばかりしているごんだったとはと驚いています。
・「ごん」「おまい」と呼んでいます。今までは、「ごんぎつねめ」とか「あのごんぎつね」と呼んでいたので、呼び方が変わっています。
・急に呼び方が変わるのはどうしてですか。今まで憎いと思っていたのに、突然、一瞬にして呼び方が変わるのはなぜだろうと不思議に思う子どももいます。大事な気付きです。呼び方が変わるのは、相手への思いが大きく変化したときです。互いの関係が変わったとも言えます。

あのごんぎつねめが	（にくい）
⇩	⇩
ごん	（したしみ）

「いいことに気付きました。では、どうして呼び方が『ごん』と変わったのでしょう」
・栗や松茸を感謝していたからです。いつも嬉しいなと思っていたからです。
・持って来てくれているのがだれかわかったら、ありがとうと言いたいと思っていたからです。
・加助が神様のしわざだと言った時、兵十は信じていなかった。絶対だれか持って来てくれている人がいると思っていた。村の人ではないとわかっていたので、だれなんだろう、だれなんだろうとずっと考えていたので、やっとわかった。それがごんだったから、ごんに感謝したい気持ちがすぐに出てきて、「ごん、おまいだったのか」という言葉になったと思います。
・にくいごんぎつねが、親しみに変わった。
また、倒置法を使っていることにも着目して次の問いも用意します。

「初めに『ごん、』と呼んでいるのはどうしてでしょう」
・栗を持って来てくれていたのがごんだったからです。
・いつもいたずらばかりして困らせていた、あのごんなのかとびっくりしたからです。
・栗のことよりも、それがごんだったことのほうがびっくりしたからです。
・だれが届けてくれているのかが不思議だったからです。加助に神様だと言われても納得していなかった。まさかごんだとは思ってもいなかった。

○「いつも、くりをくれたのは。」
・「くれた」と言うのは、ありがとうと言う気持ちが入っています。
・「いつも、くれたのは」と言うのは、毎日くれてとっても嬉しかったんだよ、と言う気持ちをごんに伝えているように聞こえる言葉です。

○ばたりと取り落としました。
・ばたりと言うのは、まさかあのごんが栗をくれていたんだとは。信じられない気持ちで力が抜けてしまって、もう持っていられなくなったことです。
・もう、火なわじゅうを持っていられなくなったほど大変なことをしてしまった。
・取り返しがつかないことをしてしまったと思ったからです。
場面の様子を想像しながら音読します。

授業展開

第10時 ごんの思いは兵十に伝わったのかを話し合う

主な言語活動

・ごんの思いが兵十に伝わったかを話し合い、ごんの思いを書く。
・ごんや兵十の思いを考えながら音読する。

■学習課題を確認する

> ごんの思いは兵十に伝わったのかを話し合い、青いけむりの意味を考えよう。

「ごんの思いが兵十に伝わったかどうか、どの言葉に着目して考えますか」

> 「ごん、おまいだったのか、いつも、くりをくれたのは。」
> ごんは、ぐったりと目をつぶったまま、うなずきました。

■ごんの思いが兵十に伝わったかどうかを話し合う

「ごんの思いが兵十に伝わったでしょうか」

・「くりを持って行ったのはぼくにまちがいないよ。」と答えたかったからごんはうなずいた。だから、「うなずきました」で伝わったことが分かります。

・「ごん、おまいだったのか」と兵十が言ったときに、ごんが「そうだよ。ぼくなんだよ。」と言いたくてうなずいたのだと思います。

・本当は、「ぼくだったんだ。ごめんね。」と言いたかった。悪かったねと言う気持ちも込めて、うなずいたのではないでしょうか。

「おまいだったのか、くりをくれたのは。」の一言で、栗を持って行ったことがごんであることや兵十に届けたごんの気持ちも互いに分かり合うのです。

ただし、ごんのどんな気持ちが兵十に伝わったのでしょうか。改めて、ごんになりきってごんが伝えたかったことを書きます。

■ぐったりと目をつぶったまま、うなずいたごんの思いを書く

「ごんは、兵十にどんなことを伝えたかったのでしょう」

考えたことをノートに書きます。

【ノートの例】

> ごめんなさい。わしが悪かった。わしがいたずらをしたから兵十に悲しい思いをさせてしまった。少しでも兵十にうなぎのつぐないをしたかったんだ。わしの気持ち、兵十にわかってもらえてうれしい。

初めはうなぎのつぐないにと思ってくりを持って行ったけど、だんだん楽しくなったんだ。ぼくは一人ぼっちでさみしかった。兵十も一人ぼっちでしょ。兵十と友だちになりたかったんだよ。本当はね。

■ごんと兵十の思いを想像して音読する

「ごんと兵十、二人の気持ちや様子を考えながら音読しましょう。どのように読みますか」

「ごん、おまいだったのか、いつも、くりをくれたのは。」

○「ごん、」
・やさしい響きで。
・初めてやさしく呼びかける。
・「、」で間を取る。ごんの顔を見て言う。
○「おまいだったのか。」
・兵十は目を落として、暗い感じで言う。
・目を落としながらごんを見たので、声も低くなり、ゆっくりと言った。
○「いつも、くりをくれたのは。」
・一言一言ゆっくりと、お礼を伝えるように言う。
・ありがとう、嬉しかったよという気持ちを込めて言う。

ごんは、ぐったりと目をつぶったまま、うなずきました。

・ぐったりとしているから、静かに言います。
・「、」で間を取って、ゆっくり言います。

ペアで役を決めて音読します。交代して音読します。グループになって、互いに聞き合い、感想を言い合ってもいいでしょう。

この時間の最後に、物語の特徴の一つである擬態語の働きについて考えます。

■「ばたり」の音の意味を話し合う

「ばたりと」の擬態語、「取り落とす」の複合動詞が効果的に使われています。

「『ばたりと』はどのような音ですか」

・兵十の心の音です。取り返しがつかない大変なことをしてしまったと言う後悔の音です。
・なんて馬鹿なことをしてしまったんだ。大きな声で叫びたい音です。
・やっとわかってもらえたのに。もう終わりだと言う音で、悲しい音です。
・周りから何の音も聞こえない。ごんにとっては、兵十とお別れだと言う音です。
・兵十がわざとに落とそうと思って落としたのではなく、手に力がなくなって落ちたのだから、驚いて、信じられなくて、後悔している音です。

「ばたりと」の音はどんな響きでしょうか。響きによって兵十とごんの関係が切れてしまったことを知らせているのでしょうか。それとも兵十のとんでもないことをしてしまったと言う失意の音でしょうか。音が、物語をさらに奥深いものにするように効果的に使われていることにも気付かせていきます。

授業展開

第11時

「青いけむりが、まだつつ口から細く出ていました」の意味を考える

主な言語活動

・自分の考えを書く。
・学級で話し合う。
・話し合ったことを基にして自分の考えをまとめる。

■学習課題を確認する

最後のまとめの学習です。最後のまとめをどうするかは、いろいろ考えられます。

①「青いけむりが、まだつつ口から細く出ていました」の意味を考える。
②兵十は、加助や村人に「ごん」のことをどのように話したのかを書く。
③ごんのおこないをどう思うかを書く。
④兵十はごんのことをどのように思いながら暮らしたのかを書く。

いずれも、作品からはなれないように書いていきます。

私は、①を学習のまとめにしました。物語の学習には、内容と表現とがありますが、内容に重きを置きすぎるのではないかと思います。表現の工夫にも注目すると、物語のおもしろさが増してくるのです。

■自分の考えを書く

「青いけむりが、まだつつ口から細く出ていました」の意味を考えよう。

学習のまとめなので、話し合いの前に自分の考えを書きます。

■自分が意味をどのように考えるかを書く

【Aさん】

ふつうのけむりは灰色です。なぜここでは「青いけむり」なのでしょう。青い色は、悲しい色なのです。この物語は悲しい話です。だから、「青いけむり」なのでしょう。

【Bさん】

兵十も「どうしてだろう。」と反省しています。青いけむりだと、もっと悲しくなります。ごんがいなくなると、もっとせつなくなります。音がなにもしません。静まりかえっています。

青いけむりは、ごんの命を表しています。このけむりがとだえたら、ごんは本当に天国に行ってしまいます。

【Cさん】

兵十のお母さんとごんが重なって見えます。

二人に「ごめんね。」と言っているように見えます。

【Dさん】
私のイメージでは、赤は楽しくてにぎやかな色です。青は、暗くて静かな色だと思っています。ごんはぐったりしていて、兵十は静かに泣いています。

【Eさん】
青は悲しい色でもあるが、きれいな色でもある。ごんと兵十がやっと分かりあったからきれいな色、死んでしか分かってもらえなかったからせつない色。

【Fさん】
青は、ごんのたましいです。兵十のごんに対する後悔の色です。自分をせめている色です。兵十が、本当に一人ぼっちになったと言う悲しい色です。

考えたことを学級で話し合っていくと、さまざま出されて、さらに自分の考えが広がったり深まっていったりしますから、もう一度話し合ったことを基にして自分の考えをまとめます。

下のノートを見ると、自分の考えが、学級での話し合いによって、考えが広がり、また、深く考えていることが分かります。自分だけでは気付かなかったこと、考えもしなかったことが出されて、もう一度考えるきっかけにもなります。

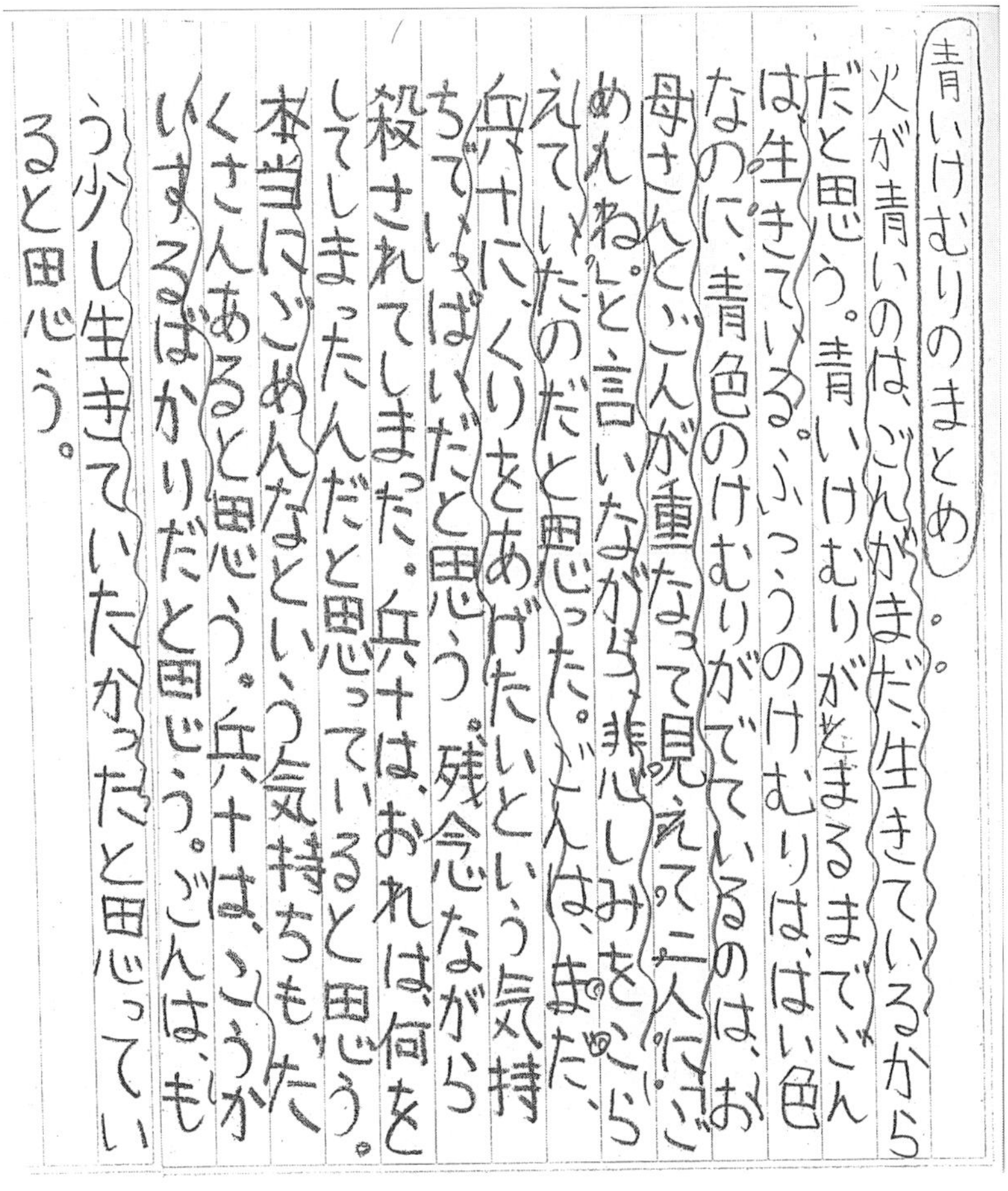
青いけむりのまとめ。
火が青いのは、ごんがまだ生きているからだと思う。青いけむりがとまるまでごんは生きている。ふつうのけむりははい色なのに、青色のけむりがでているのは、お母さんとごんが重なって見えて二人にごめんねと言いながら悲しみをこらえていたのだと思った。ごんは、また、兵十に、くりをあげたいという気持ちでいっぱいだと思う。残念ながら殺されてしまった。兵十は、おれは、何をしてしまったんだと思っていると思う。本当にごめんなという気持ちもたくさんあると思う。兵十は、こうかいするばかりだと思う。ごんは、もう少し生きていたかったと思っていると思う。

国語では、話し合い活動を重要視して考えを広めたり深めたりしたいと思います。

青いけむりの意味すること

○青い色
・悲しさ
・さみしさ
・精神の気高さ
・けがれない美しさ
・透明感
・神秘さ
・永遠

○けむり
・消えてしまうもの
・心の余韻
・隠してしまうもの

物語はもうこれで終わってしまったのですが余韻が心に強く残ります。

子どもたちは自由に想像し、考えます。「ごんぎつね」の作品の素晴らしさ、ずっと心の中で生き続けていく強さを感じていくことでしょう。

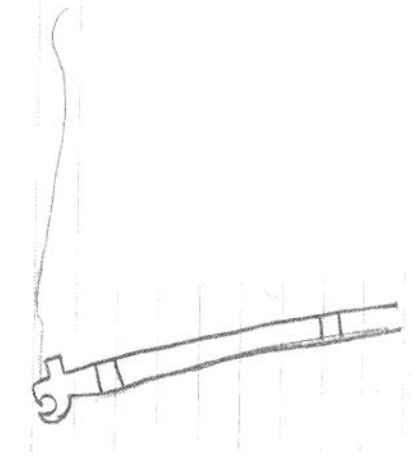

まとめ

「青いけむりが」っていうのは、悲しい」「静か」という意見が多く、私もそうだと思います。その青いけむり以外！たとえる物がなく、ごんや兵十は、悲しみにつつまれはいるで、青いけむりだけが、ポツンとあるのだと思います。

「細く出ていました。」というのは、ごんのたましいで、このけむりがきえたらごんは死んでしまうのだと思いました。

ごんは、くやしいと思います。なぜなら、ごんは、ゆるしてもらいたいために、兵十にくりをあげていたから、気持ちがつうじなかったんだ。と思いくやしさがいっしょに悲しみにかさなり、青いけむりには、ごんの悲しみがつまっていると思いました。

兵十は、悲しいし、つらいのだと思います。だって、ぼくのために、ぼくを心配してくれていたのに、自分がごんをうってしまったからです。青いけむりには、きっとごんのくやしい・悲しいという気持ち、兵十のつらい・悲しいというきもちが合わさっていて、青くなっているのだと思います。

表現にも着目して

○情景

☆空はからっと晴れて、もずの声がキンキンひびいていました。

情景とは、風景とは違って、登場人物の気持ちやそのときの様子を風景に託して表しているものです。登場人物がどのように見て感じているかを想像します。

二、三日雨が降り続いた後、雨が上がって晴れ、空は真っ青、雲一つありません。ごんはこの風景をどのように見ているでしょう。このときのごんのつぶやきを吹き出しに書いてみましょう。

やっと晴れたよ。雨はもううんざりだ。外に出て遊べるぞ。それにしても、気持ちのいい日だな。ちょっと出かけてくるかな。そうそう、もずがキンキン鳴いている。心がうきうきしてきたぞ。さっそく出かけるとするか。ああ、気持ちがいいな。

このごんの様子を読んだ子どもは、「ずっと雨が降って、狭い穴で何日もじっとしていたら、おもしろいことでもしたくなる。ぼくだって、外で思いっきり遊びたくなるから、ごんの気持ちが分かる。」と言います。

☆人々が通ったあとには、ひがん花がふみ折られていました。

葉っぱのないつんと花を咲かせる真っ赤なひがん花が、ごんの目の前で何本も折られているのです。この風景をごんはどのように見ているのでしょうか。それを想像させるのが情景を読む学習になります。

○色彩語

☆赤いいどのある

当時、赤い井戸は、貧しい暮らしをしている家を指します。お金持ちの家には、石造りで頑丈な井戸がありました。ここからも、兵十は貧しい暮らしをしていることがわかります。

○オノマトペ

☆ポンポンポンポンと、木魚の音

木魚の音をごんは井戸のそばでしゃがんで聞いています。どんな思いで聴いているのでしょう。兵十と加助がどんな話をしてくれるのかな、とほんのり期待している気持ちを木魚の音が伝えています。

☆ドンとうちました。

この音は、兵十にとってはごんを撃つことに迷いのない音。ねらいを定めて一気に撃ったことを表します。ごんにとっては、逃げる隙もなく一発で撃たれてしまったことを表します。

○副詞

「ごんぎつね」の作品には副詞がたくさん出てきます。

☆ぐったりと　☆ばたりと　（第10時を参照）

○その他

☆くりを置いて帰りました。

これは、ごんから見た視点で書いています。

☆くりが固めて置いてあるのが、目につきました。

兵十からくりを見ると、固めてあると見たのです。あきらかに意図があって置いたことが強調されます。ここから兵十は、「いつも、くりをくれたのは」ごんだとわかるのです。（林）

4　人物の気持ちを、行動や会話から想像する

「走れ」

中心人物に焦点を当てながら、家族との関係のなかで変容していく姿を読む。会話と描写をおさえて、人物の心の動きや変化を読み取る。擬声語・擬態語から場面のイメージや意味をとらえて読む。

村中李衣（作）、渡邊有一（絵）
（東京書籍・四年上）

ねらいと学習の重点

子どもたちの生活世界を題材にしているので、自分と比べながら、物語の世界に入り込んでいける教材です。

人物の気持ちの変化を、様子・出来事との関係のなかで読み取ります。人物の気持ちの変化を表す言葉を見付け、そこから何が分かるかつかんでいきます。その際、

「お尻がすわっと軽くなった」
「するするとほどけていった」

というような表現に注目させていきます。擬態語、擬音語が効果的に使われ、人物の気持ちの変化を言語の音声としても感じさせているからです。また、短い会話にも注目させます。家族としての思い・願いが、ここからもとらえられるでしょう。

学習活動では、抜き書きして何が分かるか見付けたり、国語辞典で意味を調べたりします。文脈に即して読み取り、自分の言葉で表現して交流する言語活動をおこない、学びを深めます。

■学習指導計画〈9時間〉「走れ」

時	学習内容	学習活動
1	物語のあらすじをつかみ、感想を書く	・題名の「走れ」について話し合う。 ・内容をつかみ、感想を書き、交流をする。
2	運動会の朝の、のぶよとけんじの気持ちをとらえる	・のぶよの様子とけんじの様子を表す叙述を見付けて発表する。 ・運動会にお母ちゃんが来るか心配しているわけを想像して話し合う。
3	短距離走の場面の様子から、三人の気持ちをとらえる	・三人の気持ちを話し合う。 ・分かったことをノートに書く。
4	けんじとお母ちゃんの会話や様子から、気持ちをとらえる	・けんじの気持ちを表す叙述を見付けて発表する。 ・お母ちゃんの様子を表す叙述を見付けて発表する。
5	わりばしの文字に込められたお母ちゃんの思いをとらえる	・お母ちゃんの様子が分かる叙述を視写し、そこから分かることを話し合う。 ・けんじの様子が書かれた叙述を見付けて、気持ちを読み取る。
6	のぶよの短距離走の様子から、緊張感をとらえる	・のぶよの緊張感を表す表現に注目して読み取り、発表し合う。 ・「・・・・」に込められたのぶよの気持ちを想像する。
7	のぶよの解放された気持ちをとらえる	・のぶよの様子を表す文を見付けて視写する。 ・国語辞典で意味を調べながら読み取る。 ・「二つの声」の前と後の場面を比較して、違いを話し合う。
8	「走る」の意味を考えながら読む	・終末の場面を読み取り、「走れ」の意味を話し合う。 ・発展の学習活動を提示し、そのなかから選び決定する。
9	自分で選択した学習課題に取り組む	・選択した学習活動に取り組む。 ・グループに分かれて読み合い、感想を書き合って交流する。

授業展開

第1時 物語のあらすじをつかみ、感想を書く（全文）

■題名について話し合う

本文を読む前に題名・作者などについて話し合います。題名は作者の願いやテーマが隠れていることが多いからです。また、題名読みをすることで、内容への興味を持たせます。

「『走れ』という題名はどんな感じがしますか」

・短い題なのは、どうしてかなと思います。
・誰かに命令されているようです。
・どこへ向かって走っていくのかな。

「そうですね。では、読んでみましょう」

■あらすじをつかみ、人物を押さえる

教師が範読し、そのあと**「どんな話でしたか」**と聞いて大筋を話し合います。題名読みでの話し合いと比べて、発言する子もいるでしょう。話し合ってから、登場人物が三人であることを押さえます。三人の登場人物について、次のように整理していきます。

「のぶよはどんな子どもですか」

・足が遅い子どもです。
・運動会が憂鬱なほど運動が嫌いです。

「けんじはどんな子どもですか」

・一等をとるほど足が速い子どもです。
・お母さんに甘えたい子どもです。

「お母ちゃんはどんな人ですか」

・お父ちゃんが亡くなってから、一人で弁当屋をやっていて、頑張っています。
・子ども二人を育てています。

■感想を書き読み合う

感想をノートに書き、ペアやグループで読み合います。ここでは、くわしく感想文を書かせるのではなく、「どんな感じがしましたか」「どこが強く心に残りますか」のように感動のポイントを鮮明にしてから感想文を書きます。

〈ノート例〉

けんじは、今年も走るところをお母ちゃんに見てもらえなくておこった。特製のお弁当を食べなかったとき、お母ちゃんはとても悲しかったと思う。のぶよは、けんじとお母ちゃんにおうえんしてもらえたから走れた。

特に、擬声・擬態語についての感想があったら、ここで紹介します。

主な言語活動

・題名から感じたことを話し合う。
・物語全体のあらすじをつかむ。
・感想を書き交流する。

授業展開

第2時

運動会の朝の、のぶよとけんじの気持ちをとらえる

【朝の～花火が上がった】

■出来事をとらえて構成をつかむ

本文を音読してから、

「いつのことですか」

と聞いて場面を押さえます。

・朝、起きたところです。

・「運動会の日の朝」のことです。

「では、朝の場面はどこからどこに書いてありますか。朝の出来事のところだけを四角で囲みましょう」

これは、この場面全体の構成を押さえるための発問です。

・のぶよが起きて布団をたたんだところです。

・弟が歯ブラシを振り回したところです。

「朝の出来事でないところはどこですか」

・お母さんの仕事のところです。

「ここは出来事ではなく説明ですね」

・去年の運動会のところも、そうです。

「これは今日のことではなくて、去年のことですね。でも思い出しているのは今ですね。出来事に入れましょうか。でもここでは、別にして読んでいきましょう」

（ここは、微妙なところです。このときに思い出しているとしたら、やはりこれも朝の出来事となるからです。（九一ページ参照）

①朝のこと・布団たたみ
②母親の仕事・説明
③去年のこと・回想
④朝のこと・歯磨き。花火

主な言語活動

・出来事をとらえて、構成をつかむ。
・会話と様子から気持ちを話し合う。
・のぶよが心配するわけを書いて話し合う。

このように分けることができます。③の回想と関わらせて、のぶよの気持ちが読めてきます。

■のぶよの気持ちを話し合う

「のぶよの気持ちが分かる文に赤線を引きましょう。そこからどんな気持ちが分かるか発表しましょう」

・「のそのそと二人分のふとんをたたむ」

→苦手な運動会の朝が来て気分が重いことが分かります。

・「ゆううつな日だ」

→足が遅いから見られるのが嫌だなあと思っています。

・「ん・・たぶんね」

↓今年もお母ちゃんが来られないと思っています。

・「しわしわのまくらを、パンツとはたいて、おし入れにほうりこんだ」

↓心配な気持ちを枕にぶつけています。

■家族のなかでの、のぶよの位置を話し合う

「なぜのぶよは、三人分の布団をたたんだのですか」

・お母さんが朝も忙しいので、お母さんの分、それに弟の分までをたたむのです。

・家族のために頑張っています。

のぶよは、自分のことだけをしていればいいと考える子どもではなく、母親や弟のことも自分のこととして感じる子どもなのだということを、伏線として押さえておきます。

■けんじの様子から気持ちを読み取る

のぶよのときと同じように、けんじの気持ちが分かる叙述に赤線を引き、そこから気持ちを考えるようにします。

・「ね、ね、今日はお母ちゃん、来てくれるよね」

↓期待しています。心が弾んでいます。

・「むきになって歯ブラシをふり回した」

↓お母ちゃんが来ると信じようとしています。来ないかもしれないという気持ちを振り払おうとしていることが分かります。

■心配するわけを書いて話しあう

「どうしてお母さんが来るかどうかを心配しているのでしょう。ノートに書いて話し合いましょう」

これは、②母親の仕事、③去年の運動会のことから見付けることになります。

○母親が弁当屋

・運動会のある日は、特に忙しい。

・だから今年も来られないかもしれない。

この心配はのぶよもけんじも共通しています。

■のぶよの心配について話し合う

「かけっこが遅くて嫌なのに、どうしてのぶよは、お母さんに来てほしいのですか」

この問いで、③回想部分に注目します。

・自分のかけっこは見てほしいとは思わないけれども、弟のは見てほしい。

・また、けんじが大べそをかいたらなぐさめ

〈板書例〉

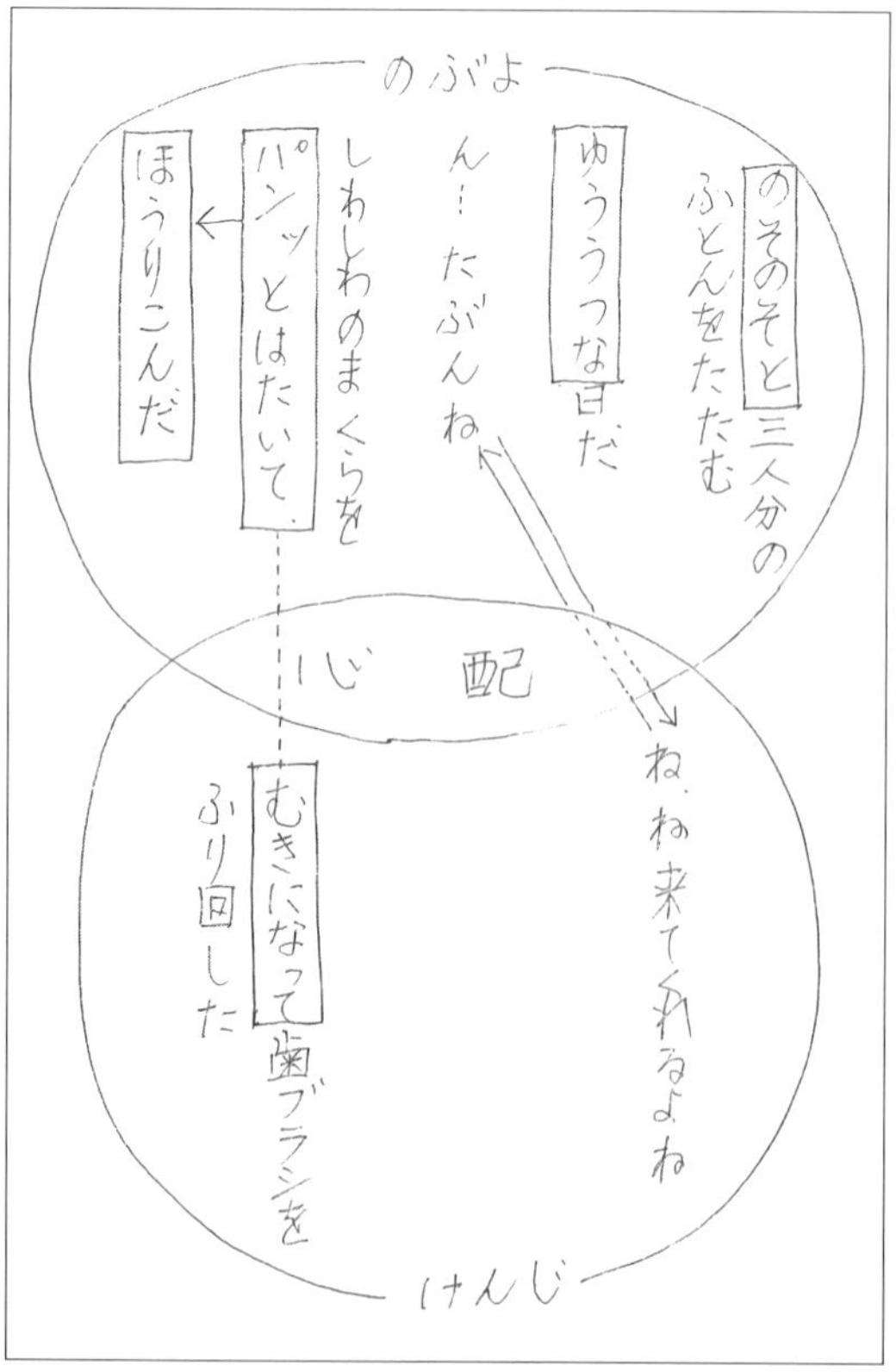

るのが大変だから来てほしい。
・来ると、びりのかけっこを見せることになるが、来ないと弟がすねて泣く。
・だったら来てもらったほうがいいと思っています。

「本当は来てほしいのか来てほしくないのか」として深めていくこともできます。

ここでは、のぶよはまだ、「自分の心がぐしょぐしょになる」という気持ちで憂鬱なのでしょう。

〈ノート例〉

お母ちゃんは弁当屋をしているから、運動会の日は特にいそがしい。今年も来られないんじゃないかと心配だ。お母ちゃんが運動会に来られないと、けんじがまた悲しい思いをするだろうな。お母ちゃんが運動会を優先してくれたらいいんだけど。

出来事と回想の扱い方

うまい文章は、すらっと読んでしまいます。ここは説明ですよとか、回想ですよとは書いてないのです。この場面もそうです。

●回想のところの扱いについて～個別化、総合化～

のぶよは、去年の運動会を、この朝、弟の話を聞いて思い出しています。「思い出したくない思い出」なのに思い出してしまっています。

授業では、ここは

去年の出来事

として扱いました。

ですから

①去年どんなことがあったのか

②なぜ思い出したくないのか

という問いが成り立ちます。

しかし、それを思い出したのは今朝です。そうすると、「思い出した」というのは今朝の出来事となります。そこで

③なぜ思い出したくもないことを今思い出してしまったのだろう。

という問いも成り立ちます。

授業提案ではこれらを区別しないで、三つがつながって出てくるのではないかと考えて

「のぶよは何が心配なのか」

として扱いました。この問いがいいのか、それとも前に述べたような、三つに分けた分析的な問いがいいのか。

丁寧に読もうとすれば、三つに分けたほうがいいでしょう。また、総合的につなげて考えることを重視すれば後者がいいのではないしょうか。（今井）

授業展開

第3時　短距離走の場面の様子から、三人の気持ちをとらえる

【明るい～終わっていた】

■音読して全体をつかむ

学習範囲を各自音読します。そのあと、何人かの子どもに読んでもらいます。

「どんな場面ですか」

・けんじの短距離走にお母ちゃんが間に合わなかった場面です。

・のぶよは、お母ちゃんが来るのを待っていたけれど間に合いませんでした。

■のぶよの気持ちを話し合う

「では、のぶよの様子が分かる文を探して赤線を引きましょう」

・「けんじの走る番が来るぎりぎりまで校門の所で待っていた」です。

「そうですね、では『走る番が来るまで待っていた』と『走る番が来るぎりぎりまで待っていた』とではどう違いますか」

・「ぎりぎり」が入ると、早く、早くとあせっているような気持ちが伝わってきます。

・お母ちゃんにどうしてもけんじを見てもらいたという気持ちが分かります。

「ぎりぎりまで」というところからお母ちゃんを待っている強い気持ちが伝わってくることを実感させます。

■けんじの気持ちを話し合う

「では、けんじの様子が書かれている文を見付けて、線を引きましょう」

・『けんじは、保護者席をちらりと見た。が、すぐにまっすぐ前をにらんだ。そして、ピストルが鳴ったしゅんかん、一気に飛び出した。速い。速い。』

「『ちらりと見た』というのはどういう感じがしますか」

・絶対にお母ちゃんが来ると信じていたけれど少し心配でした。

・走ることに集中したかったから、ちょっとだけ見ました。

「『すぐにまっすぐ前をにらんだ』とありますが、『まっすぐ前を見た』とではどう違いますか」

・気持ちをかけっこに切り替えたのが分かります。（けんじの成長を感じます）

・にらんだというのは自分の走るコースだけ

主な言語活動

・のぶよとけんじの気持ちを表す叙述に線を引く。
・叙述から気持ちを考え話し合う。
・考えたことをノートに書く。

を集中して見ている感じがします。
・お母ちゃんが見えなかったから、怒っている感じもします。

■見ていたのぶよの気持ちを書く

「テープを切ったけんじを見て、のぶよはどう思ったのかノートに書きましょう」
・お母ちゃんに見てほしかったなあ。
・お母さんが来なくても気持ちを切り替えて走ったことがうれしい。

■お母ちゃんの気持ちを話し合う

「お母ちゃんの様子はどう書かれていますか」
・「かけつけたお母ちゃんが、グランドをのぞき込んだ」です。
「『かけつけた』からどんなことが分かりますか」
・急いで走って来たことが分かります。
・けんじとの約束を今年こそは守りたいという気持ちです。
「『のぞきこんだ』から、お母ちゃんのどんな気持ちが分かりますか」
・もう終わっているかもしれないからおそるおそる見ている感じがします。
・人と人の隙間から見ていて、悪かったなと思っています。
「肩で息をしているお母ちゃんを見て、のぶよはどう思ったでしょう」
・お母さん、一生懸命駆けつけたんだ。
・お母さんは悪かったと思っているだろうな。弟を見る。母親をも見る。のぶよは、そのなかで思いが湧いてくるのです。だから辛いのです。

■三人の様子から分かることを書いて発表する

「板書を見ながら三人の気持ちを確かめましょう」と言って、読み上げながら見返します。そのあと、三人の様子から分かることをノートに書き、発表します。

〈ノート例〉

お母ちゃんは去年、けんじの短きょり走に間に合わなくて大泣きしていたから、今年は間に合いたかったのに、今年も間に合わなかった。のぶよはお母ちゃんをすぐにけんじのところに連れて行きたくて校門でぎりぎりまで待っていた。

〈板書例〉

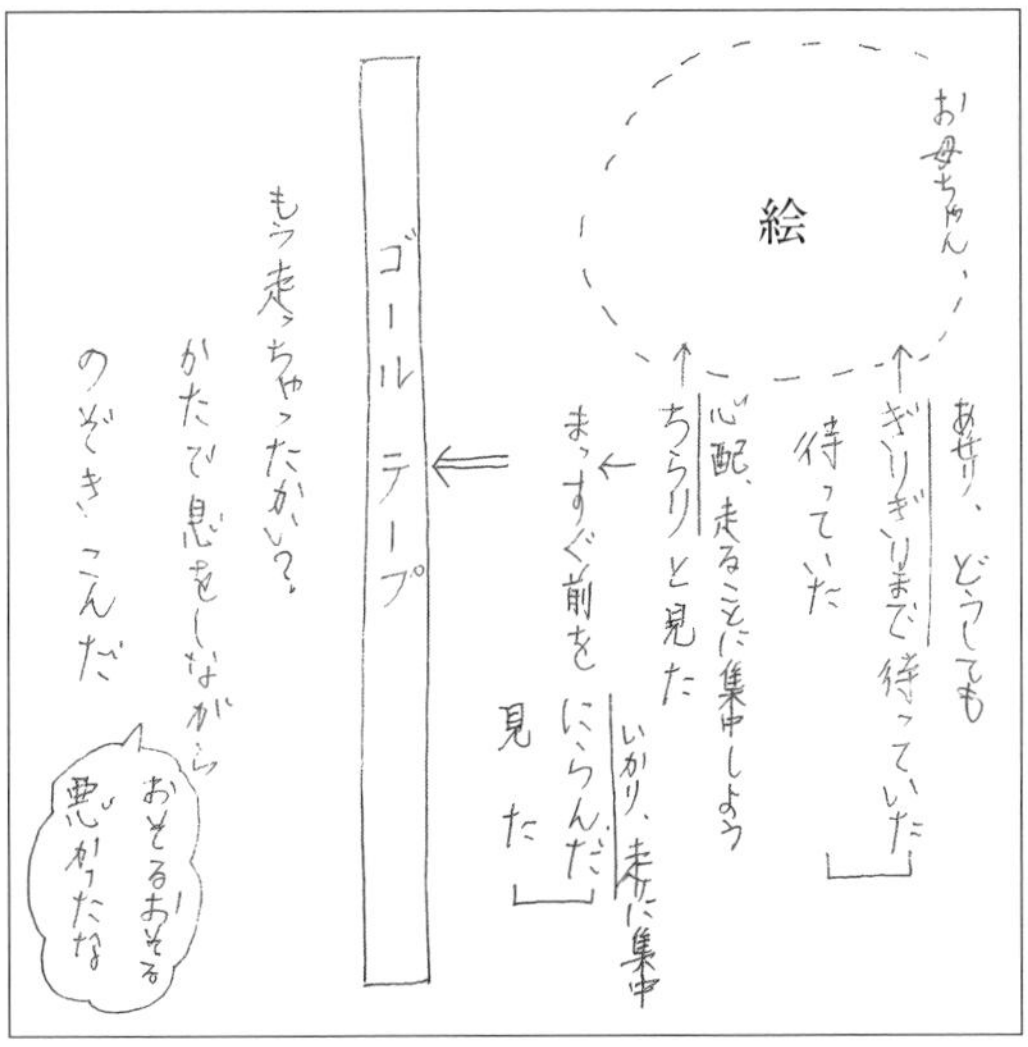

授業展開

第4時　けんじとお母ちゃんの会話や様子から、気持ちをとらえる

【お昼休み～だっと、かけだした】

■けんじの気持ちの高まりを表現から見付ける

「音読しましょう。そして、どんな場面か見付けましょう」と言って、しばらく間をとります。

「どんな場面ですか」

・お昼休みの場面です。

・お母ちゃんがけんじを喜ばせようとお弁当を作って持ってきたのに、けんじが怒りました。

「怒ったけんじはどうしましたか」

・「もう行く」と言ってかけ出しました。

「けんじが怒っていることが分かる文に線を引きましょう。線を引いたらそこからどんな気持ちが分かるか発表しましょう」

『下を向いて返事をしない』

・約束をやぶったじゃないか。

・返事をしないのはすごく怒っていること。

・今ごろ褒められたってうれしくない。

『けんじがつぶやいた。え、これなの？』

・お店で売っているのと同じなんてひどい。

・自分のためだけのお弁当を作って来てほしかった。

『こんなんじゃいやだ。』

「こんなん、とはどんなのだったのですか」

・お店で出しているのと同じものです。

主な言語活動

・お母ちゃんの様子や会話を表す文を見付けて気持ちを読み取る。

・けんじの様子や会話を表す文を見付けて気持ちを読み取る。

・けんじに言いたいことを書く。

・み取ったことをノートに書く

・自分が大事にされていないように感じました。

・本当は、かけっこに間に合わなかったことがもとにあって、弁当まで気に入らないとすねています。

『もういく。けんじがだっとかけだした。』

「この時けんじは心の中でなんと言っていたでしょう」

・約束を破ったじゃないか。

・お母ちゃんなんか嫌いだ。

■お母ちゃんの様子を見付けて気持ちの変化を読み取る

「お母ちゃんの様子が分かる文を見付けま

しょう。そこからお母ちゃんのどんな気持ちが分かるか発表しましょう」

『お母ちゃんは二年生の席までけんじをむかえに行った、～やるなあ、けんじは。』

・けんじを褒めてやりたかった。

『お母ちゃんはむねをはって、くいっと、弁当づつみをのぶよに手わたした。』

・「むねをはって、くいっと」というところからお母ちゃんがお弁当を自慢したい気持ちが分かる。

・わざと胸をはった。不安があったからです。

『だから、見てごらんよ、……三倍くらいあるよ。』

・けんじが喜ぶと思って、厚焼き卵もいつもより厚く作って来た。

ここで、「**お母さんのどんな姿がわかりますか**」と聞いて、母親の一生懸命さに気付かせたいところです。のぶよもそれに気付いています。気持ちを読むだけでなく、のぶよや読み手が母親をどうとらえたかも、話し合います。

『お母ちゃんのえがおが消えた。』

・喜んでもらえると思っていたのに、けんじを喜ばすことができなかったからショックだ。

■中心の表現を見付け、話し合う

「このなかでお母さんの気持ちが最も強く伝わるのはどこですか」

・「お母ちゃんの笑顔が消えた」です。

・とってもつらい気持ちになっています。

・だだをこねるけんじを怒ってもいいはずなのに、自分を責めているのかもしれません。

・短い文なのでよけいに悲しさが伝わる。

「そのお母さんを見ていたのは誰ですか」

・のぶよです。

・黙って見ています。

のぶよはどんな気持ちで見ていたのでしょうか。それを次の問いにつなげます。

■のぶよから、けんじへの手紙を書く

「怒ってかけ出したけんじと、お母ちゃんに対してのぶよは、どんなことを言いたかったのでしょうか」

こうすることでのぶよの視点に立って母親の気持ちを読み取ることができるでしょう。

お母さんに言いたいこと、けんじに言いたいことと分けて書いてもいいし、どちらかを選んで書いてもいいでしょう。

〈ノート例〉けんじへ

> お母ちゃんは、けんじを喜ばせるために、一生けんめいがんばったのに、けんじは怒ってしまった。お母ちゃんはとてもショックをうけたから笑顔が消えた。けんじは、お母ちゃんに一等になったのを見てもらいたかった。お弁当より何よりお母ちゃんに見てもらえなかったことが悲しくておこってしまったのではないかな。でも、けんじにはお母ちゃんの気持ちも分かってほしいな。

〈板書例〉

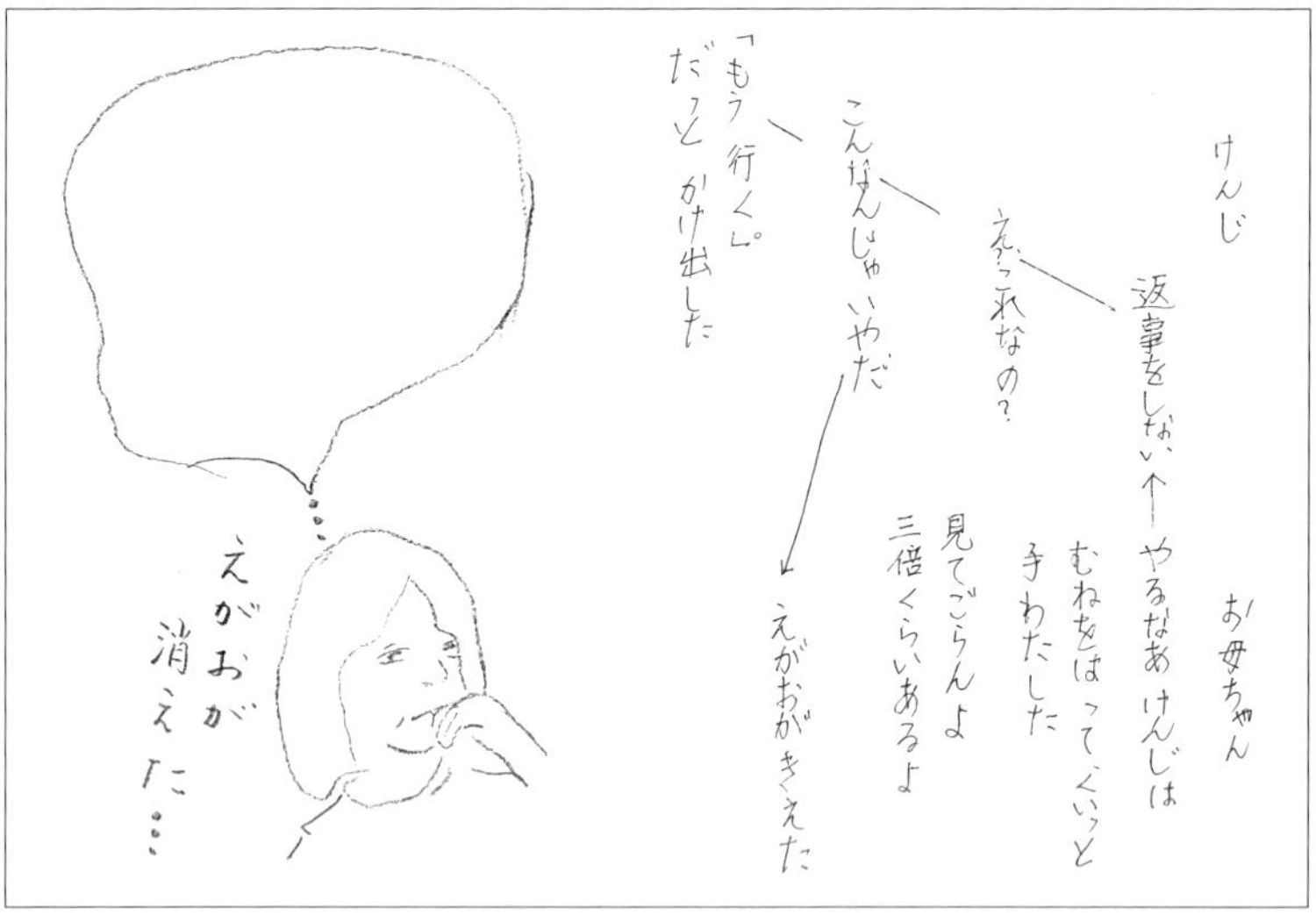

中心人物の視点・読み手の視点 両方で読もう

ここでは、それぞれ
・けんじの言葉・様子
・母親の言葉・様子
は詳しく書かれています。しかし、のぶよについてはほとんど書かれていません。

授業では、母親の様子や気持ち。けんじの様子や気持ちを文に即して読んでいきます。

●中心人物の視点で読む

しかし、それで終わりにしないことです。「それを見ているのぶよ」をいつも意識して読んでいくのです。ですからこの場面でも「笑顔が消えた」ことに気付いたのは誰か、どうして笑顔が消えたことに気付いたのだろうかを考えます。

授業では、ここは「けんじと母親に何を言いたかったでしょう」としました。複雑なのぶよの気持ちとしてとらえたいと考えたからです。（板書例参照）

●読み手の視点でも読む

読み手は、母親も、けんじも、のぶよもとらえることができます。そのうえで、「自分はこう考える。こう読む」という視点に立てます。

けんじに弁当を見せて語りかけている母親の様子・言葉からは、母親の一生懸命さが読み取れます。そして、「笑顔が消えた」からは、深い悲しみが感じられます。それは、息子の晴れ姿を見てやることができなかったつらさ、ふがいなさです。自分を責める気持ちです。

四年生にここまで読もうというわけではありませんが、読み手としてどう読むかどう感じたかを話し合うことで、人間を深いところで理解していくことになるのではないでしょうか。

このような読みを続けるなかで、のぶよの変容も、読み手としてとらえることができるのです。（今井）

授業展開

第５時　わりばしの文字に込められたお母ちゃんの思いをとらえる

【のぶよが～かけていった】

■音読して、場面をつかむ

「音読をしてどんな場面か見付けましょう」と言って間をとります。

・わりばしの袋に「けんじ、一等賞だ！」「のぶよ、いけ！」と書いてあったから、のぶよは、けんじに見せようと追いかけました。

・お母ちゃんの書いた文字でけんじの気持ちが変わりました。

■お母ちゃんの様子を視写して、気持ちを表す言葉を書き込む

「お母ちゃんの様子と気持ちが分かるのは、どこですか」

・『のぶよがとまどっている間に……お母ちゃんのごちごちした文字で、一つずつ「けんじ一等賞だ！」「のぶよ行け！」と書かれていた』です。

「そこをノートに視写しましょう」

ここは大事な表現なので、あとでノートに書き込みをします。そのスペースを作るため、一行おきに視写させます。

〈ノート例〉

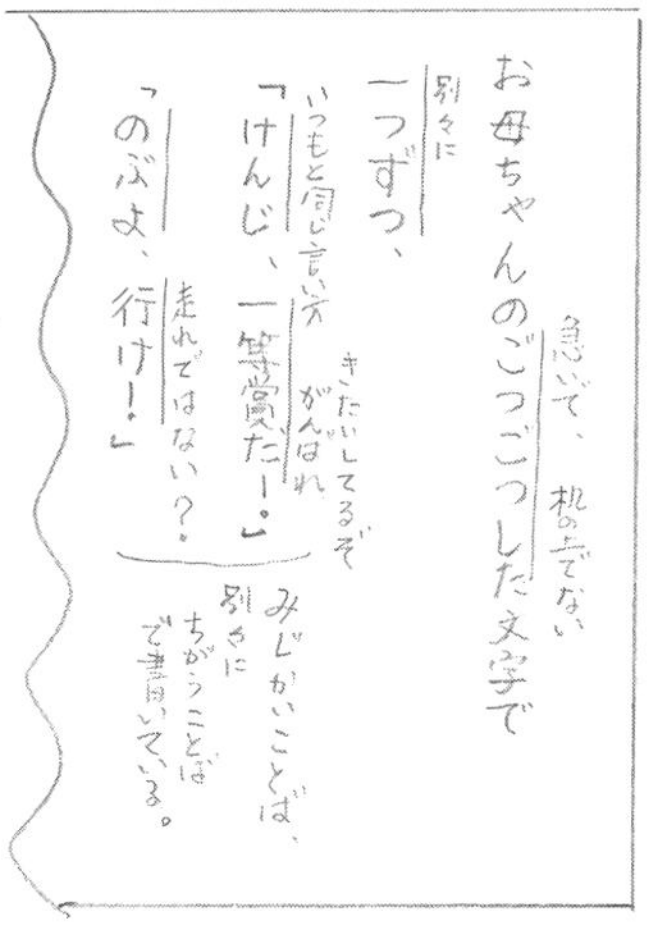

主な言語活動

・お母ちゃんの様子を表す場面を視写し、気持ちを読み取って書き込む。
・わりばしの文字に込められた、お母ちゃんの気持ちを読み取って書く。

視写し終わったら、

「お母ちゃんの気持ちが分かる言葉に線を引きましょう。線が引けたら、空いている行に、そこから分かることを書き込みます」と言って、ノート例のように書き込みをさせます。

■様子をもとに、お母ちゃんの気持ちを話し合う

「どの言葉からどんな気持ちが分かるか発表しましょう」

『だまって、おにぎりをたべはじめた。』

・何か考えている感じがする。

・ショックで口がきけない感じがする。

『何にも言わず、ゆっくりごはんをのみこんでいく。』

・「ゆっくり」という言葉から、考えながら食べていて、おいしそうじゃない。
・「のみこんでいく」というところから、味わうという感じがしない。のどを通らないくらい悲しいのじゃないかと思う。

『わりばしが二つ、かさりとおちた。』
・「かさり」という言葉は悲しい感じがする。

■わりばしの文字について話し合う

「どんな文字でなんと書いてありましたか」
・『ごちごちした文字で、けんじ一等賞だ！のぶよ行け！』と書いてある。
・力強く書いてある。
・一文字一文字に気持ちを込めて書いてある。
・けんじがまた、一等をとるように励ましている。
・「のぶよ、行け」は一等でなくていいから、くじけるな、という意味です。
・お弁当を食べるときに分かるようにしてあるのだから、お母ちゃんはこのお弁当を心を込めて作っている。
「ごつごつした文字、短い言葉」は、忙しい

なかでも、何とか二人を励まそうとしている母親の不器用な思いが感じられて、心を打たれるところです。

「それで、のぶよはどうしましたか」
・ぎゅっと握ってけんじを追いかけました。
・お母ちゃんの気持ちをしっかりとつかんだ、という意味です。
・だからけんじに教えたくて追いかけました。

■けんじの様子が書かれた場面を見付けて、気持ちの変化を読み取る

『水をがぶ飲みしていた。』
・心をひやそうとした。
『しばらく文字をにらんでいた。』
・じっと見ていることが分かる。
・怒りがおさまっていった。
『ぼうしをぐっとかぶり直すと・・かけていった。』
・何かを決心したように感じる。

「このなかでけんじの変化が感じられるのは、どこですか」
・「帽子をかぶりなおした」です。
・気持ちを引き締めたという感じです。
・「直した」という言葉から、気持ちが元に戻ったという感じがします。
・前向きになったということです。

■わりばしの文字を見て、二人はそれぞれどう思ったか書く

のぶよとけんじのどちらかを選んで書きます。

〈ノート例〉
のぶよは、お母ちゃんがだまっておにぎりを食べ始めたのを見て、お母ちゃんはおにぎりがのどを通らないくらいショックを受けて悲しいことがわかった。ごちごちした文字には、けんじへのせいいっぱいの気持ちを感じた。でも、お弁当を食べずにかけ出していったけんじの気持ちもわかる。

〈板書例〉第5時

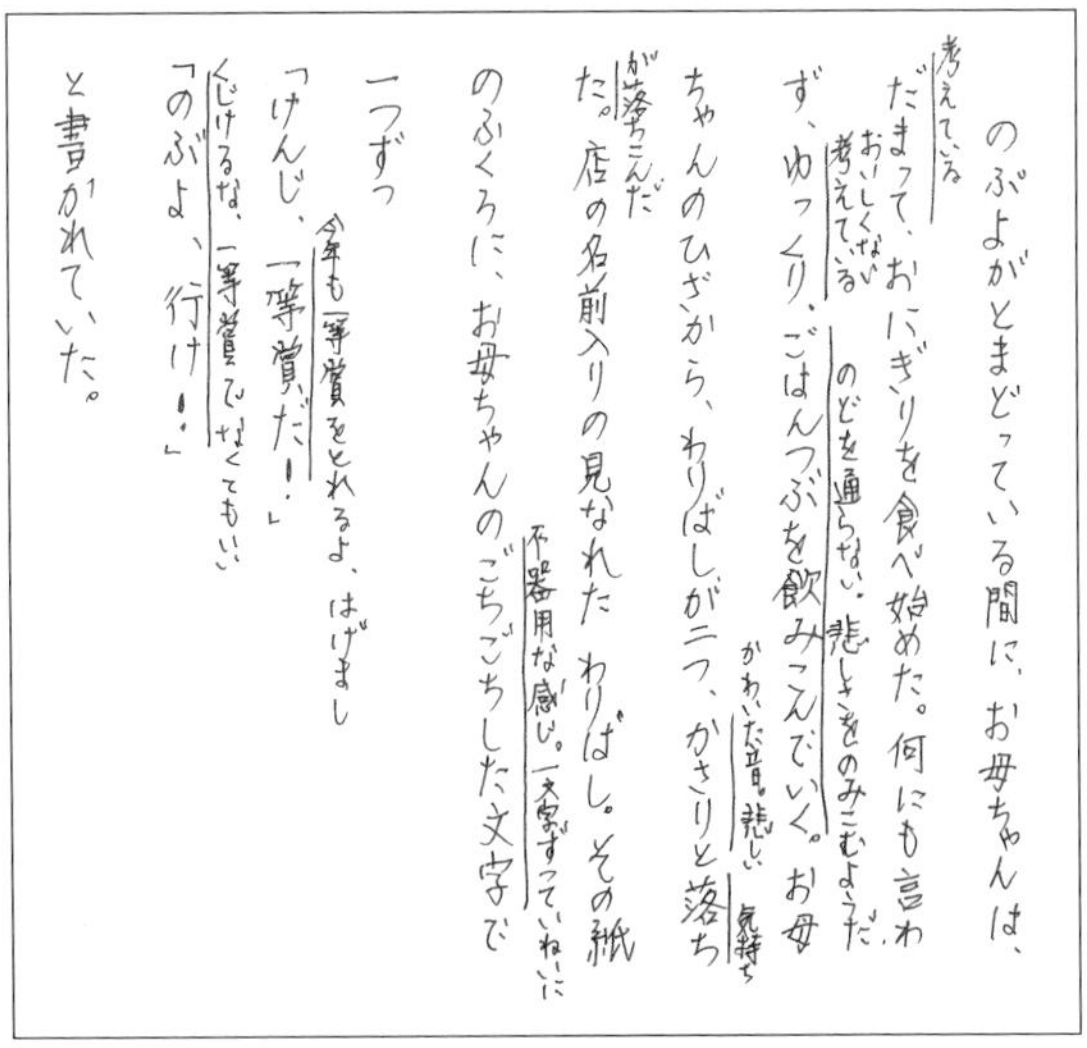

〈板書例〉第6時

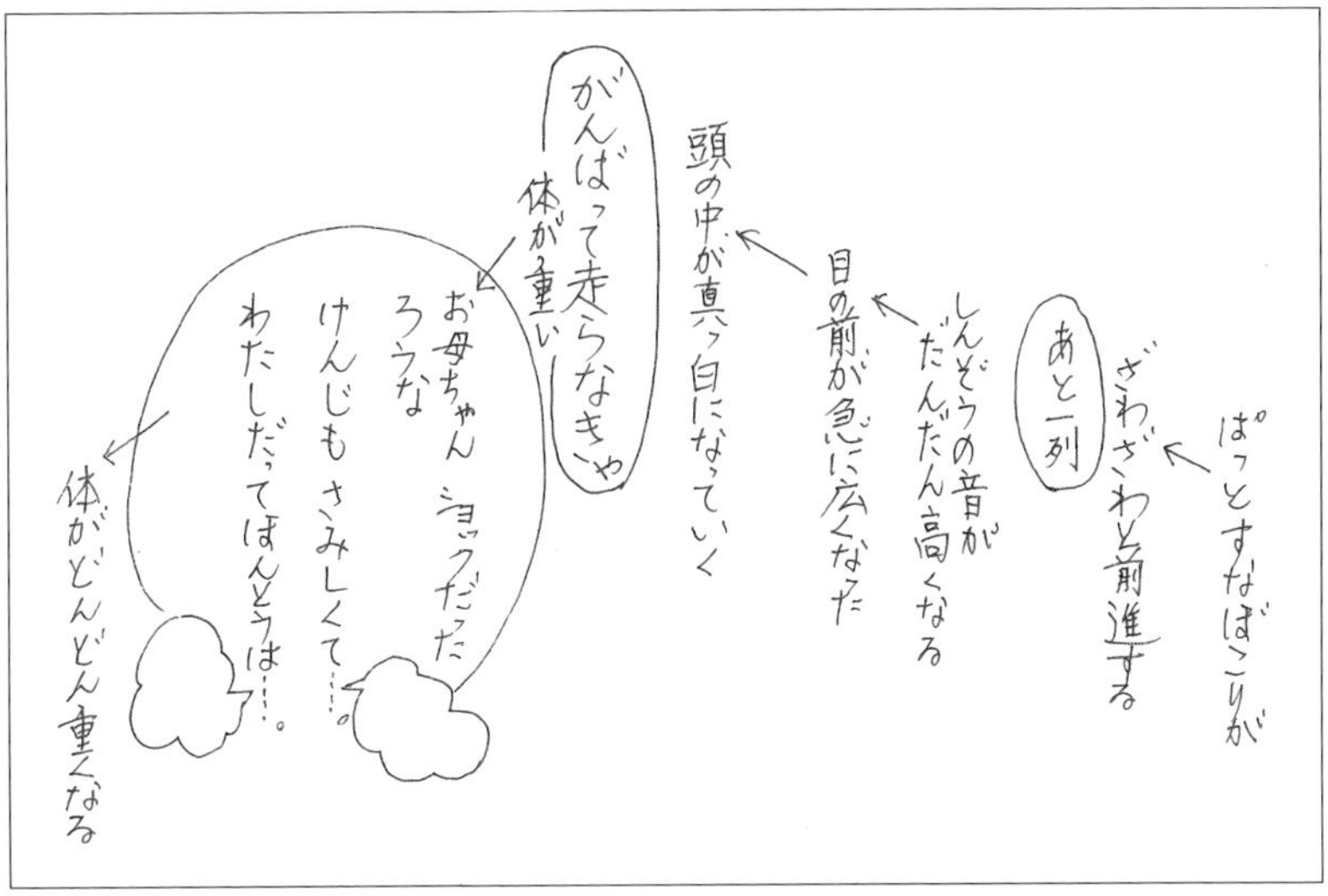

〈板書例〉第7時

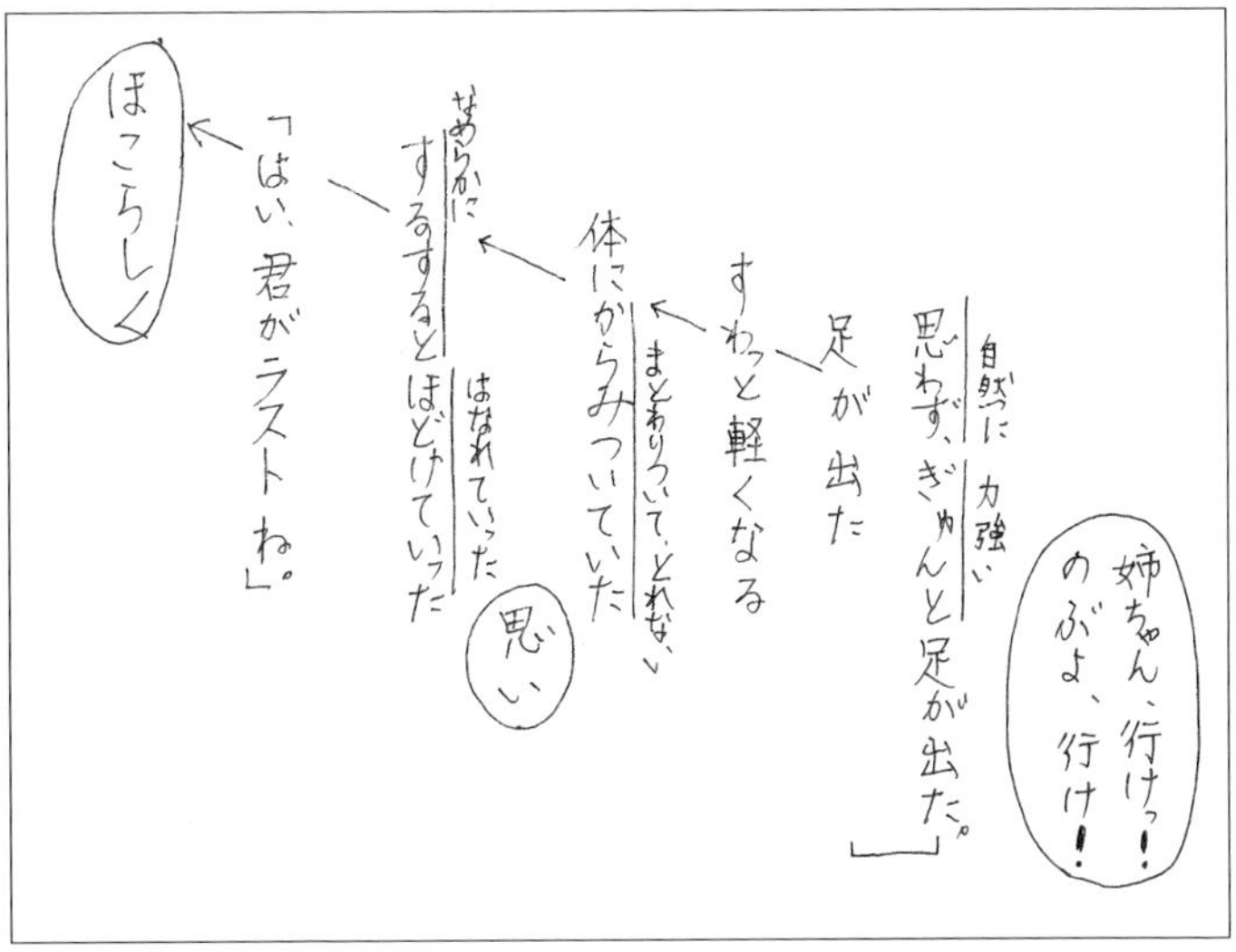

授業展開

第6時

のぶよの短距離走の様子から、緊張感をとらえる

【お昼ぬきで〜あ、もう走れない】

主な言語活動

・のぶよの緊張感を表す文を見付けて読み取り、書き込む。
・「……」に込められた思いを考える。
・のぶよに手紙を書く。

■中心人物は誰かをつかむ

「音読してどんな場面かつかみましょう」

・のぶよの短距離走が始まる場面です。
・のぶよが走り出したところです。
・体が重くて走れません。

■自分の経験と照らし合わせる

「みなさんは、短距離走をする前ののぶよの気持ちが分かりますか」と問いかけ、自分の経験を思い起こして発表させます。

・分かります。心臓の音が、どきどきしてるいのが分かるくらいです。
・自分の順番が近づくと、余計どきどきします。
・早く終わらないかなあと思います。

■周りの様子から、のぶよの気持ちを想像する

「緊張感が伝わる周りの様子はどう書かれているか見付けましょう」と言って様子が書かれている文に注目させます。

「一列スタートするたびに、ぱっとすなぼこりが上がる。次に列が、ざわざわと前進する。」

・いよいよ自分の番が近づいてくる、という感じです。

「ぱっとすなぼこりが上がる。」

・校庭が乾いてほこりっぽい感じがして、緊張感がだんだん高くなる気がします。

「次の列がざわざわ前進する。」

・嫌だなあという感じが表れています。

■のぶよの緊張感の高まりを話し合う

「のぶよの緊張感が最も高まったのはどこですか」

「のぶよのしんぞうの音が、だんだん高くなる。」

「のぶよの目の前が急に広くなった。」

「しんこきゅうして、体を前にたおす、頭のなかがまっ白になっていく。」

これらを中心に話し合います。

・頭のなかがまっ白になるということは、何も考えられなくなっているということだと思います。

・今まではどきどきしていたり、またびりかもしれないとかいろいろ考えていたりしたけれど、もうそんなことも考えていません。それくらいのぶよの心が高ぶっていることを話し合います。

■「体が重い」について話し合う

「のぶよの体が重かったのは、どうしてでしょう」

・足が遅いからまたびりになるのを見られるのが嫌だなと思っていたからです。
・けんじとお母ちゃんのことが気になっていたからです。心も重い。

■「……」に入る言葉を考えて、のぶよの気持ちを話し合う

「わたしだってほんとうは……の点々にはどんな言葉が入りますか」

・さみしい。
・言いたいことがいっぱいあるのに。
・言いたいことを言えない自分への不満もあるのかもしれません。（お姉さんとして我慢していることがあるのかもしれません）
・それで、どんどん体は重くなっていきました。

■のぶよへの自分の思いを手紙に書く

「走り出しているとき、こんなことを思っているのぶよに対して、みんなはどう思いますか」

のぶよへの思いを手紙形式で書きます。

・走っているときに母や弟のことを思うなんて、それだけショックだったんだね。
・どうしようもなく悲しいよね。だからこんなときにもその気持ちが出てしまうのだよ。だから体が下がる感じがしたんだよ。
・もう走れないって思ったんだね。
・でも、しっかり走ってほしい。

〈ノート例〉のぶよへの手紙

のぶよ、お母ちゃんにビリになるのを見られるのは、気が重いね。けんじがお母ちゃんに一等賞になったところを見せたかったのに、見てもらえなくておこった気持ちもわかるよね。そのときのお母ちゃんの悲しい気持ちが、よけいにのぶよの気持ちを重くしているね。

のぶよ、しっかり。重い気持ちに負けないように、全力で走って。がんばれ、のぶよ。

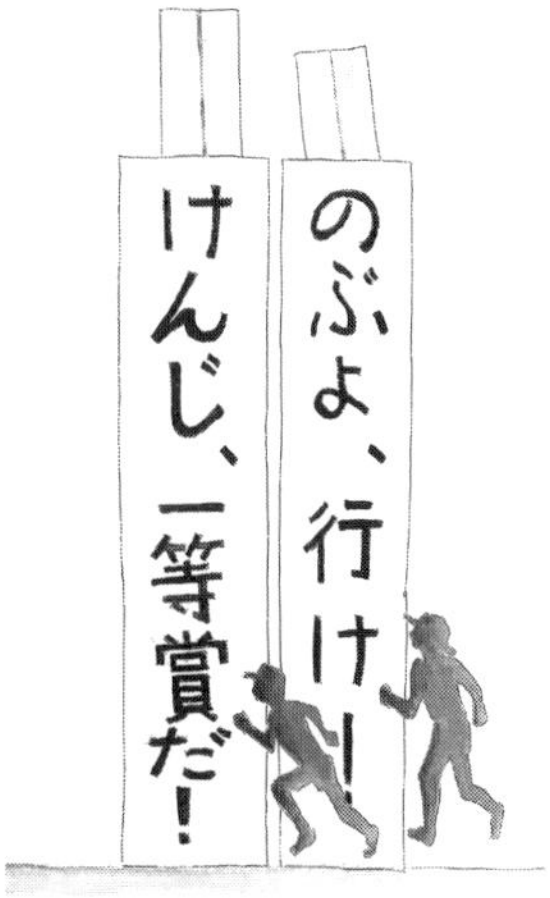

授業展開

第7時

【そのとき〜はじめてだった】

のぶよの解放された気持ちをとらえる

■場面を音読して、どんな場面かつかむ

音読した後で場面をつかみます。

・のぶよはラストになったけど誇らしく思えました。

・お母ちゃんとけんじが応援してくれて、のぶよはどこまでも走れる気がしました

「のぶよが大きく変化した場面ですね」

これをもとに展開していきます。

■のぶよの変化を表す言葉を見付けて、気持ちを読み取る

「のぶよの変化が分かるところを見付けましょう。そして、どんな気持ちが分かるか書き込みましょう」と問いかけます。話し合いでは、

「思わず、ぎゅんと足が出た」

「足が出た」

を対比して考えさせます。

・「ぎゅんと」は、力強い感じがします。

・「思わず」は、自然に足が出た感じです。

■変化したわけを話し合う

「思わずぎゅんと足が出たのは、何があったからですか」

・けんじとお母ちゃんの声が聞こえたからです。

・お母ちゃんとけんじと二人の「行け」と言う声が聞こえた。それでおしりがすわっと、軽くなりました。

・自分がそうしようと思ったのではなくて自然に急に軽くなったのだと思います。

・体と気持ちの両方が軽くなりました。

■「するするとほどけていった」について話し合う

「気持ちが軽くなったのは、どう表現されていますか。そのことばをノートに書き出しましょう」

「体にからみついていたいろんな思いが、するするとほどけてった」の部分が挙げられるでしょう。

「からみつく」と「ほどける」を国語辞典で調べます。

「からみつく」
← 変化
「ほどける」

主な言語活動

・のぶよの様子を表す文を視写する。
・言葉の意味を国語辞典で調べる。
・『二つの声』の前とあとの文を比べて気持ちの変化を読み取る。

意味を調べたあと、変化を話し合います。

・しつこくからんでいたものがとれたということです。

・今までいろんな気持ちが体を縛っていたのが、ほどけて心も楽になりました。

「そうですね。のぶよの体をしばりつけていたいろんな思い、というのはどんな思いでしょう。少し前を読んで見付けましょう」

「いろんな思い」を具体的にしていきます。

・お母ちゃんショックだっただろうな、でも、けんじもさみしくて言ってしまったんだよね、という思いです。

・のぶよも本当はさみしかった、という気持ちです。

・びりははずかしい。

・去年のこともあるし、縛りつけていたものは、一つではないと思います。

「『するすると』は、どんな意味でしょう」

・なめらかに滑るように、という意味です。

・自然にのぶよの気持ちが楽になっていったという意味です。

■のぶよの大きな変容を話し合う

叙述から、のぶよの気持ちの変化を読み取っていきます。

「どこまでも走れる気がした。とうめいな空気の中に、からだごととびこんだ。」

・透明な空気の中へというのは、新しい世界へということです。

・空気はもともと透明です。でも今までは、透明ではないと感じていました。縛られていたからです。

・「とびこんだ」ということばに気持ちがこめられています。

「それで、ラストという係の言葉を聞いたときにどう感じたのですか」

・「『ラスト』という言葉が、こんなに誇らしく聞こえたことは初めてだった。」です。

・ラストだっていい。

・母ちゃんや弟がいる。

・いい家族だぞ。

・びりだってみじめではないのだ、という考えになりました。

・「初めてだった」というのは、今までと考え方が変わったということです。

「誇らしく」(辞典で調べる)、「初めて」に注目して読むとこうなるでしょう。より大きなものに包まれることで人はみじめさや孤独感を克服していくのかもしれません。

※「はい、きみがラストね」は係の言葉です。「きみは」でなく「きみが」となっているところに係の心づかいが感じられます。たった一文字で、意味が変わってくることに気付かせたいものです。のぶよの走りを認めていると読むことができることばです。「びり」あるいは「六位」と「ラスト」という言葉の感じを比べてみるのもいいでしょう。

授業展開

第8時　「走る」の意味を考えながら読む

【退場門～走り続けた】

■表情や声から、心の交流を読み取る

本文を音読してから、場面を次のようにおさえます。

・のぶよが走り終わってから。

・退場門のところです。

ここでの三人の心の通い合いを読んでいきます。

「退場門で、どんなことがありましたか」

・けんじとお母ちゃんが立っていました。

・のぶよを二人で待っていたと思います。

・何か言いたくて待っていました。

「けんじの言葉と様子から、どんなことが感じられますか」

・「へたくそ」と言っているけれど、馬鹿にはしていません。

「ではどんな感じですか」

・かけっこは遅いけれど、好きだよ。

・遅くてもいいよ。いいお姉ちゃんだよ。

「それを見ていたお母さんの様子と気持ちはどうですか」

・にかっと笑いました。

・二人が仲良しだからうれしいと思ってます。

・のぶよがラストでも、最後まで頑張ったから、喜んでいます。

・「笑顔が消えた」のとは反対です。

■走り出したわけを話し合う

「なぜ二人は走り出したのでしょうか」

・けんじは、うれしかったから走り出しました。

・けんじは、言葉では言えない思いを体で表現しています。

・それを見てのぶよも、「私も一緒だよ」と言って走り出したのだと思います。

・「走り出した」はここで気持ちが変わったことを意味しています。

「それを見ているお母ちゃんの気持ちも想像しましょう」

・「ああ、よかった」と思っています。

・きっと、仕事の疲れも吹っ飛んでいます。

■「走れ」「走る」について話し合う

「この場面には、走る、という言葉がいくつ、書かれていますか。線を引いて数えましょう」

・八個です。

線を引くと、八個もあることに驚くでしょう。

「どんな感じがしますか」

この問いには、「元気」「明るい」「仲良し」「いい気分」というような答えが出るでしょう。

主な言語活動

・様子から、それぞれの気持ちを読み取る。
・「走れ」「走る」の意味を考える。
・題名について考えて書く。

「そんな感じがしますね。では、二人の気持ちが一番よく分かるのはどの文ですか」

・二人は走った。走りながら笑った。笑いながら走った。です。

・三回も繰り返して「走った」と書いてあるからです。

・心もつながっています。

■題名とつなげて考える

「題名とこの場面はどんな関係があるのでしょうか」

・のぶよは走るのは遅くて苦手です。それが、こうして走っているということで変わったことを意味しています。

・お母ちゃんの「のぶよ、行け」という文字があったからだと思います。「走る」も「行け」も、前に向う、と言うことで同じです。

・きっとお母ちゃんは、のぶよの気持ちを知っていたから、「『走れ』ではなく『行け』」と書いたのだと思います。

・弟が走ったので、のぶよも走り出したのだから、弟も、のぶよの役に立っています。

「なるほど、走れ・走る、という言葉のなかに、三人のつながりがあるようですね。ところで、お母ちゃんは走りましたか」

・走りません。

お母ちゃんは、しっかりと二人を見守っていることをとらえさせます。

■題名「走れ」について自分が捉えたことを書く

「『走れ』という言葉のもつ意味、誰に言っているのか、どこへ向かって走れなのか、考えて書きましょう」

〈ノート例〉

「姉ちゃん、行けっ！」「のぶよ、行け！」という二人の言葉で、のぶよはからみついていたいろんな思いをほどいて、軽くなった。仲直りした二人に背中を押されて走っている感じがする。また、足がおそくてどうせビリだ、とあきらめていた自分を乗りこえて走っている感じがする。

■学習課題を見付ける

学習のまとめとして自分の課題を見付け、それに取り組みます。例を挙げておきます。

- 読後感を中心にして感想文を書く。
- 心に残った場面を抜き書きして、感想・そのわけを書く。
- 「のそのそ」「にかっと」のような擬声・擬態語を抜き出して、表に整理・分類する。
- 一〇年後の二人が、このことを思い出して話し合う場面を「劇」風に書く。
- 自分の同じような経験を作文に書く。
- 同じ作者の本を読み、紹介文などを書く。

〈板書例〉第8時

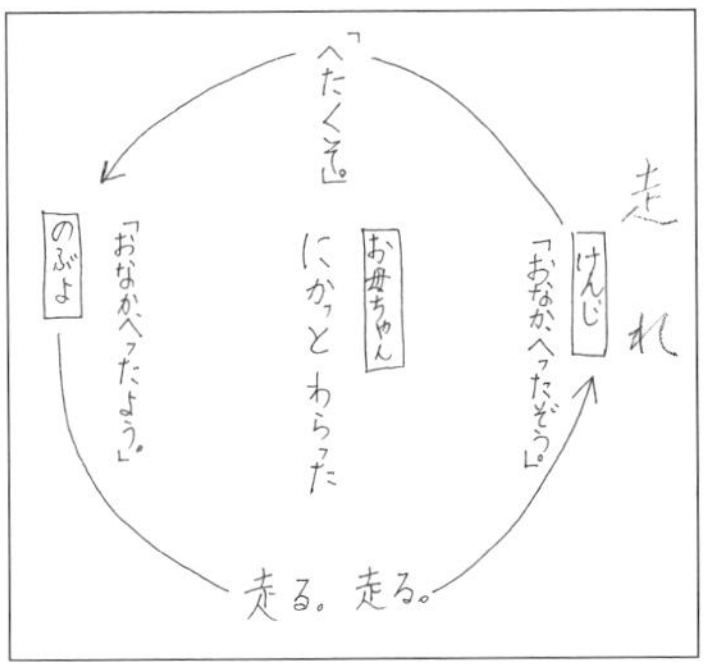

授業展開

第9時

自分で選択した学習課題に取り組む

■自分の学習課題に取り組む

前時に選んだ学習課題に取り組みます。ノート、原稿用紙、画用紙など自分の選んだ課題に合ったものを選んで書いていきます。

■読み合い、感想を話し合う

できあがったら、グループのなかや隣同士で交換して読み合ったり、感想を言い合ったりします。

また大きめの付箋に感想を書いて、書き手のノートなどに貼り付けます。貼り付けたものを他の子ども読むことにより、感想を書くときの視点や心の向け方を学ぶことができます。

このように、読み取りの授業後には、それまで獲得した力を使ってグループや学級の子どもと交流する言語活動を取り入れます。そうすることによって、教材を仲立ちにして学級の子ども同士のつながりを言葉で深めることができていきます。

〈作品例〉

一〇年後の二人の会話（劇風に）

けんじ　「今日は高校の運動会だ。またリレーの選手だよ。」
のぶよ　「一〇年前の運動会を覚えている？」
けんじ　「覚えているよ。あの時は母さんに悪かったなあ。」
のぶよ　「しょうがないよ、二年生だったんだから。」
けんじ　「あの時の弁当のはしぶくろ、母さん、今も持っているぜ。」
のぶよ　「えっ、本当……」
けんじ　「こっそりしまってあったんだ」
のぶよ　「……今日は、姉ちゃんが書いてやろうか。けんじ一等賞だって。」
けんじ　「もういらないよ、あれだけで十分だから。弁当はコンビニで買うし。」
［遠くから声］
母　「二人とも、何してんの。早くしないとちこくだよ。……まったく、このごろは……」

主な言語活動

・自分の学習課題に取り組む。
・できあがったものを読み合い、交流する。

✍一等賞は誰だ

この物語では、箸袋は重要な役割を担っています。箸袋は母ちゃんの、毎日の仕事に関係があります。母ちゃんはお弁当屋さんをすることで、家族三人の生活を支えています。母子家庭と読むのが自然です。

その箸袋に「けんじ一等賞だ」が書かれます。このお話ではいったい誰が一等賞なのでしょうか。確かに、けんじは一等賞でした。

「皆さんはこのお話を読んで、誰に一等賞をあげますか」

もしこう聞いたとしたら子どもたちはどう答えるでしょうか。

・家族三人です。

・お母ちゃんです。

・のぶよです。

それぞれ、そのわけを話してもらうといいでしょう。

「一等賞よりも大事なものがあると思います」と言う子がいたらまた、面白くなりそうです。

✍お母ちゃん・お母さん・ママ

「このお話では、『お母ちゃん』が出てきますが、みなさんはうちでは何と言っていますか」

と聞くと、多くは

・お母さん

・ママ

と答えるでしょう。

同じものを指すのにも関わらず、このようにいくつかの呼び方があります。

「お母ちゃん、という言い方からは、どんな感じがしますか」

という問いが成り立ちます。ママやお母さんと比べることになります。

庶民的な、元気の良い、明るい母親像が描かれるでしょう。

「そのお母ちゃんから笑顔が消えた」とすればいったいどうなのでしょうか。

ここが読みの中心になりそうです。

✍二人はいつ仲直りしたの＝書かれていないことを読む

昼のお弁当の時には、「もう行く」と怒ってかけていってしまったけんじが、お母ちゃんと一緒に応援しているのは、おかしいよ、という子がいたら、大歓迎です。

「いつ二人は仲直りしたのですか。」

「どうして二人は一緒に応援できたのでしょうか。」

こういう質問が出てくるかもしれません。

このお話は、のぶよの視点で書かれています。ですから、のぶよがいない場面については、書かれていないのです。そこを想像することで、「箸袋の文字」や「今年はお母ちゃんが弁当を持って自ら来たこと」なども読めてくるからです。

質問の出る教室にしたいものです。

（今井）

5　不思議さや感じたことを中心にした読みを広げる

「初雪のふる日」

安房直子（作）、寺門孝之（絵）
（光村図書・四年下）

様子の変化や言葉の変化に着目し、人物の心理描写とあわせて不思議な世界を読む。つながり・関連を見付けることで、読みの楽しさを味わう。

ねらいと学習の重点

人物の気持ちだけを読んでいたのではこの物語は読めません。

このお話は、いくつもの出来事で書かれています。出来事と出来事との関係は、読み手が見付けるようになっています。恐ろしいと感じるのも、実は、読み手がいくつかの出来事をつなげているからです。したがって読後感をもとにして読むことで、話のつながりを自分で構成していくことになります。この作品はそれに適しています。

雪うさぎの白さやヨモギの鮮やかな緑などの色彩感覚を大事にしながら、なぞなぞに焦点を当てて読むことになります。なぞなぞは、答えがわかればいいのではありません。それ自体がおもしろいのです。

子どもたちが感じ取ったことをもとにしながら、自由な発言がたくさん出る授業にしていきます。

大事な言葉を書き抜くことや群読、感想を書くこと・交流なども取り入れて学びを広げます。

■学習指導計画〈10時間〉「初雪のふる日」

時	学習内容	学習活動
1	物語の内容をつかみ、感想をもつ	・題名の「初雪のふる日」について話し合う。 ・挿絵も手がかりにして全文を読み、あらすじをつかむ。 ・焦点を絞って感想を書き、交流する。
2	女の子の様子と不思議な感じをとらえる	・冒頭の文からわかったこと・感じたことを発表する。 ・女の子の様子から感じることやわかることを書き、話し合う。 ・不思議さを見付けて話し合う。
3	うさぎの歌からわかることや感じることをとらえる	・天気の変化を視写し、女の子の気持ちの変化と関わらせて「こわさ」を話し合う。 ・「うさぎの声」を視写して感じることを書き、話し合う。
4	怖さが強まる様子をとらえる	・おばあさんの話と雪うさぎの様子からこわいところを見付ける。 ・いちばんこわい表現を見付けて書き、話し合う。
5	うさぎの歌の変化をとらえる	・おばあさんの話を自分なりに理解して書き直す。 ・「雪うさぎ」の歌が今までとどう違うか見付けて話し合う。 ・よもぎと唱えられない女の子の様子を話し合う。
6	雪うさぎと対比して女の子の様子をとらえる	・よもぎを胸に当てた女の子の気持ちの変化を読み取り、発表し合う。 ・なぞなぞを思いついたわけを考える。
7・8	なぞなぞのもつ秘密を見付ける	・女の子の様子やよもぎのなぞなぞを視写して、場面の変化を見付ける。 ・雪うさぎの変化となぞなぞの関係を考える。 ・周りの様子と女の子の気持ちの変化を読み取り、発表する。
9	大きな転換と女の子の変化をとらえる	・前時までの場面と対比して違いを見付け、物語の大きな転換を話し合う。 ・町の人たちになって話を書く。
10	読後感を書く	・読後感を書き、読み合う。 ・安房直子の他の作品を読み、読後感を絵や文で表現する。

授業展開

第1時

物語の内容をつかみ、感想をもつ

■聴・視写して話し合う

　本文を読む前に題名・作者などについて確認します。

「この話の題名は何でしょう」

「この話を作った人は誰でしょう」

「この話の絵を描いた人は誰でしょう」

　さらに題名については、話し合うことで内容への興味を持たせます。

「『初雪のふる日』という題名から、どんな感じがしますか」

・ああ、冬になるという感じがします。

・きれいだな、もっと降ってほしいという感じがします。

・冬の初めの日のことだと思います。

「では、読んでみましょう」

■あらすじをつかみ、感想を書き交流する

　題名読みが終わったら、教師が範読します。その後、全文を各自で読み、どんな話だったかを大まかにつかむ話し合いをします。

　あらすじをつかんだら、感想をノートに書き、何人かに発表させます。ここでは詳しく感想文を書かせるのではなく、「どんな感じがしたか」「どこが強く心に残ったか」のように感動のポイントを鮮明にして書きます。

・不気味な感じがします。

・女の子が白うさぎに誘われ、遠いところまで連れて行かれたところが強く心に残りました。

・楽しそうな話かと思ったら、途中から怖くなりました。

主な言語活動

・題名から感じたことを話し合う。

・物語全体のあらすじをつかむ。

・焦点を絞って感想を書き、交流する。

　このように感想の中心に沿って書きます。

〈ノート例〉

初雪のふる日　安房直子・作

〈題名から感じたこと〉

・冬になった。雪がつもらないかなあ。

空気が冷たくなってきた。

・初雪のふる日に何かがおこる。

〈きょうの感想〉

・楽しそうなお話かと思ったら、と中から、こわくなってきた。

うさぎが一列にならぶなんて、ぶきみだ。なんかふしぎなおはなしだ。

第2時 女の子の様子と不思議な感じをとらえる

【秋の終わり～両足・かた足】

主な言語活動

・女の子の様子を表す言葉を視写し、感じたことやわかったことを書き話し合う。
・不思議な感じをもたらす表現を見付けて話し合う。

■物語の入り口について話し合う

「冒頭に『秋の終わりの寒い日でした。』とあります。ここからどんなことがわかりますか」

　一行目は物語の入り口であると同時に物語全体に関わる言葉で書かれていることが多いのです。

・もうすぐ冬になりそうな日です。
・「寒い日でした」とあるから、前のことを思い出して話している感じがします。

　これは、語りの特徴に気付いている発言です。

・この冬の初めのある日に、何か起きそうという感じがします。

　このように子どもたちは「冬の初め」に注目するでしょう。そういうときは本文に戻らせ、「秋の終わりの日」と書かれていることに注目させます。そうすることで、「何かが終わって何かが始まる」ということを冒頭が感じさせることに気付くでしょう。

■女の子の様子を視写し、わかったことなどを書き込む

「女の子の様子がわかる文や言葉に線を引きましょう」

　ノートの真ん中に横に一本線を引かせて二段にします。上段には線を引いた文や言葉を視写し、下段には上の文や言葉に対応して、わかることや感じたことを書かせます。

・「女の子がしゃがんでいました」……どうしてしゃがんでいるのか。少し寂しい感じ。
・「首をかしげて、ほうっと大きな息をつくと」……どこまでも続いている石けりの輪を見て、誰がしたのかなと不思議に思っている。

　女の子の寂しげな感じを受けるところです。一人でいることも押さえます。そういうときに不思議な世界に引き込まれるのです。

〈ノート例〉

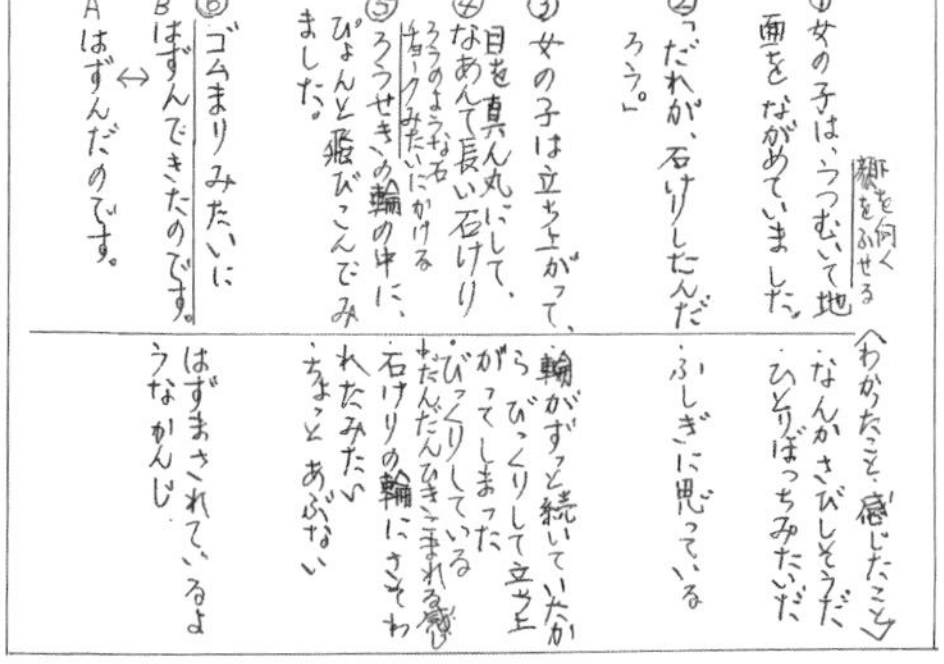
①女の子は、うつむいて地面をながめていました。
顔をふせる
②「だれが、石けりしたんだろう。」
③女の子は立ち上がって、
④目を真ん丸にして、なあんて長い石けり
⑤ろうせきの輪の中に、ぴょんと飛びこんでみました。
⑥ゴムまりみたいに
Bはずんできたのです。
↔
Aはずんだのです。
〈わかったこと、感じたこと〉
・なんかさびしそうだ
・ひとりぼっちみたいだ
・ふしぎに思っている
・輪がずっと続いていたから
・びっくりして立ち上がってしまった
・びっくりしている
・だんだんひきこまれる感じ
・石けりの輪にさそわれたみたい
・ちょっとあぶない
はずまされているような かんじ。

■石けりの輪にさそい込まれていく女の子の様子を話し合う

石けりの輪を見付けた女の子の様子や行動を話し合います。

・首をかしげて「だれが石けりしたんだろう」

……ふしぎだなと思っている。

・目を真ん丸にして、「なあんて長い石けり」とさけびました。

……びっくり、感動している。（「なあんて」とのばした表現に注目する）

・ぴょんと飛びこんでみました。

……やってみたくなった。

話し合いは、「ぴょんと飛びこんでみました」に焦点を当てます。

「どんな感じがしますか」

・軽い気持ちで飛び込んだ感じです。（「ぴょん」「みました」からわかる）

・今まで見たこともない長い石けりなので、やってみたいと感じました。

・引きずり込まれてやったみたいです。

この、「引きずり込まれた感じ」というのが出たら、これについては話し合います。どこからそう感じるかを自由に話し合います。「なぜ引きずり込まれたのか」その心理状態についても話し合います。

■不思議さを見付けて話し合う

「ここまで読んできて、不思議だなあと思うことはありますか」

・山まで続く石けりが不思議です。

・女の子も一人で、しかも名前も書いていないのが不思議です。

・輪のなかに飛び込んだら、女の子の体が急に軽くなったのが不思議です。

・石けりの輪は何かなと思います。不思議な力があるみたいです。

・自分の意志ではなく、何か別のものの力で女の子がはずんでいるような感じがします。

「はずんできたのです」について話し合うなかで、「はずまされている」感じをつかませるとよいでしょう。

これらすべてについて必ずしも深く話し合わなくても構いませんが、きちんと受け止めます。これらの発言が重なり合って物語の世界を深く楽しむことができるのです。

〈板書例〉

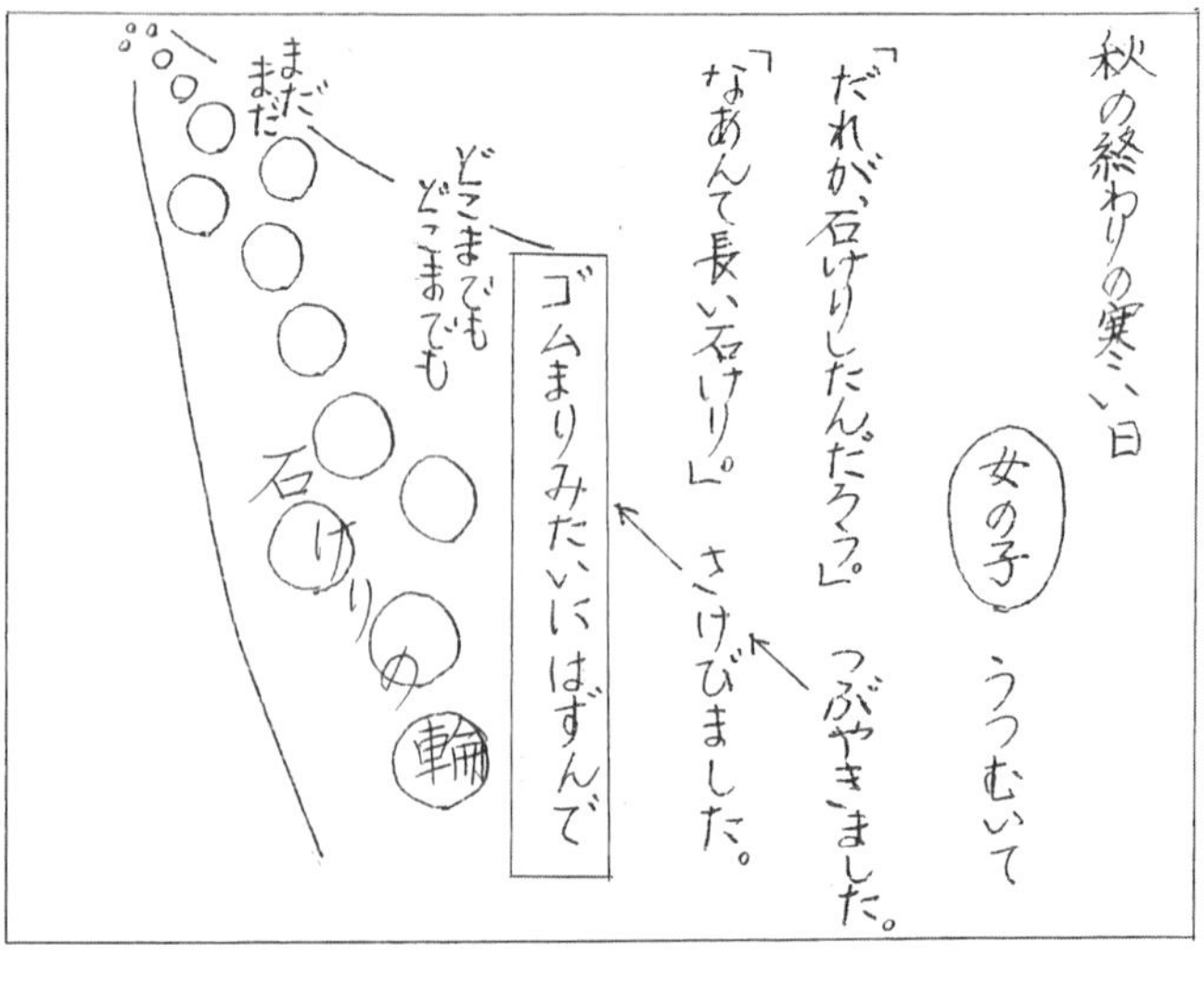

秋の終わりの寒い日
女の子
うつむいて
つぶやきました。
「だれが石けりしたんだろう。」
「なあんて長い石けり。」
さけびました。
ゴムまりみたいにはずんで
どこまでも
どこまでも
まだ
まだ
石けりの輪

■石けりをしている女の子の様子を話し合う

「飛び込んで女の子はどうしましたか」

・「かた足、かた足、両足、かた足」と口で言いながら、真剣にやっています。

・橋を渡り、キャベツ畑の細道を通り、たばこ屋の前を通り、もう夢中です。

・得意になっています。

「でも不思議だなと思っている人がいますね」

・たばこ屋のおばあさんです。「おや、元気がいいねえ」と言っているので、いつもより女の子は張り切っています。それが不思議なのでしょう。

・犬です。歯をむき出しにしてほえているのは何かを感じているからです。

このお話は、人物や犬を物語展開と直接関係づける言葉はほとんど書かれていません。ですから、読者は、自分でこのように関係を見付けていくのです。

次の場面も同じです。「天気の変化」――「白うさぎの登場」の関係です。

✍自分で読みを作っていくということ
――文学作品の読み方――

1、出来事をつなげて読みを作る

多くの場合、文学作品には「しかし」や「そのために」などの接続詞で、出来事と出来事を結び付ける表現はありません。次々と出来事・行為が進行していくだけです。「初雪のふる日」のなかには、このような接続詞はひとつもありません。あるのは、場面の進行の度合いを示す「すると」「こうして」「このとき」と、状況を表す「それだけで」。この四つです。

だから、読み手は、出来事と出来事との関係を自分で考えながら読んでいくのです「出来事で書く」のが小説の特徴だからです。

2、人物が見えてくる問い

この話の冒頭がすでにそうなっています。

「女の子がしゃがんでいました。」

「うつむいて地面を眺めました。」

ここでは出来事の経過があるだけです。読み手は、「なぜしゃがんでいたのか」「なぜうつむいて地面を眺めたのか」自分で考えなければならないわけです。こうすることで女の子がどういう子か少し見えてきます。

ある作家は、「わざと書かないでおいて、読み手に補ってもらうように書いているのだ」とも言っています。

3、人物の気持ちも出来事のなかで読む

もう一つ特徴的なのは、特に第三者客観視点で書かれている作品では、人物の気持ちは書かれていないということです。「初雪のふる日」もそうです。そうすると「人物の気持ち」についても、読み手は想像することになります。この場合は、「人物の言葉」「行為」「出来事」に注目して読むことになるでしょう。

読み手は、書かれている内容を単に理解・受け止めるのではなく、書かれていないことも補いながら、作品を作り上げていく存在でもあるのです。(今井)

授業展開

第3時 うさぎの歌からわかることや感じることをとらえる

【空は～思い出したからです】

■場面の大きな転換をつかむ

学習範囲の音読をした後で、

「この場面で一番強く感じたのはどんなことですか」

と限定して聞きます。場面を大きく押さえるためです。

・真っ白いうさぎが石けりをして現れたことです。ここが不思議です。

・うさぎに囲まれてしまい、怖いと思いました。

この二つを中心にして読み合っていきます。

■白うさぎの登場と天気の変化をかかわらせて読み取る

「うさぎたちが現れてくるまでの様子を読んでいきましょう」

「女の子がバスの停留所の辺りまで来たときはどんな天気でしたか」

ノートに書かせます。

・ほろほろと雪が降り始めた。

「ほろほろと」は辞書で調べます。この話では雪が重要な役割を果たしています。ここでしっかり意識させます。

「雪の降る様子や天気はどう変化していきますか。それが分かるところを見付けて線を引きましょう」

サイドラインを引いた後に話し合います。

「白うさぎは、どんな天気の時に現れましたか」

・空がどんよりと暗くなったときです。

・雪が段々と激しくなったときです。

主な言語活動

・天気の変化を表す言葉を見付け、場面の転換を話し合う。
・不気味な感じのする言葉や文に着目して、人物の置かれた状況を話し合う。
・雪うさぎの言葉に注目して視写する。

・風も冷たくなったときです。

・雪の降り方と白ウサギは関係があるのだと思います。

雪が降ることと白うさぎの登場は関係があるということを、ここで話し合っておきます。

〈ノート例〉

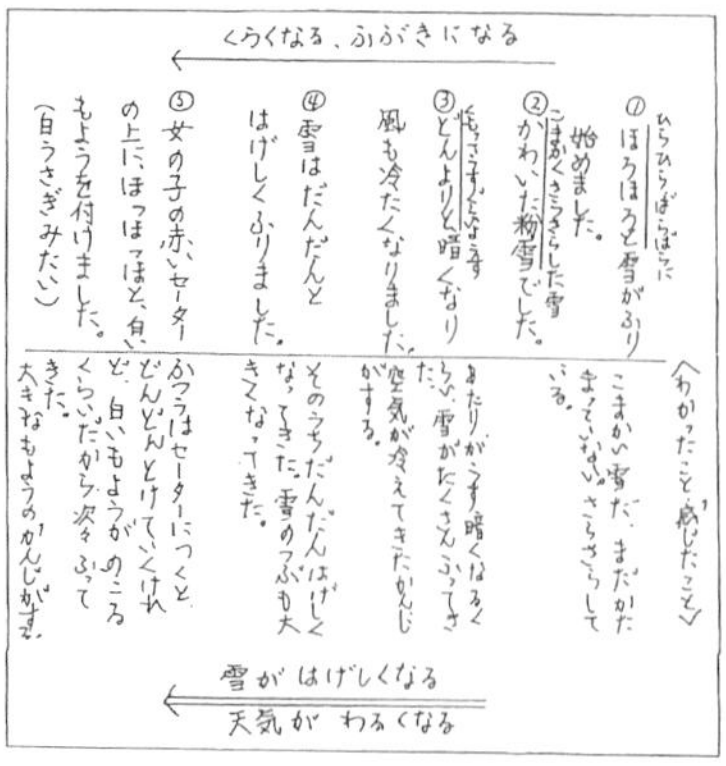
くらくなる、ふぶきになる
①ほろほろと雪がふり始めました。
②かわいた粉雪でした。
③どんよりと暗くなり風も冷たくなりました。
④雪はだんだんとはげしくふりました。
⑤女の子の赤いセーターの上に、ほっほっと、白いもようを付けました。（白うさぎみたい）
〈わかったこと感じたこと〉
こまかい雪だ。まだかたまっていない。さらさらしている。
あたりがうす暗くなってくる。雪がたくさんふってきた。空気が冷えてきたかんじがする。
そのうちだんだんはげしくなってきた。雪のつぶも大きくなってきた。
かつらはセーターにつくとどんどんとけていくけれど、白いもようがのこるくらいだから次々ふってきた。大きなもようのかんじがする。
雪がはげしくなる
天気がわるくなる

■「怖い感じ」について話し合う

「怖い感じ」について話し合うとき
A、女の子が怖いと感じている
B、読み手が怖いと感じている

この二つがあります。この二つは重なることもありますが、読み手の位置からだけ見えてくる怖さもあります。今回は、「読み手」の受け止めた「怖さB」を中心に読んでいきます。

「この場面で、女の子はまだ気付いていないけれど、あなたたちが怖いと思ったのはどこですか」

・後ろから声がしたところです。
・片足両足トントントンの歌も怖い感じです。
・白ウサギが追いかけてきたところです。
・それに前にも、白ウサギがいつの間にかいたことです。
・女の子が雪が激しくなったので帰ろうかなと思った時に現れたのが不気味です。
・帰ろうとしたら、挟まれてしまったことです。
・四本足のうさぎが石けりをしているのが不思議です。
・このときは、女の子はまだ、夢を見ている感じです。

■雪うさぎの言葉に注目して話し合う

「では女の子が、怖いなとはっきり気付いたのはどこですか」

・「どこまでも、どこまでも、世界の果てまで。わたしたちみんな、雪をふらせる雪うさぎですからね」のところです。

このうさぎの言葉はノートに書き写します。

「この言葉は今までとどこが違いますか」

・今までは、「声」でしたがここは会話です。言葉です。だから意志を感じます。
・「世界の果てまで」は、もうもどれない怖さを感じます。
・今までは、「白うさぎ」だったのが「雪うさぎ」になりました。
・自慢しています。
・正体を現した感じです。

「この言葉を聞いて、女の子はなぜ『どきっ』としたのですか」

・おばあさんから聞いた話を思い出したからです。

「どの言葉にどきっとしたのでしょう。それについては次の時間に話し合いましょう」

本文を音読して終了します。

〈研究〉この場面ではうさぎたちの「声」と表現されていますが、四場面では「歌」と変わっています。後の場面で、あるいは読後にこの違いを考えるのもおもしろいでしょう。言語感覚を育てることにもなります。

〈板書例〉

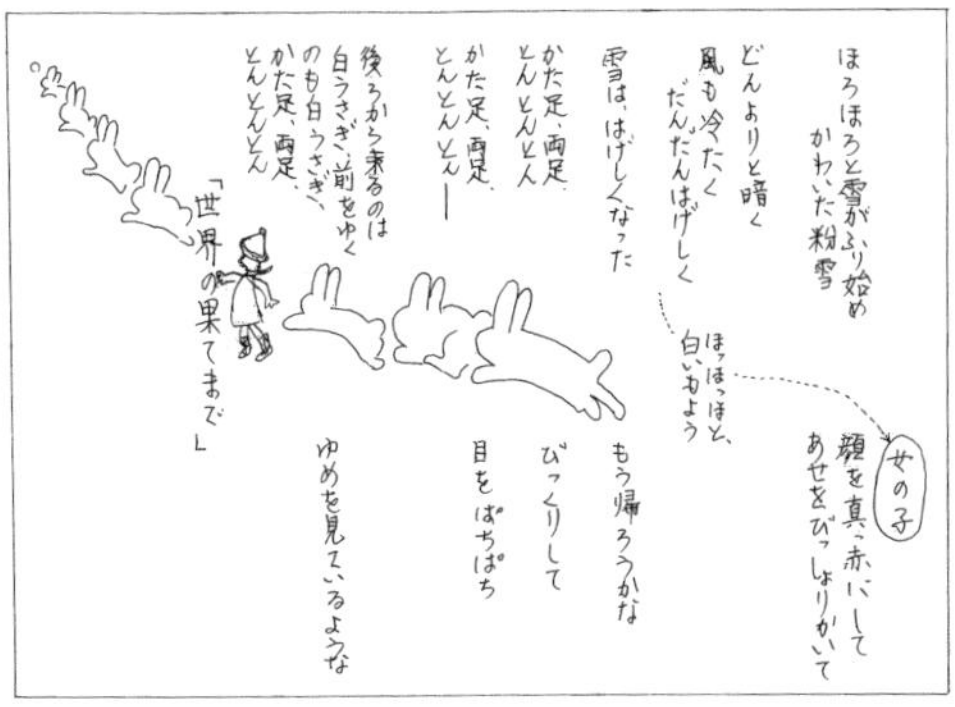

授業展開

第4時

怖さが強まる様子をとらえる

【初雪の～とんでゆくのでした】

■強く感じたところに焦点を当てて、大きくつかむ

学習範囲を読み終わったら、この場面でどんな感じがしたかを話し合います。

・怖い感じがします。

……読み手としての感じ方

・女の子はとても怖くなりました。

……女の子の気持ち

・抜け出さなくてはいけないとわかったのに、抜け出せないから、よけいに怖いです。

……女の子の気持ちと読み手としての気持ちが混じった感想

恐ろしい、怖いという感じはどこから来るのか考えながら読んでいきます。

■おばあさんの話と結び付けて話し合う

「おばあさんの話を思い出したのは、どんなときでしたか」

・「世界の果てまで」、「どこまでもどこまでも」という言葉を聞いたときです。

「女の子は、おばあさんの話を思い出して、なぜドキッとしたのですか」

本文から見付けて線を引かせます。

・初雪の降る日には……の出来事だからです。

・巻き込まれたらもう帰ってこられないから。

・自分が世界の果てまで、飛んで行って雪の塊になってしまうから。

・自分は今さらわれていくところだから。

「このなかで一番怖いなというのはどこですか」

・三つ目・四つ目です。

・話を聞いた時は怖いとは思っていたけれど、それが今自分のことなのだとわかったのがものすごく怖いと思います。

整理するとこうなります。

おばあさんの話
・初雪の降る日、白いうさぎのむれ
・まきこまれたら帰ってこられない
・世界の果てまで行って雪のかたまりになってしまう
⇔
・今の自分の状態・さらわれていく
↓
それに気付いた――恐怖

おばあさんは、うさぎの群れに巻き込まれたらもう帰って来られなくなると言っていた。

主な言語活動

・一番怖いと感じた表現を見付けて話し合う。
・女の子が本当に怖いのは何かを話し合う。
・意味をとらえて言い換える。

その群れに自分が巻き込まれているのに今、気付いた。自分の今の状態を知った、それが怖いのです。

「それで女の子はどうしましたか」

・止まろうと思ったけれども止まれませんでした。

■雪うさぎの言葉をノートに書き、怖さをどこで感じたかを話し合う

「雪うさぎの言葉と女の子の様子から一番怖いと思ったのはどこですか。ノートにそのわけも書きましょう」

〈ノート例〉

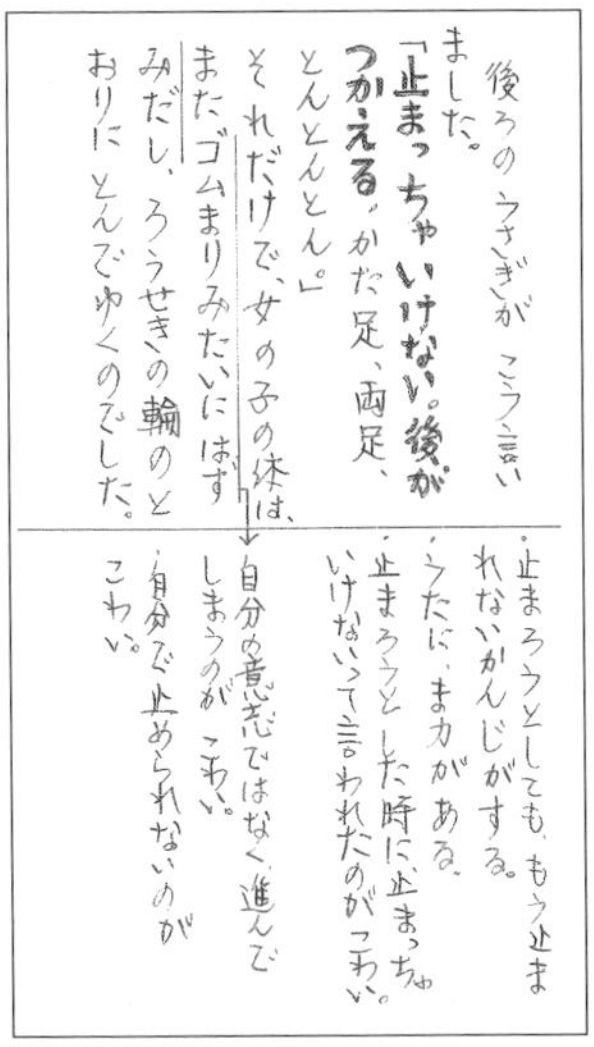
後ろのうさぎがこう言いました。
「止まっちゃいけない。後がつかえる。かだ足、両足、とんとんとん。」
それだけで、女の子の体は、
またゴムまりみたいにはずみだし、ろうせきの輪のとおりにとんでゆくのでした。

・止まろうとしても、もう止まれないかんじがする。
・うたに、まカがある。
・止まろうとした時に、止まっちゃいけないって言われたのがこわい。
自分の意志ではなく進んでしまうのがこわい。
・自分で止められないのがこわい。

・「後ろのうさぎがこう言いました。『止まっちゃいけない。後がつかえる。かた足、両足、とんとんとん。』」が不気味です。それを聞いただけでもう止まれなくなったからです。調子がいいのが怖いです。

・「ゴムまりみたいにはずむ」というのは自分の意志でなく、はずんでしまうことだから、自分で止められないのが怖いです。

・女の子は止まらなくては危ないとわかっています。しかし、それができない状態になってしまいました。わかっていても逃れられないのが恐ろしいです。

・自分の気持ちが相手に読まれている、不気味な感じです。普通ではない感じです。

ほとんど同じところを指摘していても、子どもたちの感じ方は、微妙に違ってきます。それをひとまとめにはしないほうがいいでしょう。

■意味をとらえて言い換える

「『女の子のからだはゴムマリみたいにはずみだし、とんでゆくのでした』が怖いのはどういうことだからですか」

これは事実の文です。それが意味することを、言い換えさせます。

・自分の体なのに、誰かに動かされているからです。

・自分の意志とは反対に、体が世界の果てに向かって進んでいるからです。

・止めようとしても止められないからです。

〈板書例〉

授業展開

第5時　うさぎの歌の変化をとらえる

【とびながら～できないのでした】

■初めて登場した言葉に注目する

第四場面を音読し、感想を話し合います。

・女の子が春のよもぎというおまじないを思い出したことがよかったと思います。
・でも「よもぎ、よもぎ――。」と言いかけたとき、うさぎたちの歌に邪魔をされて、怖いと思いました。

たくさんの感想が出されますが、この二つがこの場面では中心になるでしょう。

「『うさぎたちの歌』と『よもぎのおまじない』ここで初めて登場したのは、どちらですか」

・よもぎのおまじないです。

こうして、説明文でも物語文でも、新しい事態、新しい事柄・情報には注目させるようにします。

この場面は「よもぎのおまじない」という新しい力とこれまでの「うさぎたちの歌」という古い力のせめぎ合いとして読んでいくことになるでしょう。（ところが、ここでは「歌」も言葉としては初めて登場します。「声」から「歌」への表現の変化・格上げです。これについても、注意しておきましょう）

■おばあさんの話を書き直す

「よもぎのおまじないはどういうものですか。ノートに書きましょう」

ここではおばあさんの話を自分なりに理解して書き直します。直接話法を間接話法に直すことにもなります。

主な言語活動

・理解したことをリライトする。
・視写して「よもぎのおまじない」とうさぎの歌からわかること、感じたことを書き、発表する。

〈例〉

・昔、ある子どもが雪うさぎにさらわれそうになったとき、「よもぎ」と唱えて助かった。という話。

四年生のこの時期では、最後に「……という話」としてまとめさせるのがいいでしょう。

■個別から一般へ

これは個別的な一つの例です。そこで次の問いをします。

「どうして、女の子は『よもぎ』と唱えると助かると思ったのですか」

・昔、よもぎのおまじないをして助かった子どもがいる。

だから
・自分もそれを唱えれば助かるかもしれない

この答えは、一つの例から一般化しています。例が一つだということは、果たしてそれで助かるかどうかは、確実性が低いということを意味しています。それが読み手をはらはらさせるのです。

■よもぎについて話し合う

さらにここでは、「よもぎ」という草について知っていることを話し合います。

・おいしい草餅の材料です。
・魔除けの草と言われています。
・薬になる草です。

地方によっては、魔除けとして五月の端午の節句に、よもぎを軒先に飾るところもあります。

「でも、女の子は『よもぎ』とうまく唱えられませんでした。どうしてでしょうか」

うさぎが歌を歌って邪魔したからです。

そのうさぎの「歌」に着目させます。

■雪うさぎの歌を視写して思ったことや感じたことを話し合う

うさぎたちの歌を、「よもぎ、よもぎー」のところから視写します。書き終わったら**「どんな感じがしますか」**と聞きます。

・女の子の邪魔をしている感じです。
・怖い感じがします。

この二つを中心に話し合います。

・女の子が唱えかけたときに白うさぎが歌い出したので、邪魔しています。
・今までは「そろって」ではなかったのに、声をそろえて「歌っている」ので、大きな声で邪魔しています。
・女の子がおまじないをするのがうさぎたちにどうしてわかってしまったのか不気味です。
・「ぼくたちみんな雪うさぎ」という歌で、「もうおまえも雪うさぎ。おれたちと同じだぞ」と言われているようで抜け出せない感じがして怖いです。

ここで、うさぎたちの「声」は「歌」に変わっています。次に、そのことにも触れます。

■雪うさぎたちの必死さを話し合う

「うさぎたちの歌のことで、前と変わったところはありますか」と聞き、言葉に注目させます。

・「ぼくたちみんな」……力を示している。
・雪うさぎ……前は白うさぎだった。正体を現した。
・みんなで「歌って」いる。前は「声」だったのに「歌」になっている。
・歌だから、力強く、調子よく、リズムがある。

これらは、雪うさぎたちが必死になって抵抗している姿です。

・そしてつむじ風が吹いて、前よりも、雪の降り方はますます強まった感じがする。

このようなウサギの歌と雪の激しさを結び付けた話し合いもできるでしょう。

■白さを自慢するうさぎについて話し合う

前と変わったことでは、次のことも挙げられるでしょう。

・「うさぎの白は、雪の白」……これは、白いのを自慢しているみたいです。

この発言はしっかりと受け止めます。これが後になって、よもぎの葉の裏の「白さ」へうさぎたちが惹かれていくことにつながります。「雪の白」が「よもぎの葉の裏の白」と入れ替わるのです。「白」はこの物語のしかけになっているのです。ですから「雪うさぎたちは自分たちが白いことに誇りを持っている・自慢したい」ということをここで押さえておきます。

〈板書例〉

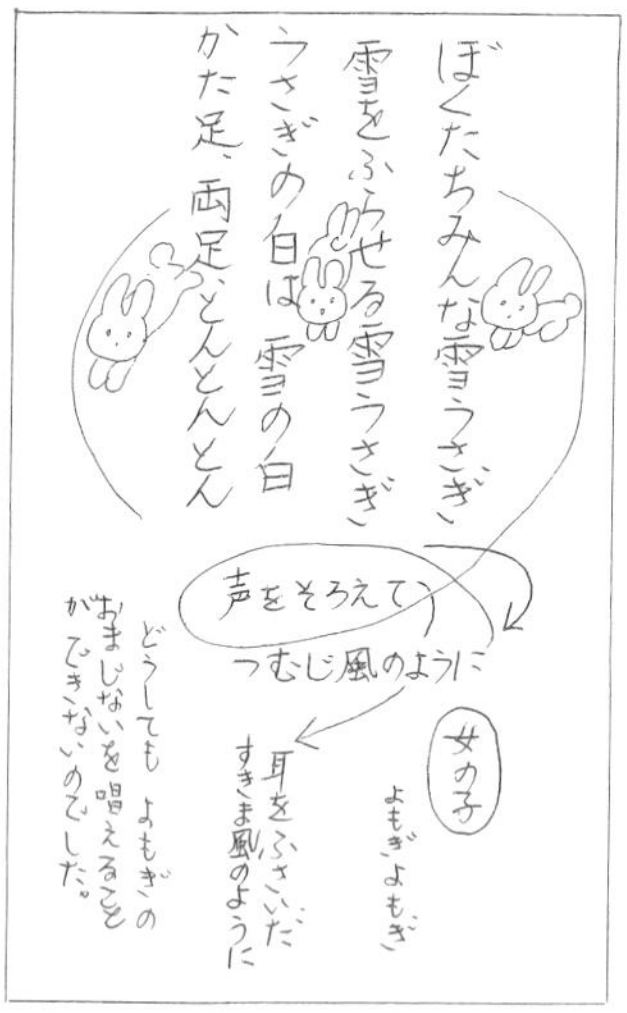
ぼくたちみんな雪うさぎ
雪をふらせる雪うさぎ
うさぎの白は雪の白
かた足、両足、どんどんどん
声をそろえて
つむじ風のように
女の子
よもぎよもぎ
耳をふさいだ
すきま風のように
どうしても よもぎの
おまじないを唱えることが できないのでした。

■「よもぎ」と唱えられない女の子の様子を話し合う

「うさぎたちの歌が聞こえてきたとき女の子はどうしましたか」

・よもぎのおまじないを唱えようとしたけれど、できませんでした。

どうしてできなかったのか、そのわけをノートに書いて話し合います。

・うさぎたちの歌がつむじ風のように入り込んできたから、唱えられませんでした。

・耳をふさいだけれども、うさぎたちの歌声が大きくなって指の隙間から入ってきたので唱えられませんでした。

こうして「春のよもぎ」は、まだ声にはならないことを、押さえます。

後でも述べますが、このお話には雪国の人々の雪への恐れと、ありがたさへの思いが底流として流れています。この場面では、雪の怖さです。雪うさぎの歌は吹雪のすさまじさを暗示しています。吹雪が荒れ狂いどんなにふさいでも隙間風と一緒に家のなかにまで入り込んできて生活を脅かす雪が暗示されているのです。

しかしそれは、春の田畑を潤す水になるのです。雪うさぎの歌が、雪の白さだけを歌っているのには、まだ救いがあるのです。

本文を音読して終了します。

〈ノート例〉

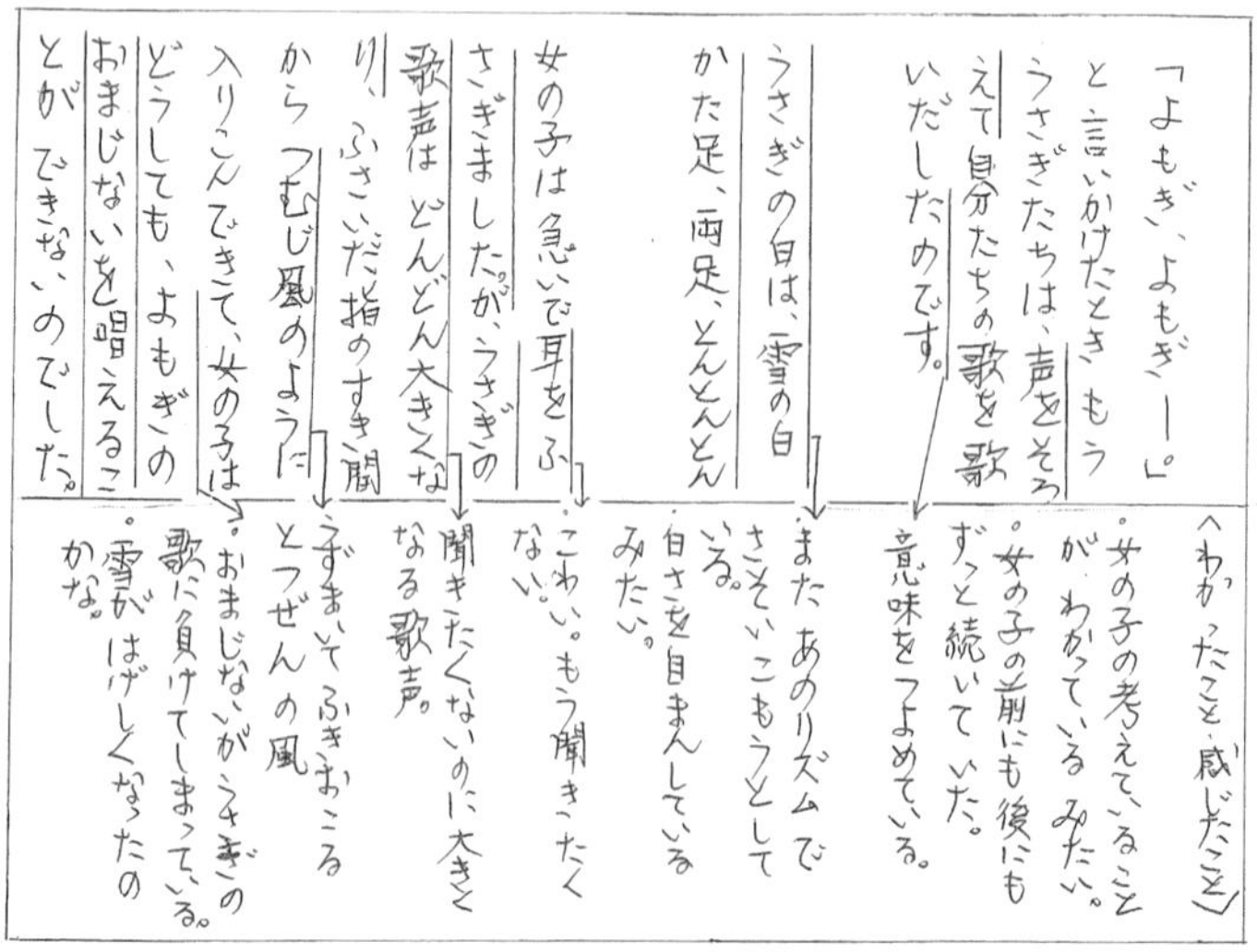
「よもぎ、よもぎー」
と言いかけたとき もう
うさぎたちは、声をそろ
えて自分たちの歌を歌
いだしたのです。
うさぎの白は、雪の白
かた足、両足、どんどんどん
女の子は急いで耳をふ
さぎましたが、うさぎの
歌声は どんどん大きくな
り、ふさいだ指のすき間
から つむじ風のように
入りこんできて、女の子は
どうしても、よもぎの
おまじないを唱えるこ
とが できないのでした。
〈わかったこと・感じたこと〉
・女の子の考えていること
がわかっているみたい。
・女の子の前にも後にも
ずっと続いていた。
意味をつよめている。
・また あのリズムで
さそいこもうとして
いる。
白さを自まんしている
みたい。
・こわい。もう聞きたく
ない。
聞きたくないのに大きく
なる歌声。
・うずまいて ふきおこる
とつぜんの風
・おまじないがうさぎの
歌に負けてしまっている。
・雪がはげしくなったの
かな。

授業展開

第6時　雪うさぎと対比して女の子の様子をとらえる

【こうして白うさぎ～心の中でさけびました】

主な言語活動

・女の子の様子を抜き書きして、感じたことを話し合う。
・うさぎの歌を抜き書きして、変化を見付ける。
・イメージをつかんで群読する。

■道筋を書き出して、場面の様子を話し合う

特に「もみの森」「こおった湖」に注目させます。もみは高冷地にあること、湖が凍るということはマイナス何十度の世界であることを押さえます。

ここでは、今、女の子がどこにいるかを問うことから始めます。

「女の子は今、どこにいますか」

・これまで一度も来たことのない、遠いところです。

「そこでの女の子はどういう状態ですか」と全体の様子を捉えさせます。

・もう駄目だと感じています。
・それでおばあちゃん助けてと叫びました。

この発言を受けてそれまで通ってきた道すじを書き抜き、話し合います。

〈ノート例〉

もみの森をぬけ……小さな草屋根の家
こおった湖をわたり…**谷間の村**
……さざんかのさいた
小さな町
工場のある
大きな町もあった
→遠いところまで来た

■女の子の気持ちを話し合う

道筋での女の子の気持ちを読み取らせます。

・誰かに気付いてほしかったと思います。
・「けれども、人々はだれも、うさぎのむれと女の子に気づきません」というから、大きな町を通ったときに、ひょっとしたら誰か気付いてくれるかもしれないと願っていました。

これまで来たこともない遠くに来てしまった悲しさ、怖さを話し合います。

■人々の様子について話し合う

「『ああ、初雪だ』とつぶやいて通りすぎる人たちはなぜ、女の子に気付かなかったのでしょうか」

前段のおばあさんの話を思い出させるようにします。

・もう目が回るくらいの速さだから、人の目には一本のすじにしか見えなかったのだと思います。

・すごい速さなので、人々には白うさぎも女の子もただの雪にしか見えませんでした。
・「初雪だ」と小走りで急いでいるので気付きませんでした。
・女の子の赤いセーターの上に雪が降り積もって、白くなったので、見分けがつかなかったからです。

ここは、あわただしい忙しい日常を送っている人には、大切なもの・恐ろしいものが見えないのだということを暗示しています。

■女の子の様子を視写して釣り込まれていく怖さを話し合う

おまじないを唱えようとする女の子の様子を視写してから話し合います。

「女の子の声はつりこまれてしまう」

ここを中心に話し合います。

「釣り込まれてしまうとはどのようになったことですか」

・よもぎという言葉が唱えられない状態です。
・釣り込まれてしまうから、歌いたくなくても女の子もうさぎたちの歌を歌ってしまうような感じです。
・女の子も釣り込まれて「うさぎの白は雪の白」と歌ってしまったかもしれません。

■聞こえた歌から受ける感じを話し合う

その時に「聞こえた」歌はどういう歌かを話し合います。

「『うさぎの白は雪の白』の歌からどんな感じがしますか」

・白さを強調しています。
・「うさぎの白は雪の白」だけが、女の子の耳に聞こえていたのかも知れません。

これまでは「ぼくたちみんな雪うさぎ、雪をふらせる雪うさぎ」という言葉があったのに、ここではそれは書かれていないことに注目しての発言です。後の「よもぎの葉の裏の白さ」への気付きとつながっていく発言です。しかも全部聞こえなかったということは、それだけが女の子の耳に届いていたと考えられます。

耳の底に残った『うさぎの白は雪の白』。これは、なぞなぞを思いついたことにつながる歌だったのです。

■助けを求める女の子の様子について話し合う

「『おばあちゃん、助けて――。』女の子は、心の中でさけびました。』というところから、女の子のどんな気持ちや様子がわかりますか」

・「心の中で」というのは、もう声に出して言えなくなってしまったくらい弱っているからだと思います。
・しかも、後はダッシュ（――）だから心の中の叫びも途切れそうな感じがします。

この話し合いのなかでは、「もうだめかもしれない」という極限状態での女の子の叫びをとらえることになります。

・おばあちゃん助けてと言ったのは、いろいろなことを経験しているおばあちゃんなら、何とかしてくれるという願いがあったからです。
・お年寄りは物知りだから、助けてくれると思ったのかもしれません。

〈ノート例〉

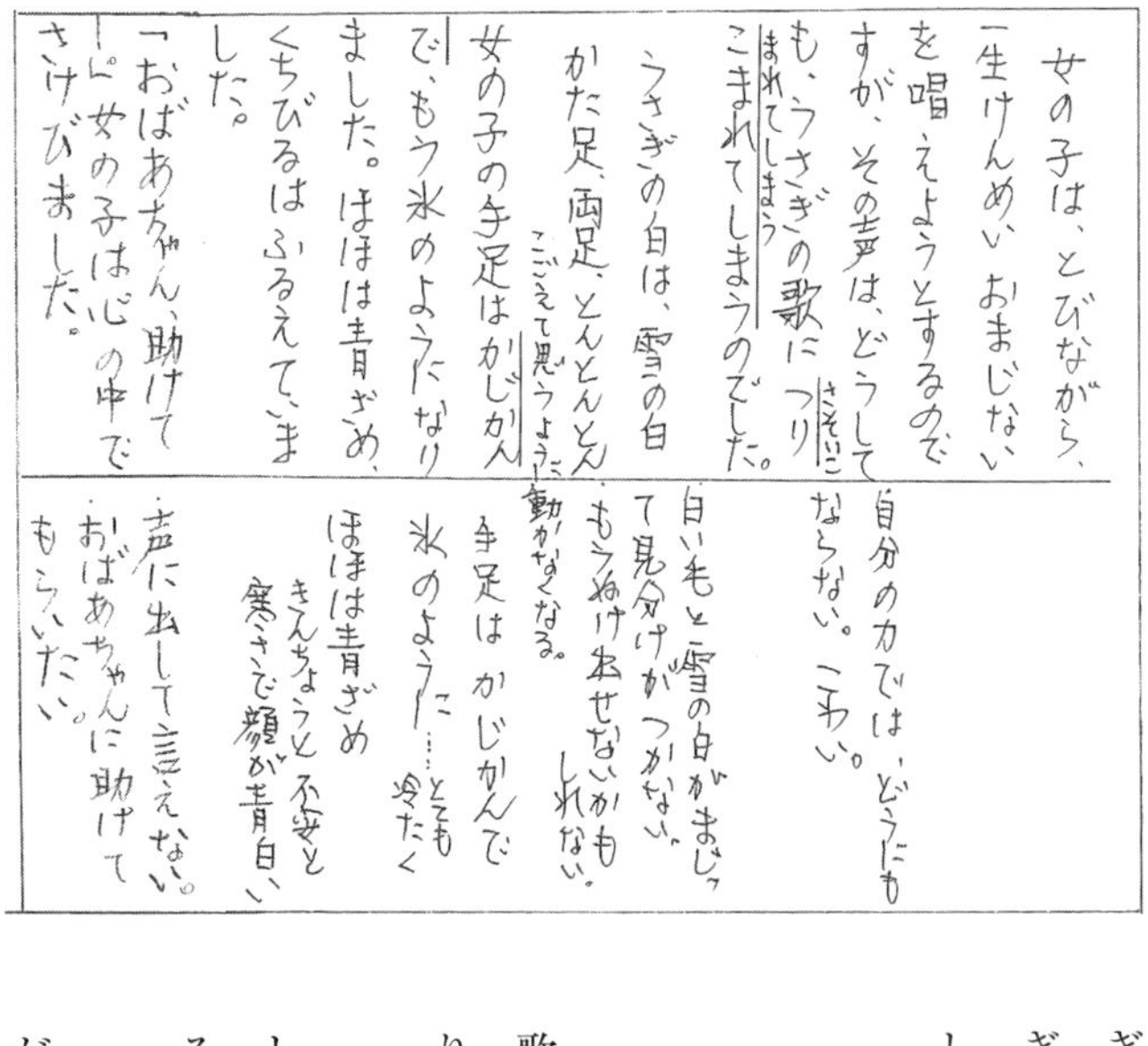
女の子は、とびながら、一生けんめいおまじないを唱えようとするのですが、その声は、どうしても、うさぎの歌につりこまれてしまうのでした。
うさぎの白は、雪の白かた足、両足、とんとんとん
女の子の手足はかじかんでもう氷のようになりました。ほほは青ざめ、くちびるはふるえてきました。
「おばあちゃん、助けてー」女の子は心の中でさけびました。
自分の力では、どうにもならない。こわい。
白いもと雪の白がまじって見分けがつかない。もうぬけ出せないかもしれない。
こごえて思うように動かなくなる。
手足はかじかんで氷のように……とても冷たく
ほほは青ざめ きんちょうと不安と寒さで顔が青白い
声に出して言えない。おばあちゃんに助けてもらいたい。

■うさぎの歌を群読する

本時の終わりでは、学習範囲の音読をします。今回は地の文の読み（「こうして、白うさぎのむれと女の子は、もみの森をぬけ」から「『おばあちゃん、助けて――。』女の子は心の中でさけびました」まで）に、うさぎの歌を重ねて音読します。BGMのようにうさぎの歌がずっと流れるようにします。白うさぎの歌は、前ページのものも加えるとよいでしょう。

○地の文……一人
○白うさぎの「歌」……数人
○女の子の声……一人

この三つを重ねて音読すると、白うさぎの歌が流れていて、それに囲まれて女の子が通り過ぎていく様子を表すことができます。

そうすることで、女の子が、釣り込まれてしまう場面、よもぎと言えない場面を実感することができます。

もちろん一人で読んでも構いません。一人がいいのか、グループでの群読がいいのか、試してみてください。また、子どもたちには、強弱・音色・速さなど、工夫を考えさせて音読をさせてみてください。

〈板書例〉

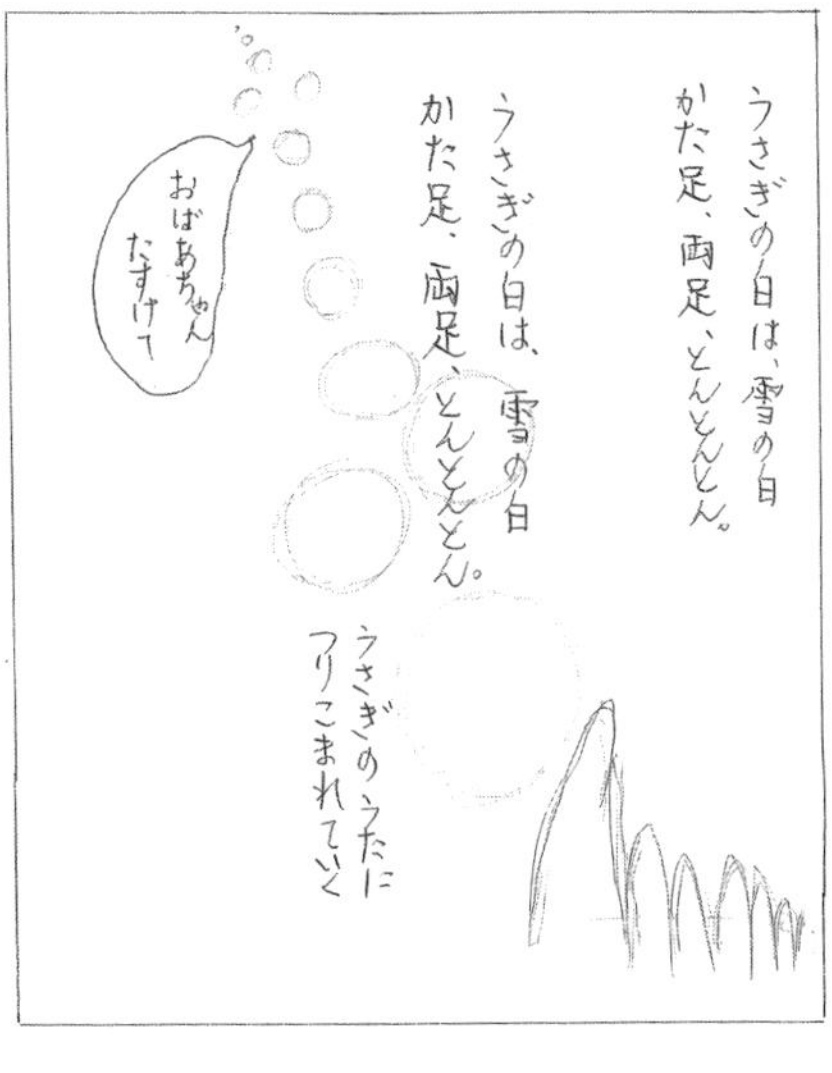
うさぎの白は、雪の白
かた足、両足、とんとんとん。
うさぎの白は、雪の白
かた足、両足、とんとんとん。
おばあちゃん
たすけて
うさぎのうたに
つりこまれていく

授業展開

第7時 なぞなぞのもつ秘密を見付ける（1）

【このときです～とさけびました】

主な言語活動

・よもぎの葉の様子を書き抜く。
・女の子の変化について話し合う。
・なぞなぞを視写して、思いついたわけを話し合う。

■場面の変化を大きくつかむ

この場面で物語は大きく変化します。第六場面を音読したあと、大きく全体をとらえる発問をします。

「この場面ではどんなことが起こりますか」

・よもぎの葉を拾って女の子は元気になりました。
・なぞなぞを聞いた雪うさぎたちの様子が変わりました。

この二つを中心にして読んでいきます。

■よもぎの葉を拾った時の女の子について話し合う

「よもぎの葉はどのように書かれていますか。また、そのときの女の子の様子を見付けましょう。」

見付けた様子を発表させます。よもぎの葉と女の子の様子を黒板の上段と下段に分け、関連させて板書していきます。

〈板書例〉

よもぎの葉の様子
一まいの葉 ↓
あざやかな緑
うら側には白い毛の
ふっくりと付いた
やさしい

女の子の様子
思わず拾い上げる
↓だれが、落としてくれたの。
そっとむねに当ててみました。

こうして、**「どんな感じがしますか」**と聞きます。

・心が安らぐ
・安心できる

次に、「うわあ、だれが。だれが、落としてくれたの」を取り上げます。

「うわあ」「だれが。だれが」《繰り返し》

ここに喜びの強さが表れています。さらに「胸に当てた」という行為から「大事なものとして扱っている」ことに気付かせます。だから、このときたくさんの声が「胸」に聞こえてきたのです。

■女の子の気持ちを書き抜き、変化をとらえる

よもぎを胸に当てたときの女の子の気持ちが書いてあるところを視写してから話し合います。ここは女の子が変化するところなのでしっかりと書かせます。

「女の子の気持ちはどう書かれていますか」

・だれかにはげまされているような気がしてきました。

・たくさんの小さなものたちが、声をそろえて、がんばれがんばれと言っているように思えてきました。

・草の種のいぶきが胸に伝わってきました。

これらのことから、女の子の変化を話し合います。

「ここで女の子はどう変わりましたか」

・希望が出てきました。

・土の下の草の種たちの息吹が伝わって力がわいてきました。

・息吹というのは呼吸していること、生きているということです。

こうして女の子の変化をとらえます。

■なぞなぞを思いついたわけを話し合う

「よもぎの葉っぱのうら側は、どうしてこんなに白いのかしら。」

このなぞなぞを視写してから、話し合います。

〈板書例〉

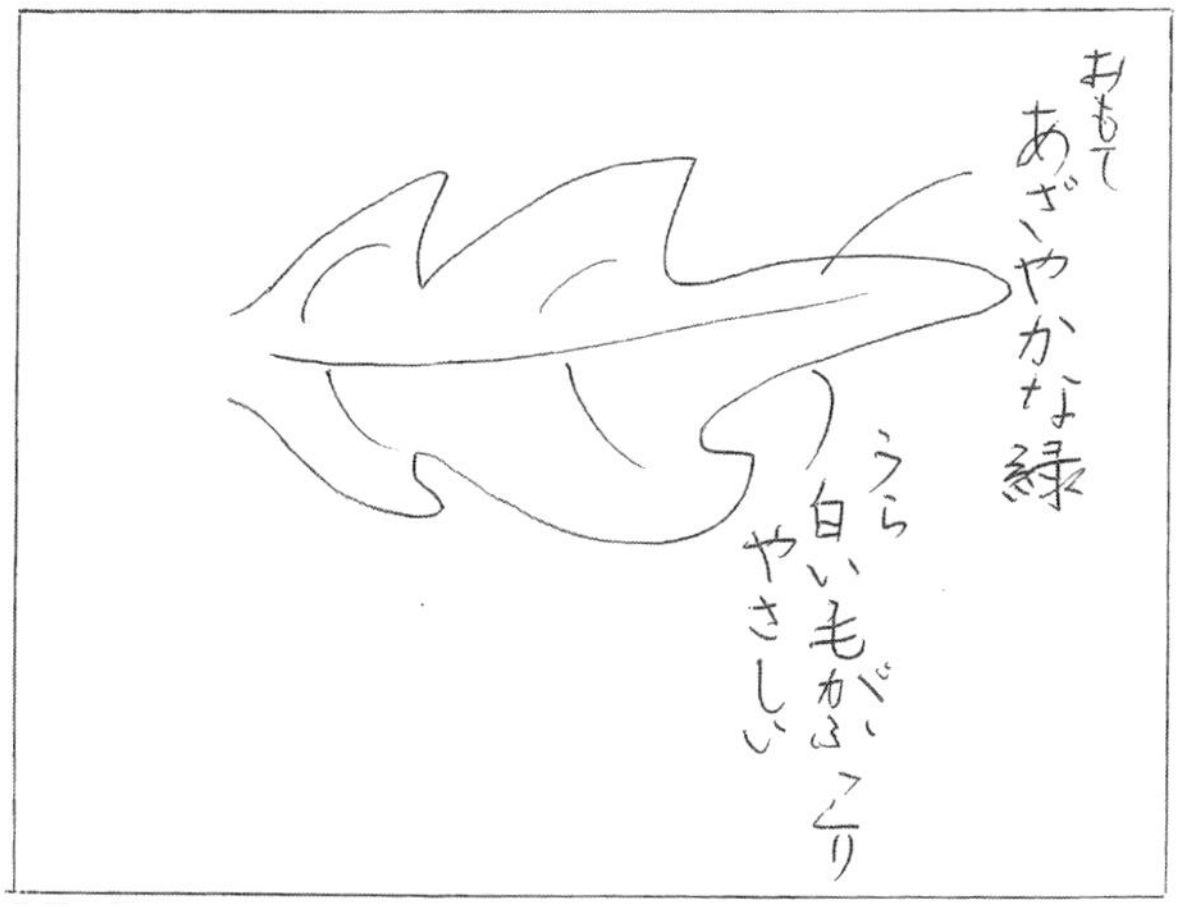

「どうして裏側の白いことをなぞなぞに出したのでしょうか。なぜこれを思い付いたのでしょうか」

・「うさぎの白は、雪の白」という歌をずっと聞いていたので、「白」が頭に入っていて、よもぎの裏の白を思い付いたのです。

・白いことをうさぎたちが自慢していたからです。

・春を待っている小さな草たちの種が応援してくれたから、思い付きました。

・よもぎの葉を胸に当てることができたので心に余裕ができたからです。

前の「おばあちゃん、助けて」は心の中で叫んでいますが、この時は、声に出しています。女の子が何かを振り払い、自分を取り戻した様子として叫びをつかむことができるでしょう。

■「なぞなぞ」の素敵さを話し合う

「女の子は、『すてきななぞなぞ』が浮かんできました。どんなところが素敵なのですか」

・よもぎの葉に関係があるから。

・よもぎの白さを雪うさぎの白さと結び付けたからです。

・雪うさぎが喜ぶなぞなぞだからです。

（このことについては、日本的な、解決の仕方があるようです。相手を喜ばせる、いいところ・共通性を指摘してやることで和解ができるのです。一三三ページコラム参照）

授業展開

第8時

なぞなぞのもつ秘密を見付ける（2）

【これを聞いて～かた足・両足とんとんとん】

前時までを振り返った後で本文を音読して範囲を確認します。本時ではうさぎの歌の変化やなぞなぞの答えが持つ意味を考えます。

■うさぎの足取りの変化のわけを話し合う

「なぞなぞを聞いて変化したうさぎの様子はどう書かれていますか」

・足取りがみだれました
・ちょっとよろけて
・歌声が途切れた

なぜこのように変化したのか自由に話し合わせます。

・「うら側は、どうしてこんなに白いのかしら」の「白い」という言葉が気になりました。
・白は自分たちの一番自慢したいことだから、気になりだしました。
・今まで、白いものは雪だと思っていたけど、よもぎが「白い」と言われて、「おや、そうかな。」と思って歌声が途切れたと思います。

このような、「白い」ということに視点を当てた話し合いになるでしょう。さらに考えます。

「足取りが乱れる、歌声が途切れるということは、どういうことを表していますか」

・雪うさぎたちの力が弱まったことです。
・吹雪も弱くなっていったことです。

そのあと、女の子の自信に満ちた言葉を読んでいきます。

主な言語活動

・うさぎの歌を書き抜き、変化について話し合う。
・なぞなぞの「答え」を書き抜き、うさぎたちを変えたわけを話し合う。
・どっさり落としたものについて書く。

■喜んでいるうさぎたちの歌を抜き書きして変化を見付ける

喜んでいるうさぎたちの様子が書かれているところを歌も含めて、少し前から書き抜きます。

うさぎの色は、春の色
よもぎの葉っぱのうらの色
かた足、両足、とんとんとん

「歌の言葉が変化しているところを見付けましょう」

・うさぎの白は「雪の白」だったのが「春の色」に変わっています。
・「よもぎの葉っぱのうらの色」に変わっています。

前は、よもぎという言葉を言わせないよう

に邪魔をしていたのに、ここでは自分たちが「よもぎ」と歌い出したことに大きな変化があります。

この変化をもたらしたのは、女の子の「答え」だったことをここで押さえます。

■どっさり落ちたのは何かを書く

女の子の「答え」をノートに書き写します。

> あれは、みんな、うさぎの毛
> 野原でうさぎが転がって
> よもぎの葉っぱのうら側に
> 白い毛がどっさり落ちたのよ

「これを聞いてうさぎたちはどうして喜んだのでしょうか」

ここは、ノートに書いてから発表させたいところです。

・よもぎの葉っぱは、俺たちが役に立ったのだと思っているからです。

・俺たちの白さがよもぎに移ったんだ。よもぎは俺たちの体のようなものだと自慢に感じているからです。

・この女の子の答えも調子がいい歌になっているからです。

これらの発言を受けて、深めていきます。

「どっさり落ちたうさぎの毛は、何を意味していますか」

・どっさり雪が降ったということです。

・白い雪がよもぎの裏の白さになったということです。

・よもぎの裏には、白い毛がたくさんあるのです。うさぎの毛に似ているからです。

・前に「うさぎの白は雪の白」と歌っていたので、雪の白さがよもぎの白さになったことを意味しています。

たくさん、たくさん降った雪が溶けて、水となり、よもぎを育て、それが人知れず葉の裏側に白い毛としてこっそり隠れている。あなたたち雪うさぎはここにいるのですよ。そう言われて喜んでいるのだと考えられます。

また、雪が溶けて、その水が春の草たちを養い、育てていることにもつながっています。「人を困らせる雪が、実は、こんなに役に立っています」と言われて雪うさぎが喜んだのです。草の種もそれを望んでいるから、応援したのです。

話し合いのなかでは「転」という漢字に注目させるとよいでしょう。

転がる→変化する

という意味も含まれています。

雪が溶けて水になることを暗示しています。

〈板書例〉

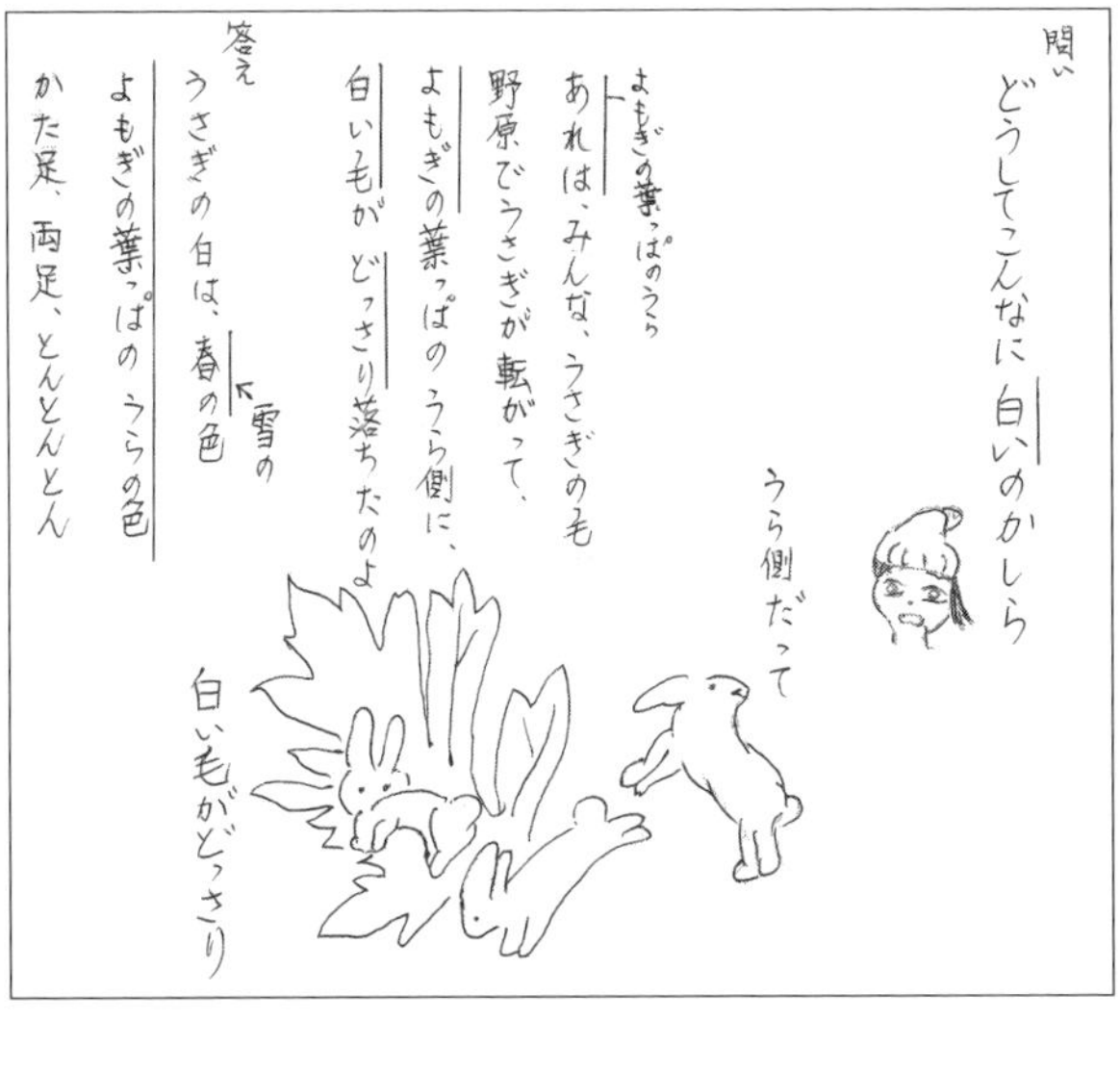
問い
どうしてこんなに白いのかしら
うら側だって
よもぎの葉っぱのうら
あれは、みんな、うさぎの毛
野原でうさぎが転がって、
よもぎの葉っぱのうら側に、
白い毛が どっさり落ちたのよ
答え
うさぎの白は、春の色
雪の
よもぎの葉っぱの うらの色
かた足、両足、とんとんとん
白い毛がどっさり

授業展開

第9時

大きな転換と女の子の変化をとらえる

【すると、どうでしょう〜なりました】

■周りの様子の変化と女の子の気持ちを読み取る

「女の子と周りの様子は、一言で言うと、どのように変わりましたか」

・暖かい感じになりました。

・明るい感じです。

変化を、このように大きくとらえます。

「どこから、明るさ・暖かさを感じたのですか」

・女の子は、とびながら、花のにおいをかいだような気がしました。

・小鳥の声を聞いたような気がしました。

・あたたかい春の日をいっぱいに浴びて、よもぎの野原で石けりをしているような気持ちになりました。

・女の子の体は、だんだん温かくなり、ほほは、ほんのりばら色になりました。

ここには明るさ・暖かさ・春をイメージさせる言葉があふれています。場面の好転をこうしてとらえます。

■女の子の変化を考える

「よもぎ、よもぎ、春のよもぎ」と叫んだ女の子について、どう感じたかをノートに書いて話し合います。

・たまっていたものを吐き出すように叫びました。

・何か解放された感じです。

・初めに道にしゃがんでいた女の子よりも、強い明るい感じになっています。

こういう話し合いで、初めのひっそりと寂しげだった女の子が、外に向かって叫ぶように変化・成長したことも読み取れるかもしれません。

実際の授業では、教師がこういう発問をするのではなく、「ここでも女の子は叫んでいる」という子どもの気付きから考え合うようにしたいものです。

〈板書例〉

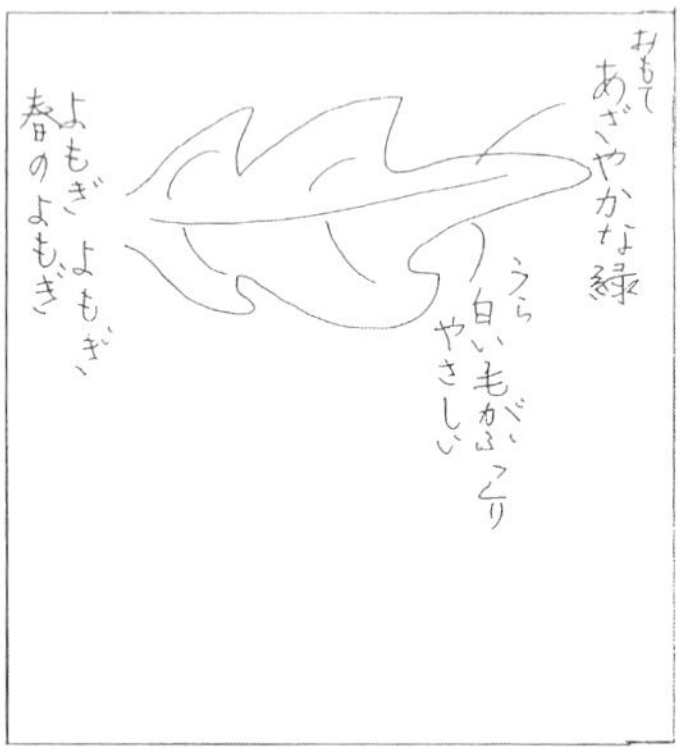

主な言語活動

・まわりの様子の変化と女の子の変化を話し合う。

・場面の大きな転換をノートにまとめる。

・町の人になって話を書く。（リライトする）

■場面の大きな転換について話し合う

第七・八場面を音読します。

「この場面を読んでどう感じましたか」

・大きく変わりました。
・現実の世界に戻りました。
・女の子が助かってよかったです。

このように、場面の転換を大きくつかみます。

「どんなふうに変わったか見付けましょう」

次のように三つに整理してノートに書き出します。

【現実の世界に戻った様子】

・「気がついたとき」と書いてあるから夢から現実にもどった感じがする。
・うさぎが消えていた。
・石けりの輪がない。
・手のなかのよもぎが消えていた。

今まで見えていたもの、あったものがなくなって、現実の世界に戻ったことを押さえます。

【女の子の気持ちと様子】

・知らない街の道をとんでいた（のに気付いてとぶのをやめた）。
・助かったと安心した。
・足が棒のようになって疲れて動けない。

【周りの様子】

・雪がほろほろとまっている。小止みになった。（初めのころの降り方にもどる）
・町の人が周りにいた。

ここでは雪が小止みになっていたこととうさぎたちの世界が消えたことが関連付けられた話し合いができます。

実際には、初めに変化を出させておいてから、それらを見ながら後で三つに整理させていきます。

思わず顔を出す作者

ここでは、作者が顔を出しています。そこには、作者の気持ちが込められています。

「そうです。それは……草の種の声でした」

ここでは、よかったね、と新しい力の登場を喜んでいます。じっと雪の下で寒さに耐えている種たちの気持ちをその息吹を強調しています。私たちは冬に耐えて春を待つ人々を思い浮かべることになります。それが、女の子を助けることにつながっていきます。

「するとどうでしょう。……」

大きな変化が起こったのですよということを言いたいのです。ですから、どんな変化なのかを読んでいくことになります。他にも、

「こんな歌を歌い始めたのです」

「前にも後ろにも、うさぎ**なんか一匹もいません**」

という表現もあります。これも作者の思いの表れです。（今井）

■一人の年寄りの言葉について話し合う

「『この子は、きっと、白うさぎにさらわれそうになったのだ』という年寄りの言葉からどんなことがわかりますか」

・信じられないほど遠くから来たのだから、これ以外には考えられないと思いました。
・初雪の日にやってきたからそう思いました。
・このお年寄りも、昔こんな話を聞いていたのだと思います。
・女の子は自分の村の名前は言ったけれど、雪うさぎにさらわれそうになったことは言わなかったということです。

最後の発言は重要です。さらに読み深めます。

「なぜ、女の子は雪うさぎのことは言わなかったのでしょう」

・言っても信じてもらえないだろうと思ったからです。
・もうこのときは覚えていなかったからです。
・疲れていて話す元気がなかったからです。

これらをもう少し深めていってもよいでしょう。

■町の人たちはあとでどんなことを話したかを想像して書き、交流する

女の子の様子を見て、年寄りの言葉を聞いて、町の人たちはどんな話を家に帰ってしただろうか。一人の町の人になって話したことをノートに書いて交流します。こうすることで最後の場面を自分なりに再構成（リライト）することになります。

次のような書き出しの例を挙げてもよいでしょう。

○不思議なことがあるものだねえ。……
○これ、あなたはどう思う。……
○こんなことがあったんだよ。……
○町を歩いていたらね。……
○あの子どこから来たのかなあ。……

〈例文〉

〈娘に語るおじさんの話〉

不思議なことがあるものだねえ。

今日、町へ行ったら、遠くの町から歩いてきたという女の子がいたんだ。石けりをしているうちにこの町へ着いたらしいが、途中には山も湖もあるし、あの吹雪だからね。

町の年寄りは、

「きっと雪うさぎにさらわれそうになっていたんだ。」

と言っていたが、今日は初雪だったからね。

それにしても、よく助かったものだ。こんな日は、みんな気を付けなくてはいけないよ。おまえも気を付けるんだよ。

何人かに発表してもらったら、そのあとはグループや、ペアで交流します。

そのあと本文を音読して終了します。

授業展開

第10時 読後感を書く

■読後感に光を当てる

ここまで、子どもたちの感想をもとにして学習してきました。しかし、話し合いはやはり「この物語の筋を追って」が中心でした。子どもたちは、実はそれ以外でも心に引っかかったりした部分があるのです。また、もう少し深めたいところもあり、自分だけのこだわりがあったのです。

そこで、この話を読んで、学習してきて、心に残ったことや引っかかること《読後感》にもう一度改めて光を当てることにします。あらすじや出来事の筋を追ってではなく、読み終わって心に残ること、心に引っかかっている言葉・場面を中心にして感想文を書きます。

■一番心に残ることを書く

この話を読んできて一番心に残ること、怖かったこと不思議に思ったことおもしろかったことなどを一つだけ書きましょう。（二つ書きたいという子がいたら、二つ書いても構いません）

次のような例をあげておきます。

・よもぎが輪のなかに落ちていたのが不思議だった。

……この子はヨモギに視点を当てながらしかも、どうして輪のなかなのかを考えて感想文を書くことになるでしょう。

・雪うさぎが春の歌を歌う場面がいいと思った。

……これを感じた子は、うさぎたちの歌の変化や、うさぎが春の歌を歌ったわけやその気持ち、そして人々の春を待ちわびる思いを書くことになるでしょう。

以下、例を挙げてみます。

・どこまでも続く輪の列が不気味でした。

・おばあさんって物知りだなと思いました。

・雪うさぎは冬の吹雪かなと思いました。

・なぞなぞで解決するというのが面白かったです。

・女の子が叫んだというのが気になりました。

こう見てくるとかなり個別的です。これらをもとに感想文を書きます。

■感想文の書き方・題がポイント

どこでそれを感じたか、本文・言葉に線を

主な言語活動

・自分の読後感を感想文に書き、友だちと読み合い、交流する。

・安房直子のほかの作品を読む。

引かせます。あるいは書き抜きます。

　関連する個所も見付けて線を引きます。あるいは書き抜きます。自分がそう思ったわけも書きます。これまでの自分の経験と比べることもあります。

　これらをもとにして、心に残ることに沿って題を考えます。この「題」をどうつけるかがポイントになるでしょう。書きたいことを鮮明にするからです。


〈例文〉

四年　木下　英莉香

　女の子は雪ウサギにつれ去られそうになった時、どうやったら帰れるか一生けん命考えたと思います。

　生きて帰れた子供のようにおまじないをとなえようとして、となえられなくなった。だからもう家族にお別れする時が来たと泣きそうになったけど、それでも帰る方法を考えていたので、私も一緒に考えてしまいました。

　女の子がおばあちゃんに助けを求めた時にみつけたよもぎの葉っぱはおばあちゃんのおくり物だったと思います。

■感想文を読み合う

　一斉授業として全体で読み合います。初めに、何人かに読んでもらい、そのあとでグループで読みます。読んだらコメントを書くようにします。

　コメントを書く際に「……と書いてあるところから……さんの……な気持ちがわかった」など、友だちの表現に沿ってコメントを書く例を示すとよいでしょう。

■安房直子のほかの作品を読む

　学校図書館や、地域の図書館などから借りてきて紹介します。地域の図書館には団体貸し出しで借りられる所もあります。事前に依頼しておけば本をそろえておいてくれる場合もあります。

■読み聞かせをする

　安房直子さんの短い作品を一編、読み聞かせます。四年生になっても、子どもは本を読んでもらうのが好きです。また、好きにさせたいものです。

　読み終わったら感想を聞きます。

　安房直子さんの作品には「初雪のふる日」のような不思議な読後感のものが多くあります。この読後感を楽しみにして、子どもが本を読んだり、感想を書いたりすることが大事です。

　話の世界に浸り、楽しむことができるような授業をし、物語の世界の楽しさに引き込むきっかけになるような読み取りをします。

雪とともに生きる物語

この物語は、魔力を持った白い雪うさぎが、女の子をさらっていく話です。その女の子を助けたのは、「おばあさんの話」に出てくる「よもぎ」です。よもぎは、春一番に芽を出し、春の訪れを告げる草です。三月の桃の節句の草餅になり、五月の端午の節句には軒先に飾られる草です。薬草でもあります。

雪うさぎを「冬の間、人々を閉じ込めてしまう恐ろしい雪」と読むことができます。しかし、どっさり降った雪が溶けて、（物語では「転がって」と書いてあります）田畑を潤してくれます。恐ろしい雪が、生き物の命を育む水になるのです。

よもぎも、葉の表の緑を支えているのは、裏の白い毛です。ここもまた象徴的です。雪は困るものではありますが、春の命を支えてくれています。しかも、「裏」つまり陰に隠れているのです。

そう思えば、雪に閉じ込められていても、心は明るくなります。春を待つ人々の思いがある作品です。

登場する魔力のある雪うさぎは、「倒すべき敵」ではありません。そのよさを認めることで、「共に生きていく」ことができることも、また教えてくれています。「雪に勝つ」のではなく、「雪と共に生きる」という人々の思いがここにはあります。「自然を敵にはしない」という日本的な考え方を感じる話です。

また、おばあさんの役割についても、「年を取った人の知恵を大事にしたい」という考えがうかがわれます。さらに、このような話を、孫に聞かせているおばあさんの姿を思い浮かべながら読むことができる物語です。

（今井）

Ⅱ

説明文　たしかな読みを

1 まとまりをとらえて、段落のつながりを考えて読む

「ヤドカリとイソギンチャク」

武田正倫（作）
（東京書籍・四年上）

問いの文と答えの文に着目して、まとまりを押さえて読む。挿絵を使って、具体的に説明することを取り入れて読む。

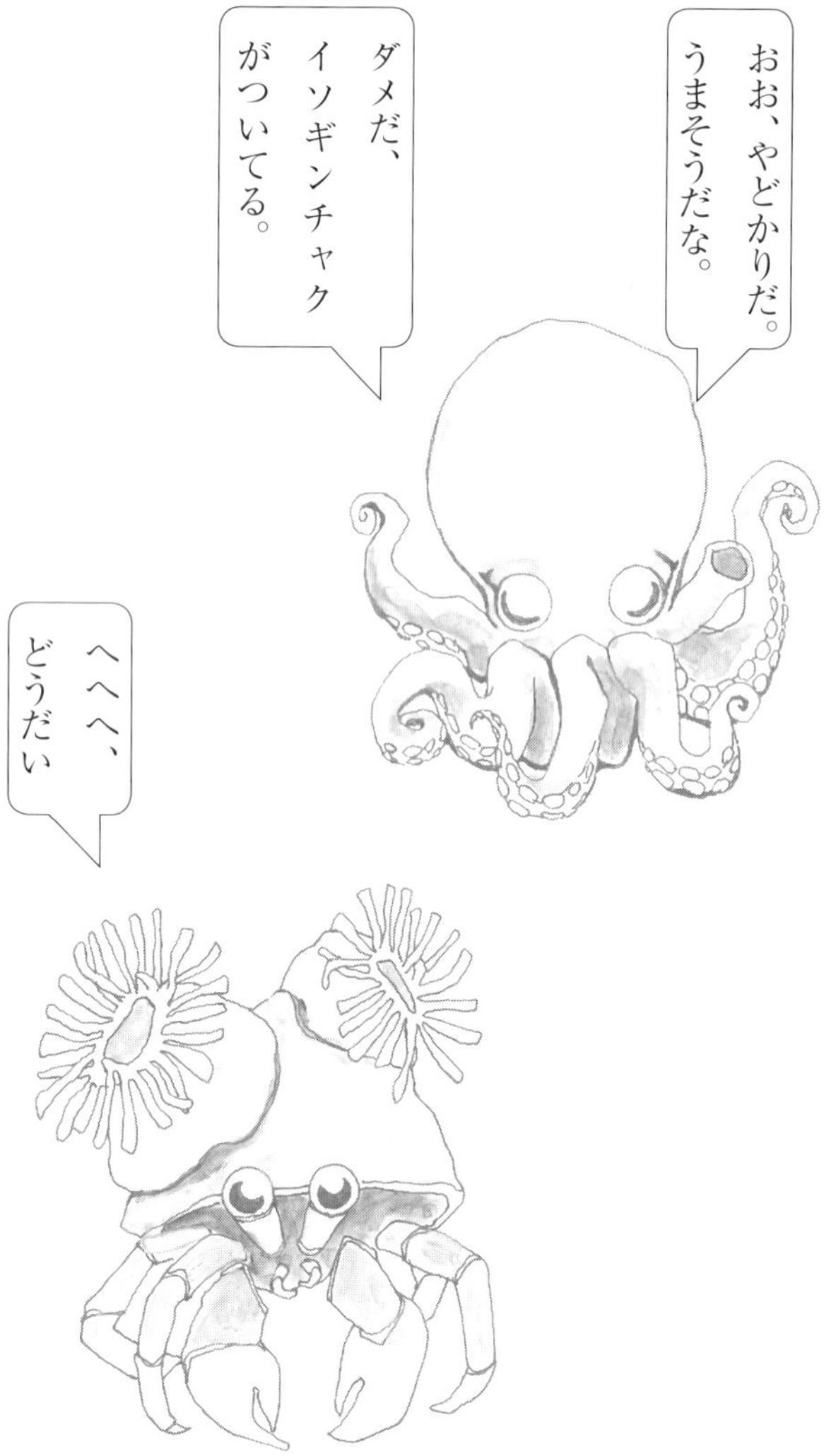

おお、やどかりだ。うまそうだな。
ダメだ、イソギンチャクがついてる。
へへへ、どうだい

ねらいと学習の重点

この説明文の特徴は、問いが発展・変化していくことです。

話題・事実→**課題**→実験観察・解決→**新たな課題**……という展開です。

読むときには、課題・問題を押さえてそれがどこから来ているかを考えます。また、それをどう解決していったか、実験観察及び考察を読んでいきます。これらの過程で、段落相互の関係が明らかになります。

それが「まとまり」につながって行くような学習を展開します。内容の押さえと形式の押さえの両方をしていきます。その際、短い文にまとめる活動も取り入れます。

挿絵を使って、実際の動きを言葉にしたり、両者の関係を具体的に説明したりする活動も取り入れます。それを説明文に書き換えます。子どもたちの疑問や驚き、興味関心をも大事にして進めたいものです。

■学習指導計画〈8時間〉「ヤドカリとイソギンチャク」

時	学習内容	学習活動
1	全文を読み、全体を大きくつかむ	・題名から内容を予想して話し合う。 ・話の大体をつかんで感想を書き交流する。
2	「初め」「中」「終わり」に分けて読む	・段落を「初め」「中」「終わり」のまとまりに分ける。 ・初めのまとまりについて話し合う。 ・挿絵を見て話し合う。
3	問いの段落と答えの段落を見付けて読む	・問いの文を見付けて書き抜く。 ・実験の結果をを短い文にまとめる。 ・結果のもつ意味を話し合う。
4	答えの文を見付け、どのように身を守るのか説明する	・答えの文を抜き書きする。 ・身を守る方法を説明する文を書く。 ・交流しながら振り返る。
5	どのようにしてイソギンチャクを付けるのかを読む	・問題文を書き抜く。 ・「つく」「一緒になる」の違いを話し合う。 ・一緒になる様子を挿絵と対応させて動作化する。
6	イソギンチャクにどんな利益があるのかを読む	・問題文を書き抜く。 ・イソギンチャクの利益について話し合い、説明文を書く。 ・構成をつかみ、話し合う。
7	まとめの段落を読み、全体の組み立てを考える	・まとめの文を書き抜き、言い換える。 ・全体のつながりについて話し合う。
8	どのようにして助け合っているかをまとめて、自分の考えを書く	・文章を短くまとめる。 ・自分の考えたことを書く。

授業展開

第1時 全文を読み、全体を大きくつかむ【全文】

■「と」に注目して、題名について話し合う

ヤドカリ、イソギンチャクについて知っていることを話し合います。

その際、写真を提示して簡単な説明をします。

ヤドカリ……からになった貝殻のなかに体を入れて、身を守りながら動いている。家をしょって歩いている。

イソギンチャク……巾着は袋、昔の財布のこと。袋のようなところに餌を入れて食べてしまう。

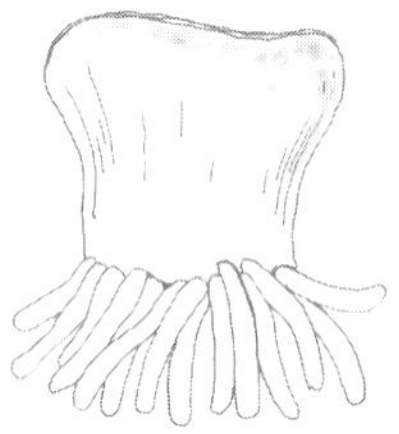

その後で、題名を話し合います。

ヤドカリ と イソギンチャク

と板書します。

「どういう話だと思いますか」

・ヤドカリとイソギンチャクの関係が出ていると思います。

・「と」というのは二つあるということです。だから両方のことです。

「二つの関係というのはどういうことですか」

・仲良しです。

・仲が悪いと思います。

・一緒にいて、一緒に何かする関係です。

主な言語活動
・題名から内容を予想して話し合う。 ・話の大体をつかんで感想を話し合う。 ・感想文を書き交流する。

・「ヤドカリと……」だから、ヤドカリが中心だと思います。

「では、どういう関係なのかを読んでいきましょう」

■感想を出し合い交流する

教師が範読してから、各自黙読して、感想を出し合います。

「読んでみてどう思いましたか。どんなことが分かりましたか」

・ヤドカリがイソギンチャクを体に付けているのは、自分を守るためです。

・頭がいいなと思います。

・弱い者も一生懸命自分を守っていると思いました。

・両方が得をするのがおもしろいです。

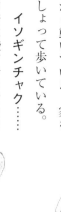

・イソギンチャクの針が出す毒のことを知りたいです。
・イソギンチャクは、ヤドカリを刺さないのはなぜなのか気になります。
・イソギンチャクをたくさんつけていれば安全だけれども、重くなると動きが遅くなります。
・初めは「なぜつけているかでしょう」、次は「どうやってつけるかでしょう」と書いてあります。次々に問題が進んでいく感じがします。

このように自由に話し合います。

■感想文を書く

・初めて知ったこと
・なるほどと思ったこと
・驚いたこと
・不思議に思ったこと
・表現の仕方で気付いたこと

「このようなことを入れて、感想文をノートに書きましょう」

なかなか書き始められない子がいる場合には、次のようにリード文を提示しても構いません。

・私が一番驚いたところは……です。
なぜかというと……
・僕は、〇〇〇のところで不思議に思いました。それは……
・この話で初めて分かったことは〇〇です。
それで……

■読み合い、交流する

〈感想例〉

ヤドカリは、重さでは損をしていても、命のほうが大切なのです。全部いいことではなくても、だいじなほうを選ぶことが分かりました。

イソギンチャクは、どうしてヤドカリが分かるのかと思いました。針で刺さないのが不思議です。

●交流するときには

・「初めて知ったこと」を書いた人
・「なるほどと思ったこと」を書いた人
・「不思議・驚いたこと」を書いた人
・「表現の仕方のこと」で書いた人
・「その他のこと」を書いた人

のように、視点を示して交流します。

〈板書例〉

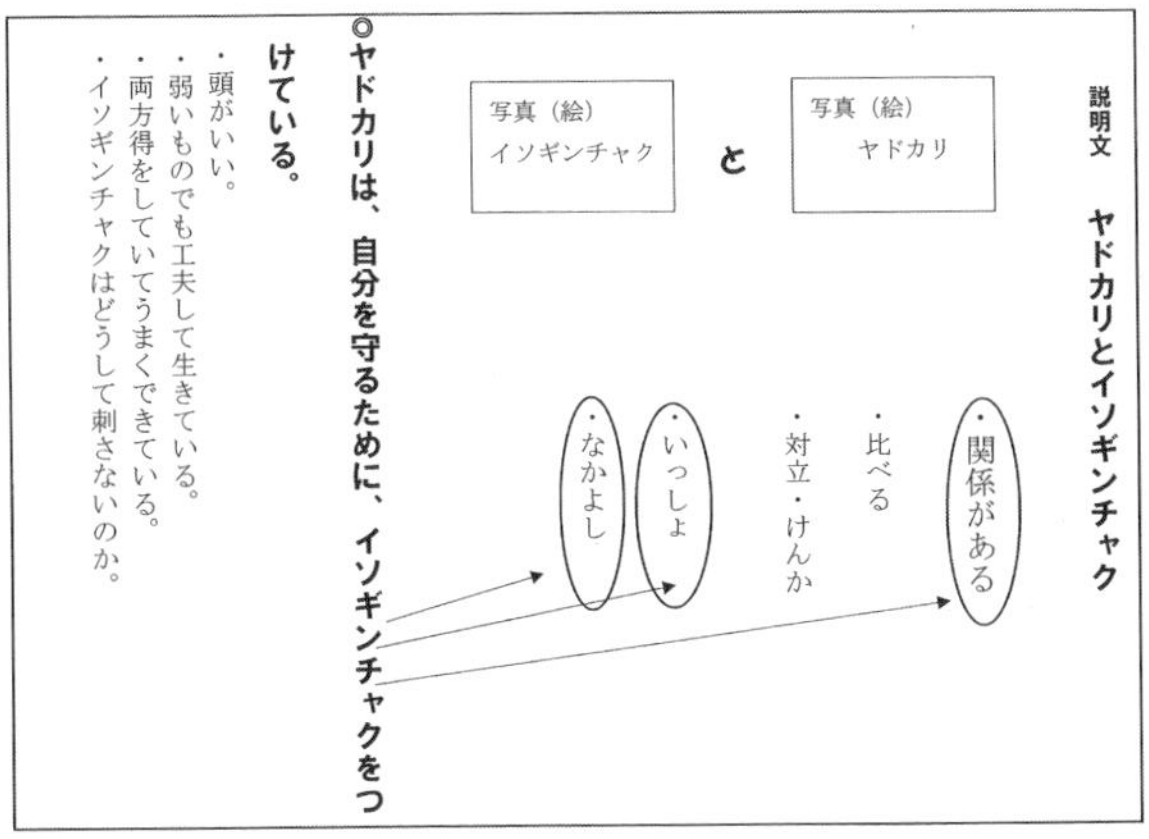
説明文　ヤドカリとイソギンチャク
写真（絵）ヤドカリ
と
写真（絵）イソギンチャク
・関係がある
・比べる
・対立・けんか
・いっしょ
・なかよし
◎ヤドカリは、自分を守るために、イソギンチャクをつけている。
・頭がいい。
・弱いものでも工夫して生きている。
・両方得をしていてうまくできている。
・イソギンチャクはどうして刺さないのか。

授業展開

第2時

「初め」「中」「終わり」に分けて読む

【全文・第一段落】

■「初め」「中」「終わり」に分ける

音読しながら一二段落に分けます。その後で聞きます。

「初め・中・終わりの三つに分けましょう。初めはどこですか。終わりはどこですか」

・初めは一段落です。

・二段落も初めに入ると思います。

「初め」を巡っては、この二つが予想されます。

・終わりは、一二段落です。

・「助け合って生きている」がまとめになっています。

終わりはほぼこれで決まりますが、初めについては、次のように話し合います。

■「中」には何が書いてあるのかを話し合う

「初めは、一だけなのか二も入れるのか、どちらでしょうか」

・一だけです。二段落から後は、なぜイソギンチャクをつけているかの説明です。

・二も入れます。初めに問題を出しています。三から後が中です。

	A案	B案
初め	問題提起 ①②	話題の提示 ①
中	実験・観察・解決 ③～⑪	問題・実験・観察・解決 ②～⑪
終わり	まとめ ⑫	まとめ ⑫

主な言語活動

・段落を「初め」「中」「終わり」のまとまりに分ける。
・初めのまとまりについて話し合う。
・挿絵を見て話し合う。

この二つの意見の違いは、上の表のようになります。どちらがいいのか話し合います。

・「問題」は、まだ後にも出てきます。「どうやって「つけるか」と「イソギンチャクにも得することはないのか」という問題です。

・そうすると、問題は全部で三つです。

・①と②で問題を出して中で説明しているのではありません。だから、問題が書いてあるところは中になります。

・中に問題と答えがあるのです。

実は後（③の方）にも問題が出されていることを見付けることで①、②を合わせて「問題提起」とはできないことを、このようにして押さえます。

「①だけが『初め』となります。②から⑪までが『中』です。では、この『初め』の第一

段落はどういう段落なのかを読んでいきましょう」

初め	①段落（　？　）のまとまり	
中	②から⑪（問題と答え）のまとまり	
終わり	⑫（まとめ）のまとまり	

※（　）のなかは授業のなかで記入します。

■一段落を読む

音読します。そのあとで
「どんなことが分かりますか」
と聞きます。

・サンゴ礁にソメンヤドカリがいて、イソギンチャクをつけていること。
（サンゴ礁＝南の海。浅いところ）
・たいていは、二つから四つのヤドカリがついていること
・中には九つもつけていたのもいます。
・だから重そうに見えます。

■絵で確認して書き込む

「挿絵を見ましょう。どんなことが分かりますか」

・ヤドカリが二つついています。
・しっかりとくっついています。
・やはり重そうです。

（　　）
（　　）

話し合いの後で、挿絵に「ソメンヤドカリ」「ベニヒモイソギンチャク」と記入します。

■短くまとめて段落のまとまりをつかむ

「では、この段落を簡単な言葉でまとめましょう。名前が二つ出てきますね。それを使ってまとめます」

（　　　　　）は
〈　　　　　〉をつけている。

「こうなりますね。これから、このことについて話しますよ、と言っているのですね。それでこういう段落を『話題を出している段落』と言います。」

〈板書例〉

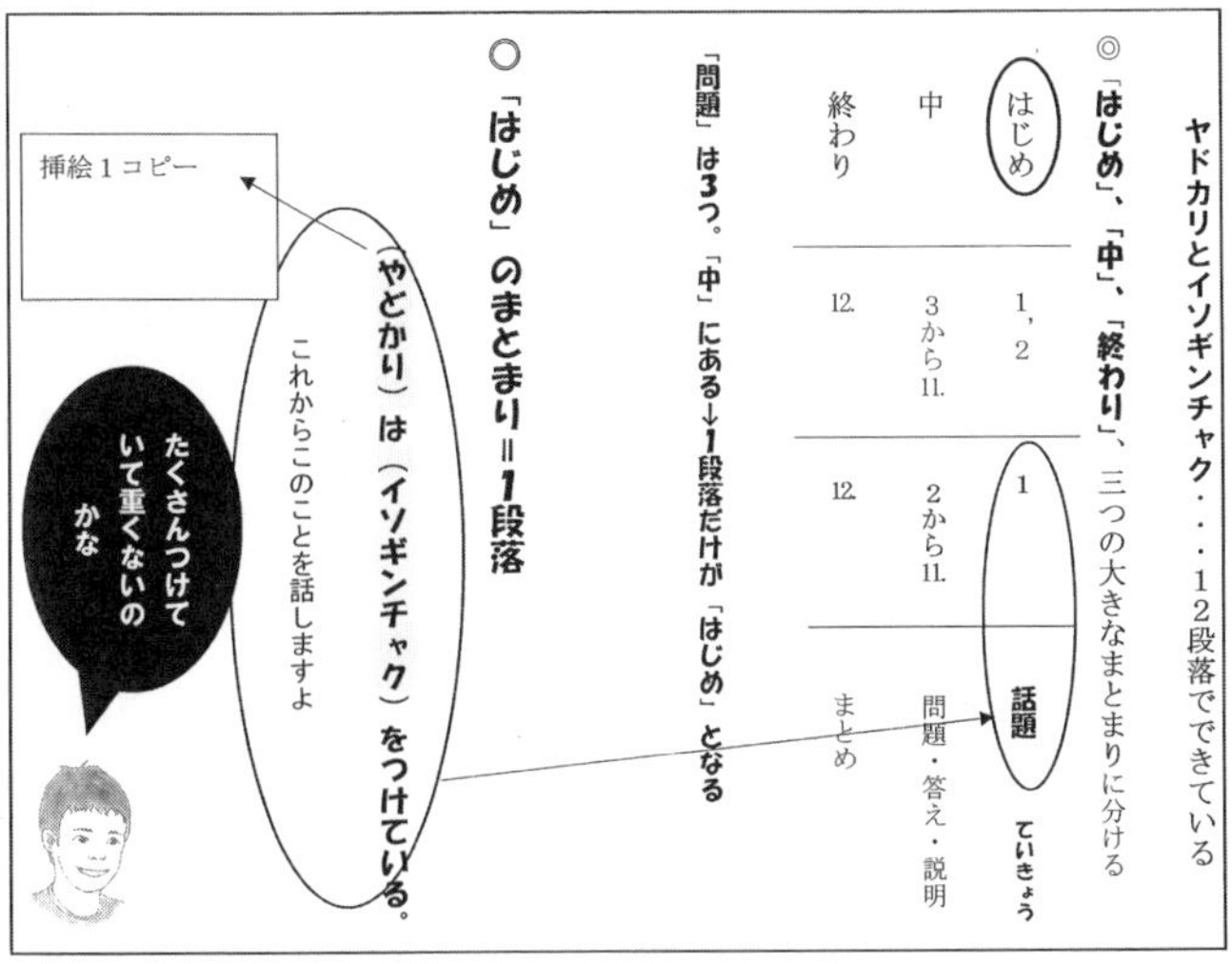

ヤドカリとイソギンチャク・・・12段落でできている
◎「はじめ」、「中」、「終わり」、三つの大きなまとまりに分ける
はじめ　1，2　1　話題　ていきょう
中　3から11　2から11　問題・答え・説明
終わり　12　12　まとめ
「問題」は3つ。「中」にある→1段落だけが「はじめ」となる
○「はじめ」のまとまり＝1段落
（やどかり）は（イソギンチャク）をつけている。
これからこのことを話しますよ
挿絵1コピー
たくさんつけていて重くないのかな

授業展開

第3時

問いの段落と答えの段落を見付けて読む

【第二～六段落】

■まとまりを見付ける

中・1（二～　　）段落

と板書します。

「中は三つの問題について書かれていますね。一つ目の問題はどこからどこまでですか。見付けたら印をつけましょう」

見付け終わったらこうします。

「先生が二段落からずっと読みますので、一つ目の問題が終わったところで『ストップ』をかけてください」

このようにして本文に注目させてもいいでしょう。もし途中で「ストップ」がかかれば、「ここでいいですか」と聞きます。そのようにして、六段落で「ストップ」となります。

■「では」に注目する

「どうしてここでストップなのですか」

・ここまでが「なぜつけているか」について書いてあります。六段落でその答えが出ています。

・この後は別の問題です。

・七段落は、「では」どうやってつけるのですかと書いてありますから、ここからは変わります。

・「では」というのは、それはわかったよ、次はどうなの、というときに使います。

主な言語活動

・まとまりの範囲を見付ける。
・問いの文を見付けて書き抜く。
・実験の結果をを短い文にまとめる。
・結果のもつ意味を話し合う。

「『では』という言葉は、話が関係はあるけれども別のことに移るときの言葉ですね。そこから後は、違う問題になりますね」

中・1（二，三，四，五，六）段落

と、初めに書いた板書のかっこに記入します。

■問いと答えの段落を見付け線を引く

「問題はどこに書いてありますか。答えはどこですか。見付けて線を引きましょう」

と言ってから二段落から六段落を音読します。

音読の後で話し合います。

・二段落に問題が出ています。

・答えは六段落です。

「では、二段落の上には問題の段落、六段落の上には、答えの段落と書いておきましょう」

一つ目の問題＝二段落
なぜ、ヤドカリはイソギンチャクを貝がらにつけているのでしょうか、

一つ目の問題はこのようにノートに書き抜きます。六段落は次回に扱うことにします。次のように図示できます。

二段落＝問題（1）
三段落
四段落
五段落 ）ここは何が書いてあるか？
六段落＝問題（1）の答え

■実験・観察の段落を読む

三～五段落を音読した後、**「三・四・五段落は何について書いてありますか」**と聞きます。

・実験です。
・実験を二つしたことです。

「一つ目の実験はどのような言葉で始まっていますか。二つ目の実験はどうですか」と聞いて、「まず」「次に」の言葉を押さえて二つであることを確認します。

■実験の結果をノートにまとめる

一の実験と結果＝三段落
（　　　　）いないヤドカリは
（　　　）に食べられてしまった。

二の実験と結果　＝四段落　（挿絵）
（　　　）の付いているヤドカリには
（　　　）は近づかなかった。

書いた後で交流します。また挿絵についても話し合います。

■事実の意味をとらえる

「タコが逃げる、近付かない、は実験で調べた事実ですね。これはヤドカリにとってはどういう意味がありますか」

・ヤドカリは食べられないで済みます。
・敵が近付かないので助かる。安全です。

「なぜ、イソギンチャクがついているとタコは近づかないのか、次回に六段落で調べてみましょう」

〈板書例〉

ヤドカリとイソギンチャク
中1のまとまり　（**2**，**3**，**4**，**5**，6）段落
なぜ、ヤドカリは
イソギンチャクをつけているのか
2　**問題ていき**
3　**解決のための実験について**
4　**実験①**
イソギンチャクをつけていないヤドカリは
タコに食べられてしまった
5　**実験②**
イソギンチャクをつけているヤドカリでは
タコは・・・足をひっこめた
にげまわる
近づかない。
なぜ？
挿絵・コピー
6　答え
実験からわかること＊
ヤドカリは食べられないですむ
ヤドカリは命が守られる
←
（自分を守るためにイソギンチャクをつけている）？
7段落。「では」・・・
ここで話が変わる。

＊注　6段落は扱わなくても、実験②から「ヤドカリは命を守ることができる」を読み取れます。6段落・次時では「なぜタコは近づかないか」を読んでいきます。

授業展開

第4時

答えの文を見付け、どのように身を守るのか説明する

【第二～六段落】

■答えの文を見付け、絵で説明する

「なぜタコは、大好物のヤドカリに近づかないのですか。六段落で見付けましょう」

・イソギンチャクがついているからです。

・イソギンチャクに触れると、針が飛び出して刺されるからです。

・針にさされるとしびれて、えさにされてしまうからです。

・タコはイソギンチャクが怖いからです。

「では、問題の答えは、針にさされるからでいいですか」

・違います。それはタコが近寄らないわけです。

・問題は「なぜイソギンチャクをつけているのか」です。その答えは、ヤドカリが自分を守るためです。

「そうですね。答えの文をノートに書き抜きましょう」とノートに書かせます。

「では、この絵で、どうやって身を守るのかを説明してください」

黒板にイソギンチャクが付いたヤドカリと、タコの絵カードを貼って、動かしながら説明してもらいます。一四六ページの学習シート・吹き出しに書かせてからおこなうとよいでしょう。

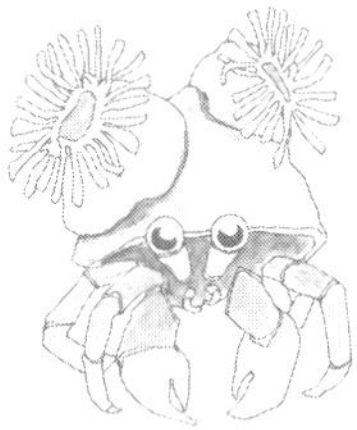

主な言語活動

・答えの文を抜き書きする。
・身を守る方法を説明する文を書く。
・交流しながら振り返る。
・構成をとらえて音読する。

■ヤドカリがイソギンチャクをつけているわけを説明する文を書く

動作化で理解できたら、それを説明する文章に書きます。次のようなことに気を付けて書くようにします。

・敵＝だれなのか。
・身を守る＝どうやって守るのか。
・ヤドカリ、イソギンチャクという言葉を入れる。

文は必ず二つ以上、三文ぐらいで書くようにします。

■交流する

説明する文が書けたら、全体で交流します。

その際はただ発表するのではなく、自分が書いた文章を振り返るような視点を教師が示していきます。

●交流の例

> **A、事実→分け……──の場合**
> **ヤドカリはイソギンチャクを体に着けています。そうすると、イソギンチャクが怖いのでおそってくるたこや魚が近づかないからです。**

コメント　はじめに事実・様子を書いています。そのあとで分けを書いていますね。このようにして様子や事実をはじめに書いた人はいますか。（手を挙げた子に発表してもらう）

> **B、分け→詳しい説明……──の場合**
> **ヤドカリがイソギンチャクを体に着けているのは、敵のタコや魚から自分を守るためです。イソギンチャクは近づいた獲物を針で刺します。それで、タコや魚は、イソギンチャクがついているヤドカリには近づけないのです。**

コメント　はじめにわけを書いていましたね。そう書いた人はいますか。イソギンチャクの針のことを書いた人はいますか（挙手した子に読んでもらう）。

■ヤドカリの身を守る方法を短く表す

「身を守るの『守る』の代わりにどんな言葉を使って説明しましたか」

・敵を近づけない
・タコや魚が近寄らない
・そばに来させない
・近づかないように

「どこにも同じような言葉がありますね。一言でいうと、どういう守り方ですか」

> 敵を（　近づけない　　）ようにして身を守る

■まとまりをおさえて音読する

> 二段落──**問題提起**──赤で囲む
> 三段落
> 四段落
> 五段落　）**実験・観察**──黄色で囲む
> 六段落──**説明・答え**──青で囲む

教科書の文章をこのように分けます。

「初めは、問題提起のところだけを読みます」
「次は、実験観察のところだけを読みます」
「最後は、答えのところを読みます」

このように音読して確認しながら終了します。

〈板書例〉

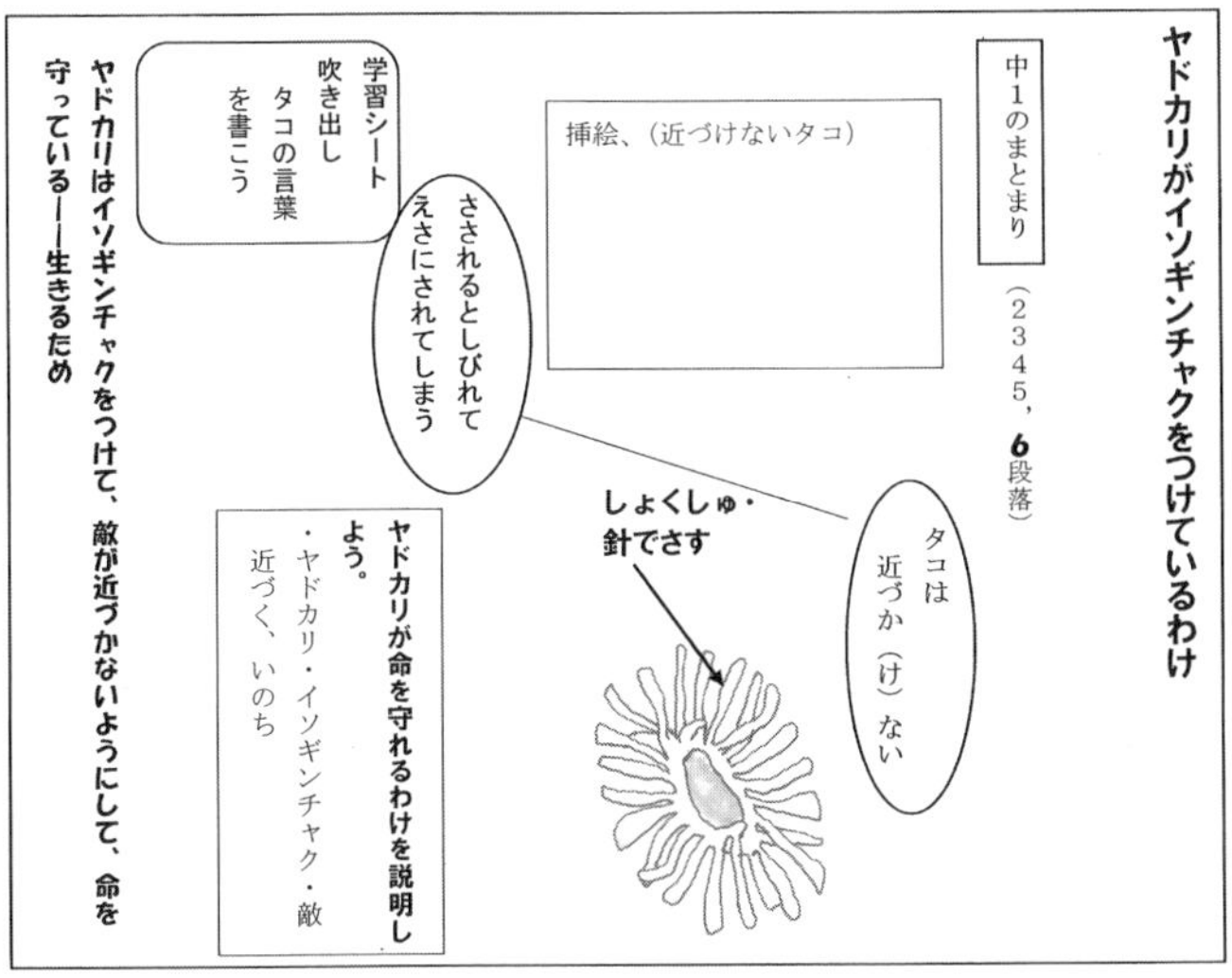
ヤドカリがイソギンチャクをつけているわけ
中1のまとまり
（2345，6段落）
挿絵、（近づけないタコ）
タコは近づか（け）ない
しょくしゅ・針でさす
さされるとしびれてえさにされてしまう
学習シート
吹き出し
タコの言葉を書こう
ヤドカリが命を守れるわけを説明しよう。
・ヤドカリ・イソギンチャク・敵
近づく、いのち
ヤドカリはイソギンチャクをつけて、敵が近づかないようにして、命を守っている──生きるため

〈学習シート〉

※ヤドカリを見付けたときのタコの反応を書く。吹き出しは二個つけましたが、一個でもよい。次に、タコの反応を見たヤドカリのことばを書く。

「一緒になる」と「つける」を比べる ＝筆者の判断

説明文の内容を押さえるだけでしたら、これは、必ずしも、扱う必要がないのかもしれません。

筆者は、もう、この実験の結果を知っていて書いています。だから

「どのようにしてイソギンチャクを体につけるのでしょうか」「移すのでしょうか」

と書いてしまいます。ところが。研究者であるロス博士は、「イソギンチャクとヤドカリがくっついている事実」から出発します。それが、

「どのようにして一緒になるのでしょうか」

という「中立的」な表現になったのです。授業提案ではこの違いに気付かせるようにしてみました。

イソギンチャクを自分の体につける、移す

＝ここにはヤドカリの意図が感じられます。

一緒になる＝主体は不明です。

意図や判断を含んだ言葉とただ事実だけを伝える言葉を見分けることになります。

はっきりと意見とはわからない言葉のなかにも筆者の判断が入っているのです。それに敏感になってほしいと思っています。

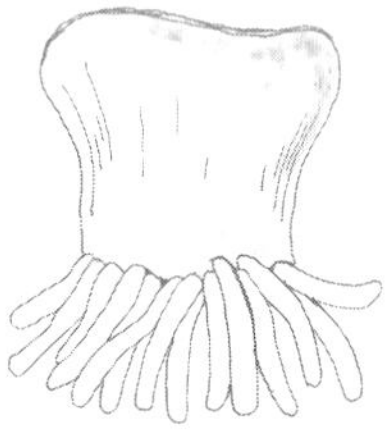

授業展開

第5時　どのようにしてイソギンチャクを付けるのかを読む【第七～九段落】

■二つ目の問題のまとまりをおさえる

中・2（　　　）段落

と板書し、**「七段落から一一段落まで音読します。どこまでが「中」の二つ目のまとまりですか。見付けて印を付けましょう」**

グループで話し合ってどこまでかを見付けさせます。

ここは、どうやってイソギンチャクをつけるかだね。
「では」、のところで変わるのね。

グループで話し合ったことを報告します。

・二つ目は、どうやってつけるかです。
・九段落までです。
・一〇段落からは、イソギンチャクの話です。
・一〇段落の始まりは「では」となっていてここで話が変わります。

中・2（七，八，九）段落

板書に書き入れます。

■問題の文を書き抜く

「どの段落に問題が出ていますか、その答えはどの段落ですか。読みながら線を引きます」

・問題は、七段落です。
・どうやってイソギンチャクを移すのか。針で刺されないのか、が問題です。

主な言語活動

・問題文を書き抜く。
・「つく」「一緒になる」の違いを話し合う。
・一緒になる様子を挿絵と対応させて動作化する。

・答えは九段落です。「どうやって貝がらに移すか」というやり方が出ています。

問題文を板書します。子どもたちはノートに書きます。

ヤドカリは石についたヤドカリをどうやって自分の貝がらに**移す**のでしょうか。針でさされないのでしょうか。

■言葉の違いに気付き、意味を考える

「カナダのロスは博士は何を観察したと書いてありますか」

・ヤドカリとイソギンチャクが、どのようにして**一緒になる**か、を観察した」です。

ここは問題文と微妙に言葉が違います。

A、イソギンチャクを自分の貝がらに**移す**

B、ヤドカリとイソギンチャクが**一緒になる**

こう並べて違いに気付かせます。違いを絵を使って操作しながら話させます。

・「移す」は、ヤドカリが自分からやることです。

・「一緒になる」は、くっつくことです。でも、どちらがやるかは分かりません。

・博士が調べる前までは、どちらからやるかはまだ分かってなかったからです。

・筆者は結果を知っていたから「つけた」と書いたのです。

■答えの段落を読む

九段落＝答えの段落を音読します。

「九段落は文はいくつありますか」

・六つです。（1から6まで番号をつける）

「どうやって一緒になるのかはどの文に書いてありかすか」

・3と4の文です。

この二つの文はノートに書き写します。その後で挿絵を見て比べます。

■挿絵を使って、動作化して確かめる

文の言葉と挿絵を対応させていきます。

挿絵①

・「ついたりはさみで引っ張ったり」です。

挿絵②

・石から「はがしてしまいます。」

「しまう」は結果を表していることを動作化・絵でもおさえます。

挿絵③

・「抱えるようにして自分の貝がらに押し付け」ます。

挿絵④（文中の言葉はない）

・言葉を入れるとすれば「くっつけました」です。

・ヤドカリがしたことが分かったです。

「手荒な方法というのはこのなかにありますか。どういうことですか」

・ついたり、ハサミで引っ張ったりすることです。

・はがす。押し付けるのも乱暴です。

「そうされてもイソギンチャクはどうなのですか」

・針で刺さない。気持ちよさそうです。

・でも、ヤドカリをなぜささないのかなあ。

■構成をまとめる

七・八段落―**問題提起**―赤で囲む
九段落―**観察結果・答え**―黄色と青で囲む

〈板書例〉

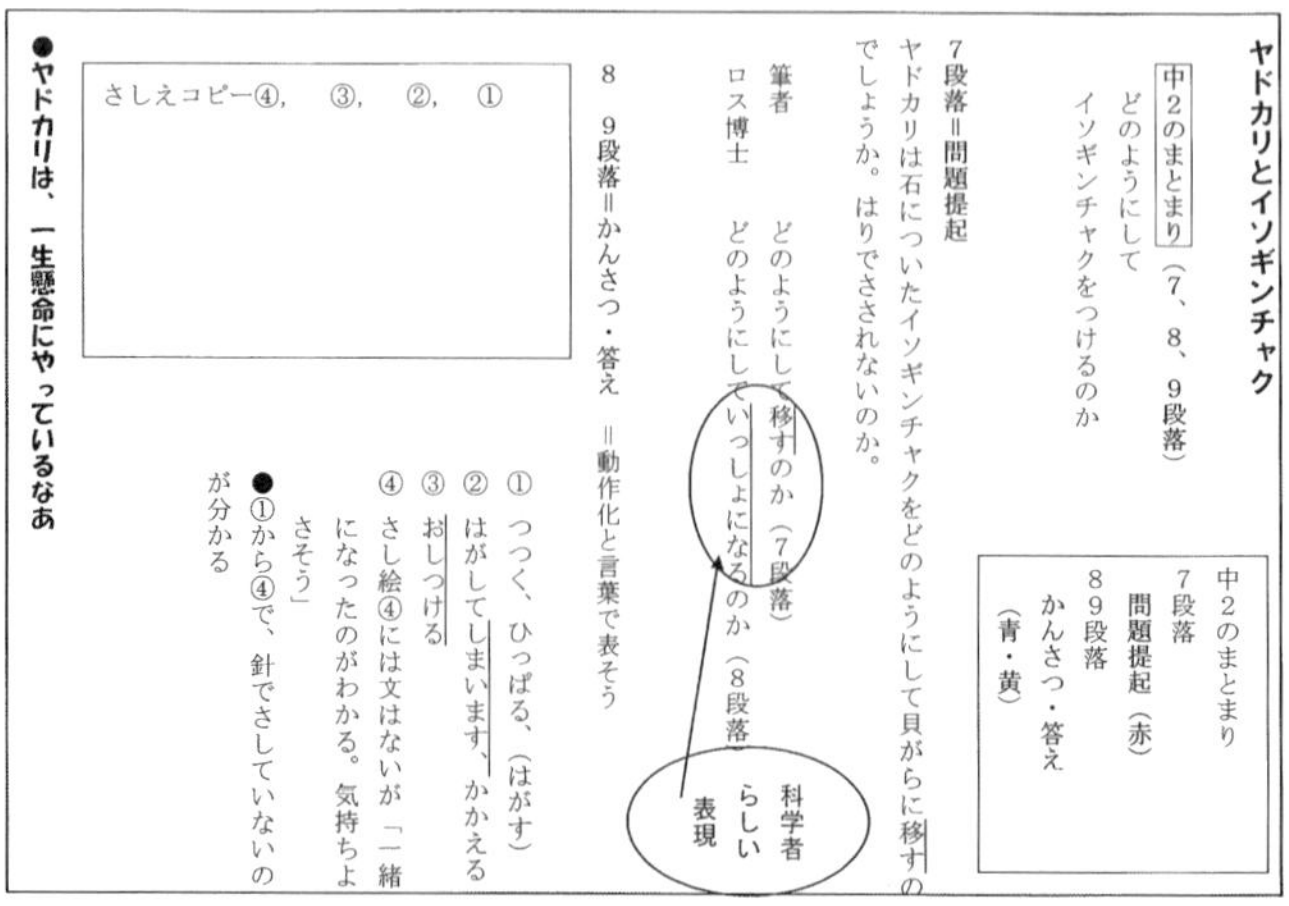

授業展開

第6時

イソギンチャクにどんな利益があるのかを読む

【一〇、一一段落】

■問題の文を見付け、書き抜く

「問題文はどの段落にありますか」

・一〇段落です。

「それを書き抜きましょう」

イソギンチャクは、ヤドカリの貝がらにつくことで何か利益があるのでしょうか。をノートに書かせます。

中・3――イソギンチャクには、どんな利益があるのか

「ここから話が変わるのはどこでわかったのですか」

・ここからは、イソギンチャクの利益のことだからです。

「利益とはどういうことですか」

・いいことです。

・得をすることです。

似た意味の漢字の組み合わせ

利＋益

反対は「損　失」

■イソギンチャクの利益を話し合う

「利益はどの段落に書いてありますか」

・一一段落です。

主な言語活動

・問題文を書き抜く。
・イソギンチャクの利益について話し合い、説明文を書く。
・構成をつかみ、話し合う。

「ここの四つの文のうちで、答はどの文に書いてありますか。見付けてノートに書き抜きましょう」

・三つ目の文です。

ヤドカリについていればいろいろな場所にいどうできるので、そのけっか、エサをとる機会も増えます。

「では、四つ目の文はどうですか」

・これも利益ですが、「また、時には……」ですから付け足しです。

「餌をとる『機会』とは、どういうことでしょう」

・じっとしていたら会えないけれどもヤドカリに運んでもらうので、餌が見付かりやすい。

・餌をとるチャンスが増えることです。

■イソギンチャクの利益を説明する文章を書く

「では、どんな利益があるのかを説明しましょう」

①イソギンチャク、
②移動
③ヤドカリについていると
④いいこと・利益
⑤しかし、そうすると……など

このようなカードを見ながら話すようにします。その後でノートに説明する文を書きます。三つぐらいの文で書くとよいでしょう。

■整理して「中・3」の構成をつかみ、特徴をおさえる

> **中3のまとまり**
> 一〇段落――**問題提起**――赤で囲む
> 一一段落――**答え**――青で囲む

「こうなりますね。ところで、中1、2と中3はどこが違いますか」

・「中3」は黄色で囲んだ実験も観察もありません。「答え」は説明だけです。

教師は、発言を表に書き込んでいきます。

（下段板書参照）

・挿絵は中3にはありません。

・イソギンチャクのところは実験・観察がないのでその絵もないのだと思います。

「だから、この話は、ヤドカリが中心ということが組み立てや挿絵からも分かりますね」

■「中」の三つをまとめる

「『中』の三つを一つにまとめて言うと、どうなるでしょうか」

> ①ヤドカリはイソギンチャクがついていると身を守れる
> ②ヤドカリはイソギンチャクを貝につける
> ③イソギンチャクも利益がある

このような「個別のまとめ」を見て話し合います。＊

・イソギンチャクもヤドカリも一緒になると得をします。

・互いに弱いところを助け合っています。＊1

・生き物は工夫して生きています。＊2

「では、この後の教科書の最後の『一二段落・まとめ』ではこうなっているでしょうか」

と問いかけて授業を終えます。

〈板書例〉

ヤドカリとイソギンチャク

中3のまとまり（10，11段落）
イソギンチャクは
ヤドカリの貝がらにつくことで利益があるのか

10.段落、問題提起（赤）
11.段落、答（青）

ついていないと　ほとんど動かない↓餌があまり取れない

ついていると　いろいろな場所に移動できる↓**餌に出会う機会が増える。↓エサをとれる。**
食べ残しもらえる。

生きるため　**利益**

中全体のまとめ
中・1、ヤドカリは身を守れる
中・2、ヤドカリは、イソギンチャクを身に自分でつける
中・3、イソギンチャクも利益がある。

まとめると
・両方とも得をする
・弱いところを助け合っている
・工夫して生きている

12段落？まとめ

まとまり	何のこと	観察・実験	挿絵
中1	ヤドカリ	あり	あり
中2	ヤドカリ	あり	あり
中3	イソギンチャク	なし	なし

利益
利＋益
似た漢字の組み合わせ
反対は「損失」

＊まとめにも、段階があります。

＊1は中間的。＊2は一般的。無印はこの話に限ってのまとめです。（関連、「花を見つける手がかり」参照）

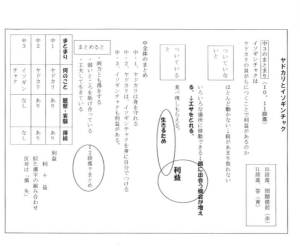

授業展開

第7時

まとめの段落を読み、全体の組み立てを考える

【第一二段落・全文】

主な言語活動

・まとめの文を書き抜き、言い換える。
・全体のつながりについて話し合う。
・挿絵と関連付ける。

■大事な文を押さえて、まとめの段落を読む

「文は二つです。大事な文はどちらですか。線を引きましょう」

と指示してから音読させます。

ヤドカリとイソギンチャクは、このように、互いに助け合っているのです。

この文が出されたら、ノートに書き写します。

「どうしてこれが大事な文なのですか」

・まとめが書いてあります。だから大事な文です。
・今まで書いてあったことが、「このように互いに助け合っている」と短くまとめてあるからです。
・「このように」はまとめによく使う言葉です。

■「助け合っている」を説明する

「助け合っているというのはこの場合は、どういうことですか」

・イソギンチャクは、移動できるので利益があります。
・エサももらえます。
・ヤドカリもイソギンチャクのおかげで敵が近づきません。守ってもらえます。
・どちらも得をしているということです。
・自分の弱いところを助けてもらうことです。

「これらをまとめて短く言うと、何と言いますか」

・助け合うです。
・まとめの段落には、まとめていう言葉があることが分かります。

■初めの文について話し合う

サンゴ礁の美しい海では、いくつものベニヒモイソギンチャクを貝がらにつけたソメンヤドカリを見ることができます。

「このまとめの前にある文はどういうことですか」

・海のなかの様子です。
・ヤドカリがイソギンチャクをつけている様子です。

「これを筆者は、どういう様子と言っているのですか」

・助け合っている様子です。

・助け合っている関係です。
・だから、このように様子を書いてから、まとめの文を書いているのが分かります。

「これとそっくりな文がありましたね。どこにありましたか」

・一段落です。（確認する）
・一番最初の文です。（読んでみる）

「文章の最初の段落とまとめの段落もこうしてつながっている。関係しているのですね」

■全体のつながり方を見て気付いたことを話し合う

初め	話題提供	①
中	問題1、観察・実験・答え	②〜⑥
	問題2、観察・実験（答え）	⑦〜⑨
	問題3、説明（答え）	⑩〜⑪
終わり	まとめ	⑫

このように段落の関係を表します。そして気付いたことを話し合います。

・「初め」は、話題を出しています。
・「初め」と「終わり」は、同じような言葉でつながっていました。（冒頭と末尾の照応）
・「中」に、問題や観察、答え、説明が書かれています。
・「中」が一番段落や文が多くて長いです。
・だから、「中」に大事なことが書いてあります。
・「中」は、分かりやすく書くので長くなりました。
・「終わり」は短いです。まとめる言葉で書かれていました。

■挿絵と関係付ける

「挿絵はどこに多かったですか」

・中です。二ヵ所あります。
・どちらもヤドカリのことです。
・そのなかでも「どのようにしてつけるか」のところは、四枚もあります。
・ここは、どうやってイソギンチャクをつけるかです。絵で見たほうが分かりやすいからです。
・言葉では難しいところがあるからです。
・まとめにはありません。どうしてでしょう。

こうして挿絵の役割も話し合います。

〈板書例〉

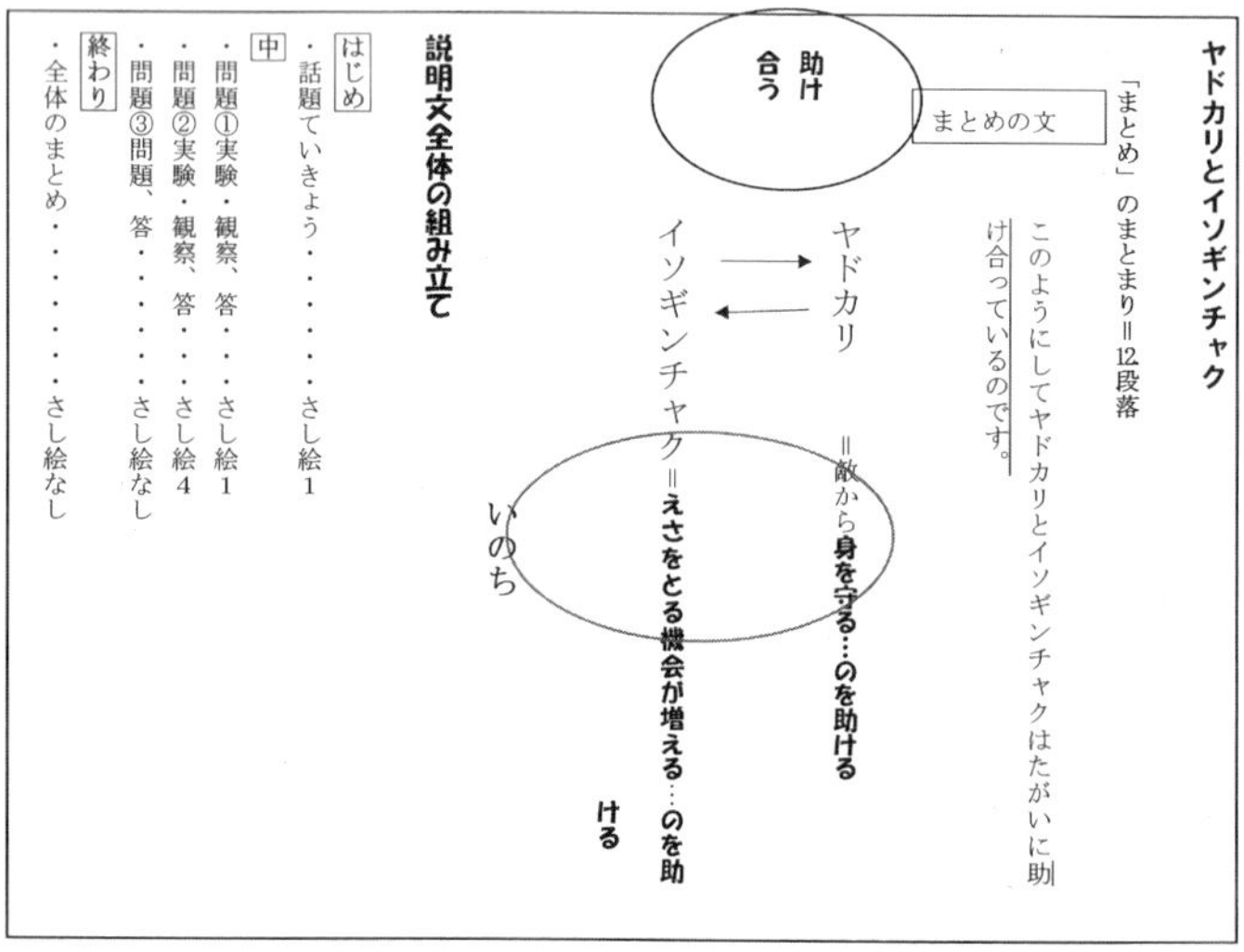
ヤドカリとイソギンチャク
「まとめ」のまとまり＝12段落
このようにしてヤドカリとイソギンチャクはたがいに助け合っているのです。
まとめの文
助け合う
ヤドカリ
＝敵から身を守る…のを助ける
イソギンチャク＝えさをとる機会が増える…のを助ける
いのち
説明文全体の組み立て
はじめ
・話題ていきょう・・・・・・さし絵1
中
・問題①実験・観察、答・・・さし絵1
・問題②実験・観察、答・・・さし絵4
・問題③問題、答・・・・・・さし絵なし
終わり
・全体のまとめ・・・・・・・さし絵なし

授業展開

第8時　どのようにして助け合っているかをまとめて、自分の考えを書く

主な言語活動

・文章を短くまとめる。
・自分の考えたことを書く。

次のようにして書いてもよいでしょう。

1　様子を書く
2　ヤドカリにとってよいことを書く
3　イソギンチャクにとって
　利益になることを書く
4　まとめて書く
5　自分の考えを書く
　どう考えたか。思ったか。
　・どこでそう考えたか。
　・他の関係することと結び付ける。
　・これからのこと。
　・生き物について。

1から4までは、教科書に書いてあることをまとめることになります。そのうえで5で自分の考えを書くことになります。

◎理由を表す言葉

・それは……だからです。
・それによって○○ができるからです。
・○○ので、○○です。

◎つなぎ言葉

・また・それに対して・このようにして

◎一文は長くしない。主語と述語が対応する。

◎文末は、「です。」「ます。」

5のところは「ました。」でもよい。

◎話・話題が変わるところで段落にする。

〈例文〉

ヤドカリはイソギンチャクをつけて歩いています。それは、イソギンチャクがついていると敵が近づかないからです。

イソギンチャクは、ヤドカリについていると移動して餌をとることができます。

このようにして両方とも助け合うことができます。

私は弱い者同士うまく協力し合っているなあと感心しました。ヤドカリは、重いことでは我慢して命のほうを守っているのだなと思いました。

〈板書例〉

ヤドカリとイソギンチャクはどのようにして助け合っているかをまとめてから自分の考えを書こう

1、教科書を短くまとめる
・ヤドカリとイソギンチャクの様子
・そのわけ①ヤドカリにとっての利益
　　②イソギンチャクにとっての利益

2、自分の考えたこと思ったこと
たとえば
　どこでどう思ったか、考えたか
　ほかの生き物の関係で考えたことなど
　生きものについて考えたこと
　これから知りたいこと。ぎもんなど
　このとこについて家の人や友達と話し合ったこと
　そのほか

文章を書くとき——一つの文は短くする。段落も考える。

①つなぎ言葉を考える
　また、それに対して、このようにして、一方、そして、・・など

②理由を書くとき
・それは○○だからです。
・それによって○○できるからです。
・そのわけは○○です。

③文末
考えたこと・思ったことのところは、～ました。
他は
～です。
～ます。

2 まとまりやつながりを考えながら読む

「花を見つける手がかり」

吉原順平（作）
（教育出版・四年上）

文と文の関係、段落相互の関係を押さえて読む。図や絵にかいて理解し、説明することを取り入れて読む。

ねらいと学習の重点

論理的な思考を育てていくことができる教材です。チョウが花を見付ける手がかりは色なのか匂いなのか、形なのかを、一つ一つ可能性を消していくという考え方で調べていきます。条件設定・仮説・実験、結果、考察の関係を中心にして、考えながら読んでいきます。その際、書かれていない「実験の意図」も文脈で読んでいきます。

この学習には、図解、図示が有効です。文と文のつながり、段落のつながり、展開を見える形にします。それは、また、実験・結果と考察という関係とも重なります。そして、実験の意図・結果・考察を組み合わせて説明する活動も取り入れて、論理的な思考力・表現力も培っていきます。

段落のかかわりについては「内容としてのつながり」と「まとまりとまとまりの関係・形式」の両面から見ていきます。それが重なるような読みを展開していきます。その際、具体・個別と抽象・一般を意識させるようにしていきます。

■学習指導計画〈7時間〉「花を見つける手がかり」

時	学習内容	学習活動
1	全文を読み、おおよその内容をつかむ	・「手がかり」という言葉を中心にして題名について話し合う。 ・全文を読み、おおよそをつかむ。 ・大きく3つのまとまりに分ける。
2	問題提起、実験の目的と準備をとらえる	・問題提起の文を見付けて話し合う。 ・絵にかいて、実験の意図を説明する。
3	花壇での実験の様子・結果・考察	・実験の意図を図に描いて話し合う。 ・実験の結果を書き抜く。 ・結果から考察したことを話し合う。
4	造花の実験の様子・結果・考察	・実験の意図を読み取り話し合う。 ・実験の結果と考察の関係を書き抜き、話し合う。 ・実験・結果・考察について文にまとめ、話し合う。
5	色紙での実験・結果・考察	・どういう実験かを読み取り話し合う。 ・設定した条件と実験の意図を図に描く。 ・実験の結果から推論できることを話し合う。
6	実験からわかったことをまとめる	・問題の答えの文を見付けて書き抜き話し合う。 ・色を見分ける根拠を、前文から見付けて話し合う。
7	大きなまとめの段落を読み、全体の構成をつかむ	・構成について話し合う。 ・筆者の気持ちを考え、最後の段落の役割と筆者の気持ちを話し合う。

授業展開

第1時【全文】 全文を読み、おおよその内容をつかむ

> **主な言語活動**
> ・題名について話し合う。
> ・全体を「初め」「中」「まとめ」に分ける。
> ・話のおおよそをつかんで書く。

■題名を話し合う

「花を見つける手がかり」と題名をノートに書きます。そして「花を見つける」について話し合います。

・花を見付ける
・花だとわかること
・他のものと花を区別できること

ここでは区別できることが見付けることになるという押さえをしておきます。

次に「手がかり」について話し合います。

・「手」をかけるところ＝登るとき→それがあるとできる→それがあると見付けやすい
→見付ける手がかり

こんな話し合いができます。

「見付ける時はどこを使いますか」

・目で見て見付けます。
・手で触って見付けることもあります。
・においで見付けることもあります。
・舐めて、味で見付けることもあります。

「何かをもとにして」「花を見つけている」それを調べようということです。この程度にまとめられるでしょう。

■段落に分け、おおよそをつかむ

一から一五まで、段落の頭に番号を書き込みます。そのあと教師が全文を範読します。範読の後で全体を押さえる質問をします。

「これは説明文といいます。何について説明していますか。まとめてノートに書きましょう」

書けたら話し合います。

・モンシロチョウが何を手掛かりにして花を見付けるかです。
・モンシロチョウが花を見付ける手がかりについて、実験や観察してわかったことです。

> 花を見付ける手がかり（について）
> 実験・観察をしたこと（で）
> 分かったこと

ここではこの三つを落とさないで大きくおさえて板書します。

■初め・中・まとめの三つに分ける

「この説明文は大きく分けると三つになります。「初め」・「中」・「まとめ」です。「中」には何が書いてありますか」

と聞きます。まず中を押さえると、全体が分けやすいからです。

・実験です。
・観察です。

「実験・観察はどの段落ですか」

と発問します。五～一三段落までを「中＝実験・監察のこと」と押さえます。中が決まれば、その前は「初め」そのあとは「まとめ」となります。そして、左のような鯛焼きの絵に書き込んでいきます。

〈全体の骨組み〉

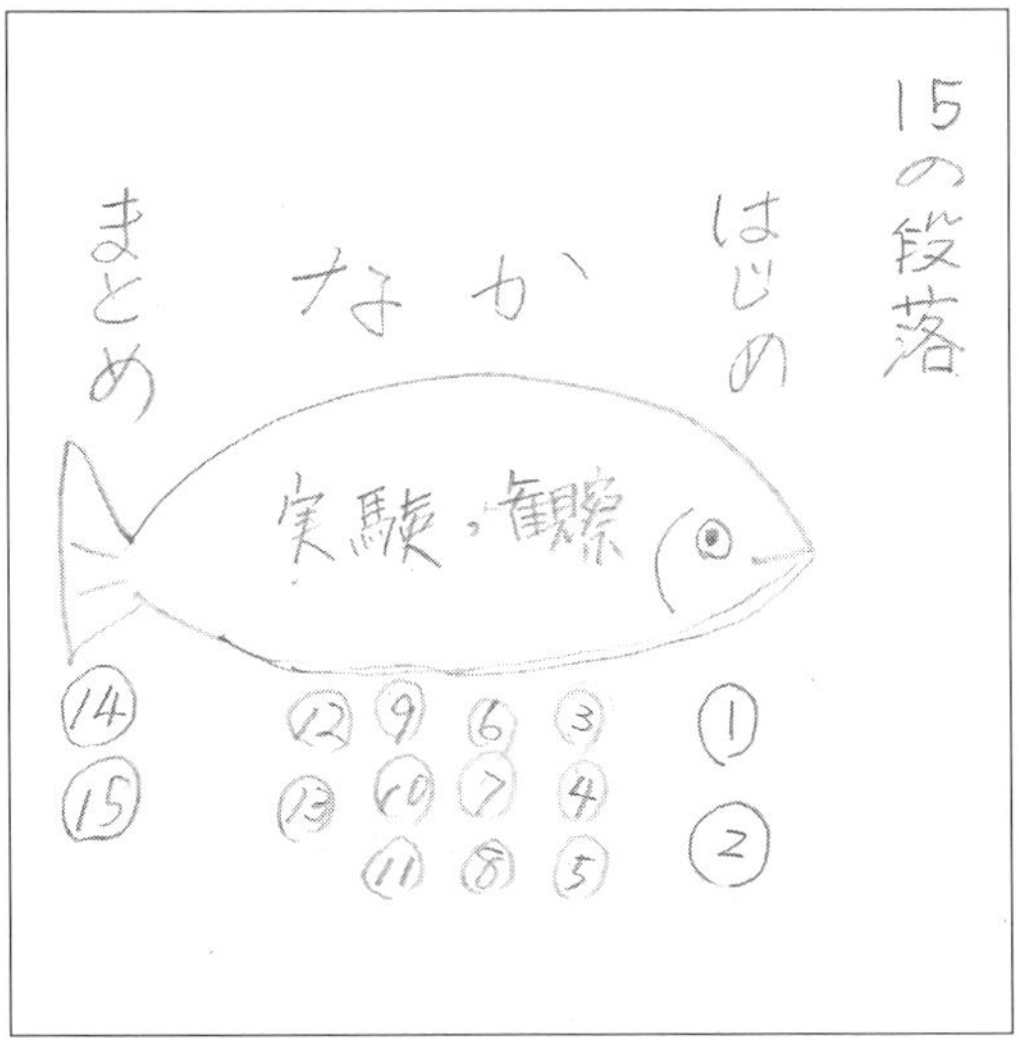
15の段落
はじめ
なか
まとめ
実験・観察
① ②
③ ④ ⑤ ⑥ ⑦ ⑧ ⑨ ⑩ ⑪ ⑫ ⑬
⑭ ⑮

「これを見て気付いたことはありますか」

・「中」が多い。一一段落もあります。

・実験、観察のことが多く書いてあります。
・はじめ・まとめは少ないです。

「では、初めの①・②段落は何が書いてあるのか。まとめの⑭・⑮段落は何が書いてあるのか、これから読みながら見ていきましょう」

「手がかり」について

辞書で調べると、「糸口、きっかけ」と出ています。それで、糸口をまた同じ辞書で調べると今度は、「手がかり」と出ている場合があります。これでは堂々巡りです。そこで、こういう場合には、具体的にどういう場面で「手がかり」を使うかを、出し合って話し合います。

・事件を解決する手がかり＝ヒントみたいなもの（糸口を見付ける）
・遠くにいる人に知らせる手がかり―ライトの光（方法のこと）
・友だちになりたいがどうすればいいか、その手がかりやきっかけ（＝声をかける、話しかける）

「手〇〇〇」という言葉がたくさんあることについて、あとで調べてみるのもいいでしょう。

〈板書例〉

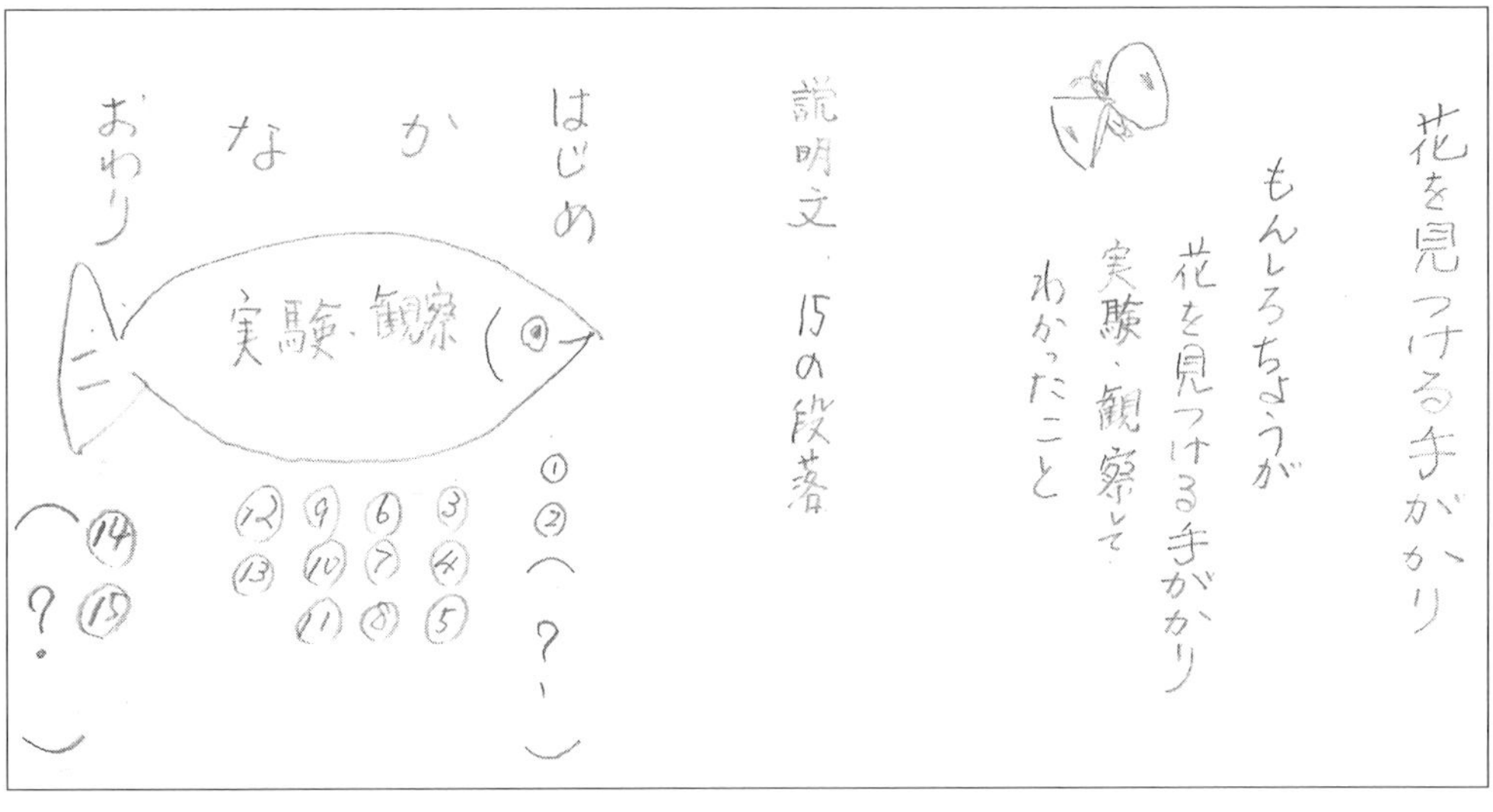
花を見つける手がかり
もんしろちょうが
花を見つける手がかり
実験・観察して
わかったこと
説明文 15の段落
はじめ
なか
おわり
実験・観察
① ②
③ ④ ⑤ ⑥ ⑦ ⑧ ⑨ ⑩ ⑪ ⑫ ⑬
⑭ ⑮

授業展開

第2時　問題提起、実験の目的と準備をとらえる【第一～四段落】

■音読して文を数える

一、二段落を音読します。そのあとで

「ここには、文はいくつありますか」

と聞きます。

・七つです。
・七個です。
・七文です。

同じ答えでもたくさんの子に答えてもらいます。このように多くの子が答えることから授業を始めるのはいいことです。まだ、「文」という単位をよくつかんでいない子もいるので一文ずつ読みあげながら、七つであることを必ず確認します。そのなかで「ここは短い文だ」とか「主語がないな」とか気付く子が出てくるでしょう。

■中心文を押さえて書き抜く

「この七つのなかで、大事な文・中心文はどれでしょう。見付けて線を引きましょう」

と問いかけ、

「いったい、モンシロチョウは何を手掛かりとして花を見付けるのでしょう。」

を見付けさせます。

「なぜこれが大事な文なのですか」

・この話の題名と関係しているからです。
・問題を出していて、これを考えましょうと言っているからです。

ここを「中心文・重要な文」と押さえ、ノートに書き抜かせます。

モンシロチョウは何を手がかりとして
花を見付けるか＝問題提起

と、まとめます。

主な言語活動
・中心文を見付けて書き抜く。 ・問題提起について話し合う。 ・実験の方法を絵に描いて話し合う。

■「手がかり」について話し合う

「筆者は、手がかりとして、どんなことを予想していますか」

本文から見付けます。

・色　でしょうか。
・形　でしょうか。
・におい　でしょうか。

「でしょうか」と文末が書いてあり、はっきりしない、まだわからない、と押さえることができます。予想・仮説だからです。

「モンシロチョウに聞くわけにもいかないので、どうしたのですか」

・実験をして調べました。

「どんな実験をしたのでしょう」と、次の段落へ進めます。

■**実験の準備を話し合う**

三、四段落を音読してから聞きます。

「東京農工大学の人たち・日高敏隆先生は、何のためにどういうことをしたのですか」

（この疑問）を（とく）ために
（大がかりな実験）をした。

（　）の部分を空白にして書き入れさせます。どれも大事な言葉だからです。「この疑問」について前の段落から見付けていきます。

〈疑問〉
花を見付ける手がかり
色　なのか
形　なのか
におい　なのか

話し合うなかで、右のように整理します。**「大がかりな実験をするために何を用意しましたか」**と聞き、「モンシロチョウをたくさん育てた」と関係づけます。

■**絵に描いて話し合う**

「大がかりな実験とはどういう実験ですか」

・一度に一〇〇匹、二〇〇匹のちょうを放して花を見付ける様子をカメラで記録して観察する実験です。

「では、それを絵に描いてみましょう」

・先生、一〇〇匹は無理です。
・花は一つではなくてもいいですか。
・絵に言葉をつけてもいいですか。

というような質問・意見が出たら、ここまでよく読んだことになります。しかしここでは深入りはしません。

「自分で読んで、考えた通りでいいですよ」

と、描かせていきます。

■**絵を見せて、実験のわけを話し合う**

絵を説明するなかで、「何のためにこうしたのか」を話すようにします。

・どの花に飛んでいくのかで、手がかりがわかるからです
・チョウが何を手がかりとして花を見付けるかを調べるためです。

グループで見せ合って話し合うのもいいでしょう。

〈板書例〉

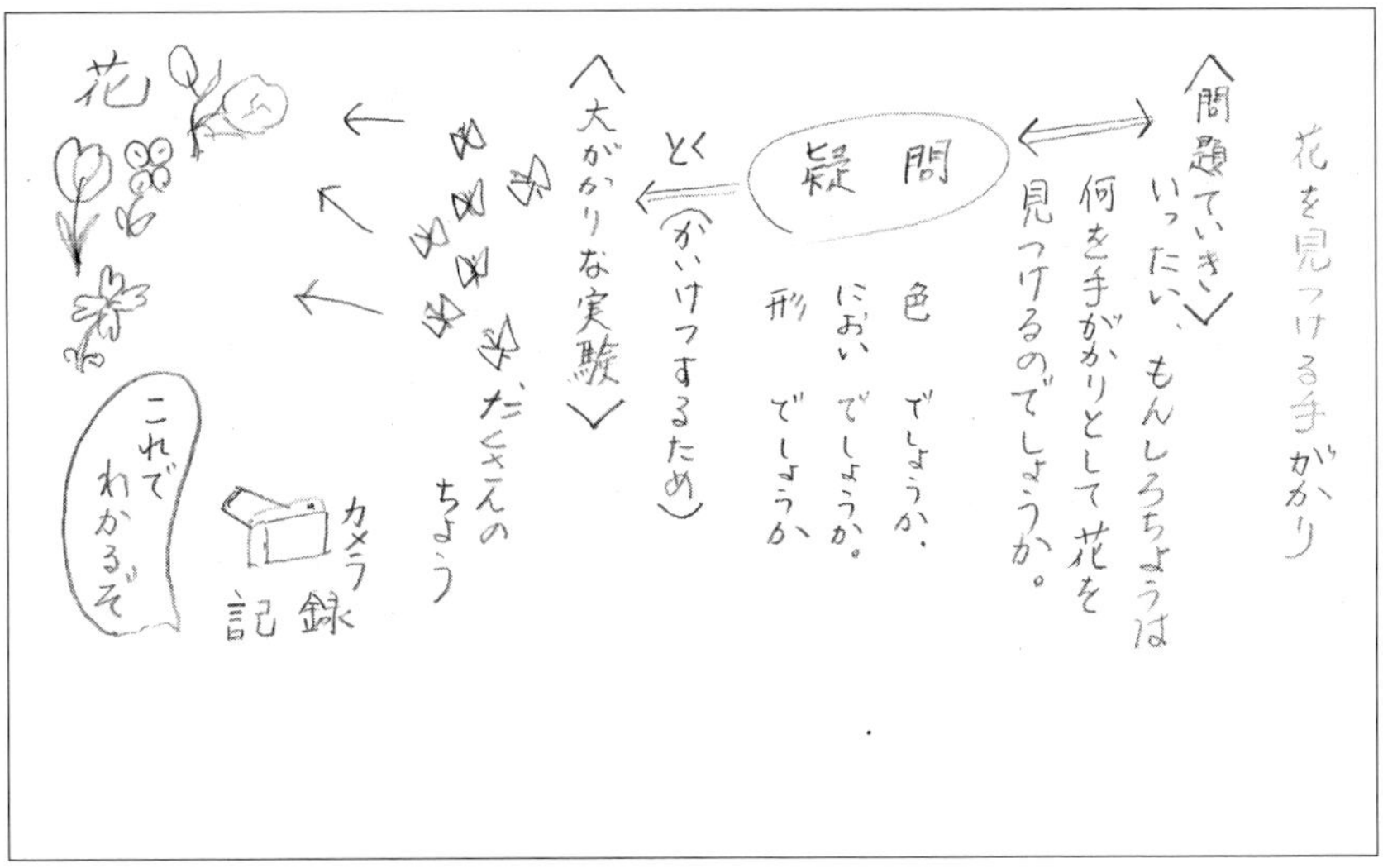

授業展開

第3時

花壇での実験の様子・結果・考察

【第五～八段落】

■問題提起に沿って読んでいく

学習範囲（五～八段落）を音読してから聞きます。

「ここにはどんなことが書いてありますか」

・実験したことです。

・花壇の実験です。

「この説明文は何を求める話ですか」

・チョウが花を見付ける手がかりを求めます。

「それを何と言いましたか」

・「問題提起」です。

「これからはこの問題提起に沿って読んでいきましょう」

と言って「花を見付ける手がかりは何か」と書いたカードを黒板に貼ります。

このカードは毎時間貼るようにします。

■絵に描いて話し合う（五・六段落）

「チョウ」、「花壇・花」をカードにして黒板に貼ります。

「では、どんな実験か、これを使ってノートに絵で描いてみましょう」と投げかけます。黒板に貼らせてもよいでしょう。

主な言語活動

・実験を絵に描き、意図を話し合う。
・考察部分を書き抜き、話し合う。
・結果と考察をつなげて説明する。

■絵を見ながら実験の意図を読み取る

「どういう絵を描きましたか。前に出て、見せながら話しましょう」

黒板で、カードを操作しながら話してもらってもよいです。

・少し、花壇を遠くに書きました。チョウが見付けられるかを調べるからです。

（僕も遠くに書いたよ。などと他の子どもたちにも意見を言わせて確認していきます）

・色を塗りました。赤・黄・紫・青です。どの色が手がかりなのかを調べるからです。

・関係のないベンチとか柵も書きました。花と区別できるか調べるからです。

「絵を描きながら思ったことはありますか」

・生まれて初めて外に出すのだから、初めて見るものばかりです。それでも、花がわかるのかなと思いました。

■実験の結果を絵に描き、結果から言えることを話し合う

七、八段落を音読してから、結果を絵に書き込みます。→（線・矢印）で記入してもいいでしょう。

「結果はどうでしたか」

・花壇はチョウでいっぱいになりました。
・よく集まる花とそうでない花があります。
・赤は少なくて、紫は多いです。

図示した板書には「結果」とはっきり書きます。カードにすると次時も使えます。

「この結果から、日高先生たちは、どう考えたのですか。それがわかる文をノートに抜書きしましょう」

書き出したら、なぜそう考えたのかを結果とつなげて話してもらいます。

モンシロチョウは生まれながらに花を見付ける力を身につけているようです。

・初めて外に出したのに、花だとわかるのだから、生まれつきそういう力を持っていると考えました。

色で花を見付けているのでしょうか。

・紫が多いし赤は少ないから、色で花を見付けているのかと考えました。

■決められないわけを話し合う

「どうしてまだ、色と決めるのは早すぎる、と言っているのですか」

・花に集まるのは、色かもしれないが、においで集まるのかもしれないからです。
・花壇の花は本物だから、匂いがあるからです。

「そこで、どうしたのですか」

・別の実験をしました。
・今度は匂いのないもので確かめるのだと思います。

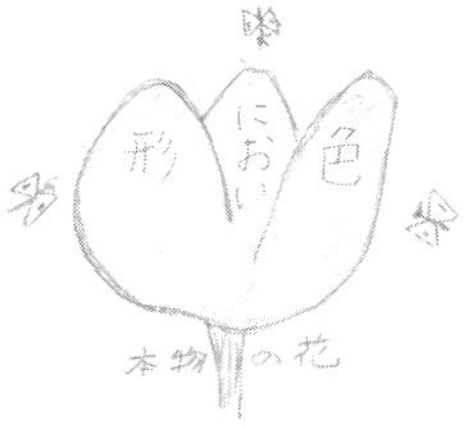

形
におい
色
本物の花

〈板書例〉

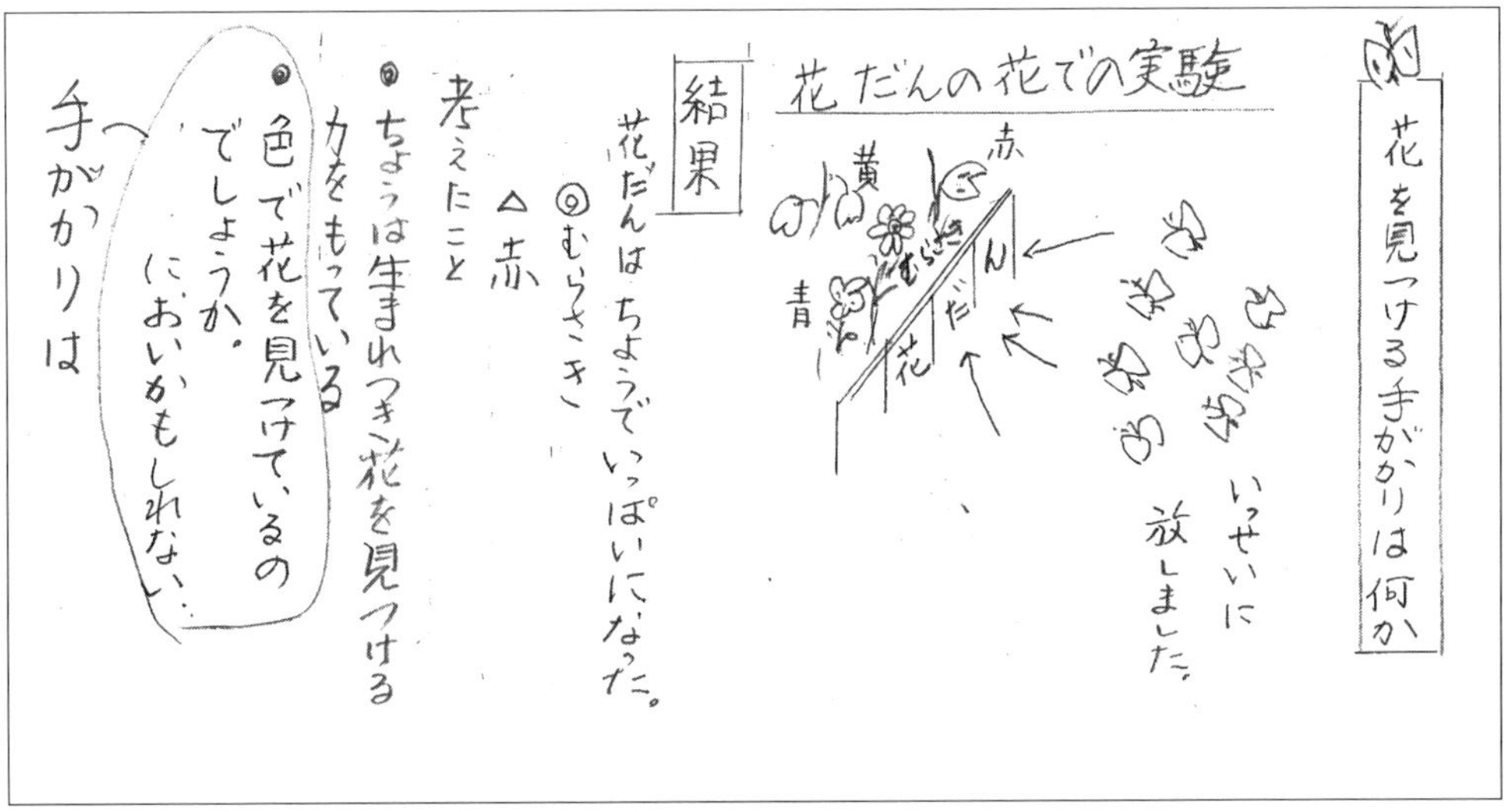

花を見つける手がかりは何か
花だんの花での実験
いっせいに放しました
黄
赤
青
むらさき
結果
花だんはちょうでいっぱいになった。
◎むらさき
△赤
考えたこと
◎ちょうは生まれつき花を見つける力をもっている
◎色で花を見つけているのでしょうか。
においかもしれない…
手がかりは

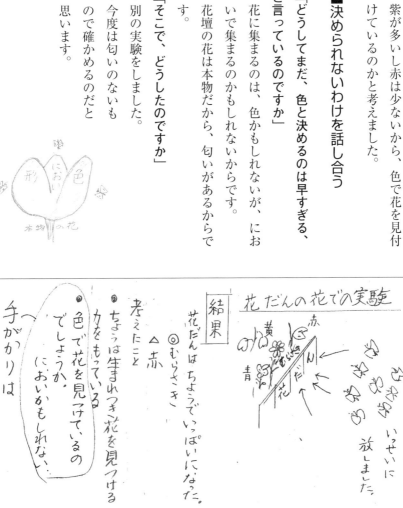

授業展開

第4時

造花の実験の様子・結果・考察

【第九～一〇段落】

■実験の意図を書いて話し合う

九、一〇段落を音読します。

「この実験では何を使いましたか。ノートに書きましょう」

> プラスチックの造花
> 赤、黄、紫、青の四色

「では、なぜプラスチックの花を使ったのかをこの後に書きましょう」

ここは、前の八段落の内容を受けて、実験の「意図」を読み取ることになります。

> プラスチックは、においがない
> それでもチョウは飛んでくるか。

このようにノートに書き、話し合うことで、右に示したような関係・意図をとらえていきます。

■推論を話し合い、ノートに書く

「もし、チョウが、これでも飛んできたとしたら、どんなことが言えますか」

これはぜひ聞きたいことです。

・**もし**ちょうがにおいのないプラスチックの花に飛んできた**とすれば**、チョウが手がかりとしているのは、匂いではないということに**なります**。

ここではこのような仮定法での推論として話ができるといいでしょう。でもまだ子どもたちはこのように整った形では話ができません。もどかしくても、断片的でも話させることが大事です。話し合いの後、ノートにはこういう整った形で書いておきます。文に書くことで整理ができるからです。

■実験の結果を箇条書きする

「ではどうなったか、ノートに結果を箇条書きで書きましょう」

・まっすぐに造花に向かって飛んで行った。
・蜜を吸おうとしているのもいた。
・赤はあまり飛んでいかなかった。

■結果から研究者たちはどう考えたかを書き抜く

> モンシロチョウはにおいではなく、花の色か形にひかれていると考えられるでしょう。

この文を書き抜いてから話し合います。

・プラスチックでも飛んできたのだから、匂

主な言語活動

・実験の意図をつかみ、仮説について説明する。
・「結果」「考えたこと」を抜き書きして話し合う。

いではないと考えました。

・においの可能性は消えました。

このような表現は大事です。この実験は消去法だからです。

・匂いではなければ、色か花の形かなと考えました。

・ここでまた新しい可能性が出てきた。形かなという予想です。

・「ひかれている」というのは「手がかり」ということをチョウの気持ちとして言っています。

■結果が出ても、「推論していない」ことに注目して話し合う

「赤には、あまり飛んでいかないのですが、それについてはどう考えたかは書いてありますか」

・書いてありません。

「では何も考えなかったのですか」

・研究者は、赤とか紫についても話し合ったと思います。

・チョウは紫が好きで赤は嫌いかなとか、紫は蜜が多いとか、よく見えるとか、もうここで考えたと思います。

・でも、実験は、色の区別ではなく、チョウが集まるのは「色か、匂いか、形か」という三つで、どれが手がかりかを調べています。だから、色の違いは、まだ問題にはなりません。

・色が手がかりとわかれば今度は、そのなかの何色かなと、細かく調べると思います。

■付け足しの文の役割を考える

「そうですね。筆者は、色の違いを、この段落のなかでも少し気にしています。どの文ですか」

・造花の場合も赤い花にはあまり集まってきませんでした。

・これで二回目です。だから何か言いたい感じがします。

・色の区別のこと言いたいのがわかります。

・でもそれをここで言い出すと、実験がごちゃごちゃしてしまいます。

・だから付け足しのようになっているのです。

「色が違うということも関係ありそうだけれど、いっぺんには調べられない。一つ一つ、積み重ねていく。そういう姿勢が感じられますね」

最後の段落につながる話し合いになります。

〈板書例〉

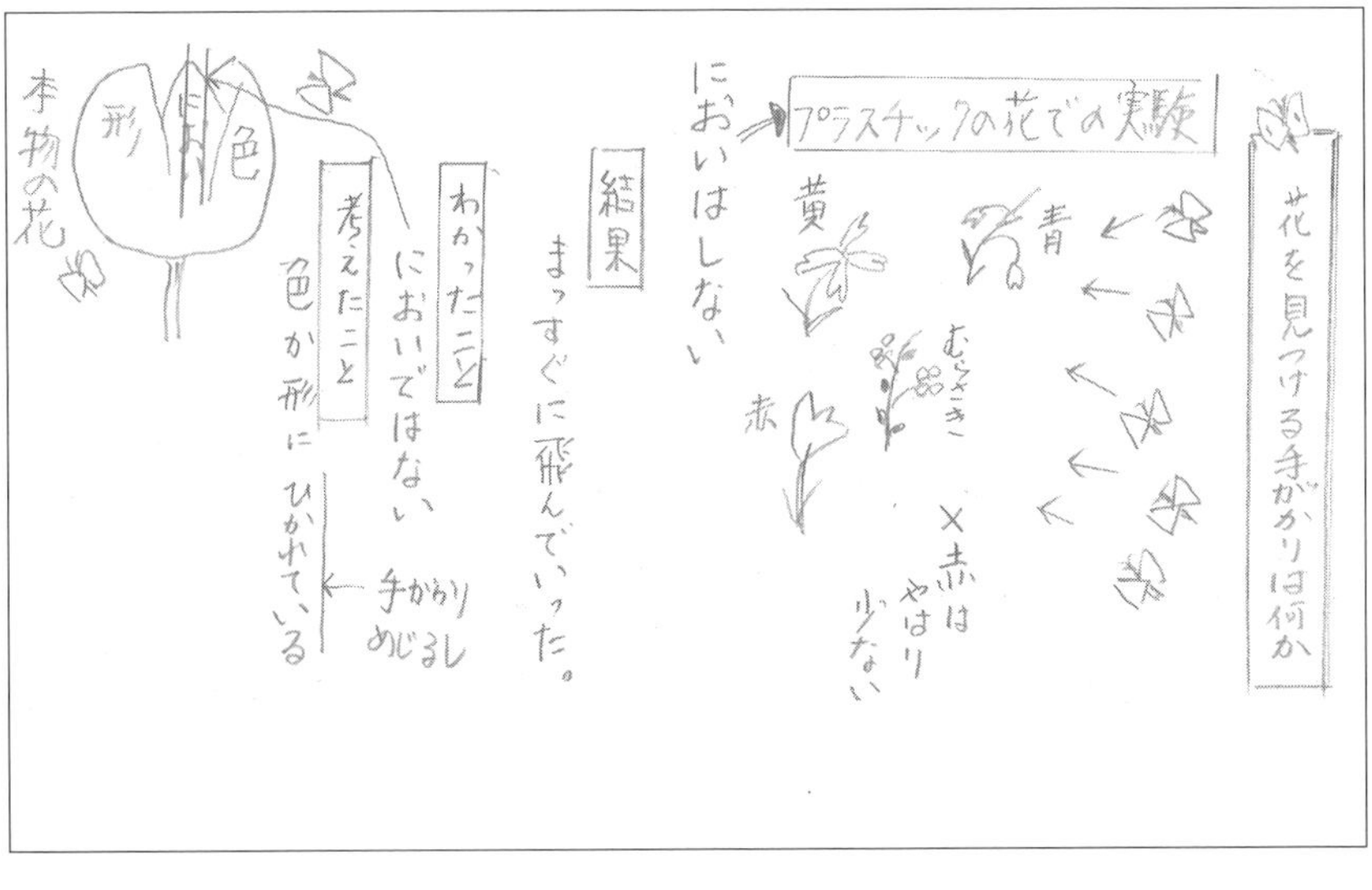

授業展開

第5時

色紙での実験・結果・考察

【第一一～一三段落】

主な言語活動

・「もし……ならば」という形で、実験の意図を書く。
・条件の統一について話し合う。

■実験のやり方とその意図を図に書く

「今度は何を調べる実験ですか」

・形が関係しているか調べる実験です。

「ではどういう実験か一一段落を読んで、使ったものとそのわけを書いてみましょう」

前時に倣って次のようにします。

▼使ったもの
（どれも）四角い色紙。赤・青・黄・紫
▼この実験のねらい（わけ）
もし、（　　　　）色紙に、ちょうが
（　　　　）ならば、
（　　　　）が問題なのではない
ということが分かる。色だけが、チョウを
ひきつけていると言える

■どれも四角にしたのはなぜか話し合う

理科の実験でよくやることですが、四年生のこの段階では、条件を統一したわけを言葉で言うことが大事になります。

「今度の実験では、なぜどれも四角い色紙にしましたか」

・チョウが、もし集まってきたとしても、形を区別していないということがわかるからです。
・四角い花はありませんから。それでも集まってくるならば、花の形は関係ないと言えます。
・形の可能性を消せるからです。
・そうすると残るのは色になります。

■結果をノートに箇条書きにする

「実験の結果が書いてあるところに線を引きましょう」

確認してからノートに箇条書きで書きます。

・ただの紙なのに、色紙にチョウは集まってきた。
・紫にとまったものがいる。
・黄色にとまったのもいる。
・蜜はないのに吸おうとしている。

「この結果から、どのように考えましたか。その文を見付けてノートに書きます」

・色紙を花だと思っているようです。

これ以外は書いてありません。でも、どう考えたかは、一一段落に戻って、この実験の意図から、読み取っていきます。次の問いがそれです。

■実験から考察できることを話し合う

「この実験から、どんなことが言えますか」

・形は問題ではない、ということです。

「なぜ、形ではないと言えるのですか」

・四角だから、花と形が違います。それでも集まるのは、形の違いは関係ないということです。

「そうすると残ったのは何ですか」

・色だけです。

・色で花を見付けるのだと思います。

・でも、色でもあまり来ないのとたくさん来るのがあるのがわかりました。

■表現の変化に着目して話し合う

「では、色による違いも、ノートに箇条書きで書きましょう」

・紫＝一番多い
・黄色＝二番目に多い
・青＝少ない
・赤＝蜜をつけても来ない

「ここからわかることは何ですか」

・色によって好き嫌いがあるようだということです。

・これまでは色についてはこんなに詳しくは書いてありませんでした。

「詳しく書いた、ということからは何を感じますか」

・筆者は、色の区別についても言いたいことが出てきたということです。

・色の違いも問題だと言いたいのだと思います。

「そうですね。ここで、初めて色の違いを詳しく書いているのは、その違いが問題だということを考えているのが感じられますね」

文章における量的な差異・変化は筆者の関心と関係があるという発言です。これは次のまとめての伏線でもあります。

〈板書例〉

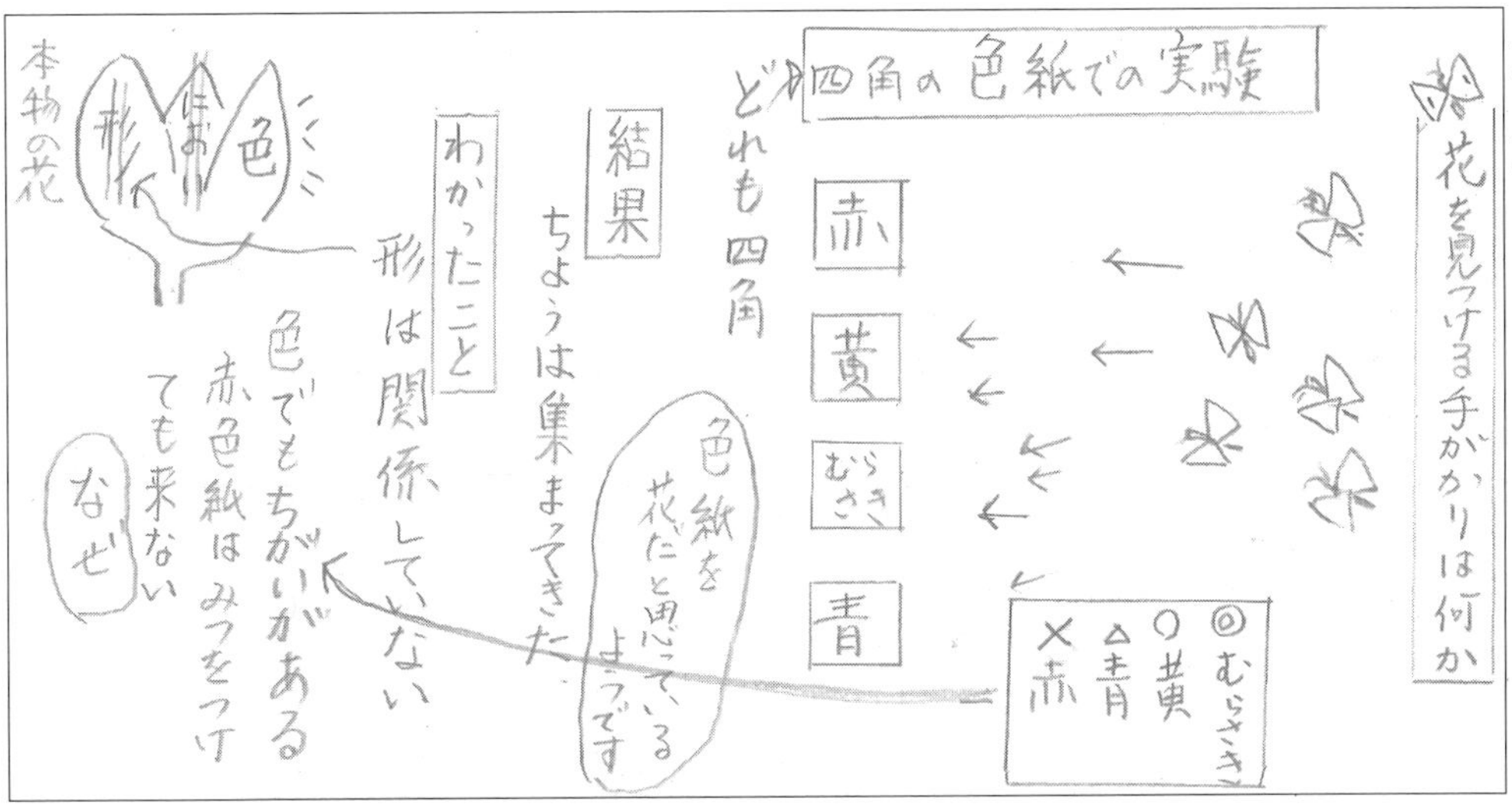

どう読んだらいいか、悩むところ

❶重ねて理解するか、単独で読むか

厄介なのは、「この四角の色紙の実験だけで読む」のか、「前の実験結果も重ねて理解する」のかということです。

「この実験だけからは何が言えますか」と聞けば

・形は関係がない。

となるでしょう。

ところが、研究者も読み手もすでに前のにおいの実験の結果を知っています。それも合わせると、

・形も関係がないから、色だけが関係しているとなります。

教科書では、後者が、色紙の実験の前の「仮説」として出ています。もちろん、仮説がこの実験で実証されたわけですから、これが「考察」となるでしょう。授業提案ではそう扱いました。

しかし、科学的に、考えると、「この実験から言えることは、形ではない」という考察になるのではないでしょうか。色だけだというためには、前のプラスチックの実験結果も入れて考察するからです。

❷構成と表現から

そう読みたくなるのはこの後に、「三つの実験をまとめる段落・一四段落」があるからです。「このような実験から、モンシロチョウは色を手がかりにして花を見付けることがわかりました」。三つ合わせることで、「色だけがかかわっている」と考察しています。ところがすでに、三つ目の実験の仮説のところで「色だけがひきつけていることになるでしょう」と出てしまっています。筆者は、どうしてこう書いたのか。おそらく、研究者のこの実験をするときの意識が反映してしまっている書き方になっているからです。研究者は前のプラスチックの実験を知っていて、これで、残るのは色だけになるだろうと考えます。

「色紙を使ってみました。」の「みました」が研究者の意識に、筆者がかなり近づいていることを示しているのではないでしょうか。

❸色紙は、どこが条件か

四角い色紙についても、悩みました。「どれも形が同じ」として、条件をそろえたこと、としての読みと、「花とは全く違った形」としての設定、としての読みの両方を入れておきました。

これらの、私の混乱をそのままに授業提案には出しておきました。子どもから出されることを期待してのことです。

これらは、この教材文に対する「よし・あし」評価、ではありません。論理を育てるいい教材だと思います。むしろ整いすぎているほうがおかしいと私は思っています。

子どもからは、また、色紙は「形も同じだし、においもないから、この実験から、二つのことが言えます」という発言が出てもおかしくはないでしょう。そういうことを出し合うことで論理的な力が育つのではないでしょうか。

これらについては、ご意見・ご指摘いただけるとありがたいことです。（今井）

授業展開

第6時 実験からわかったことをまとめる【第一四段落】

■まとめの段落を押さえる

一四段落を音読してから聞きます。

「ここにはどんなことが書いてありますか」

・わかったことです。

・モンシロチョウは色を手がかりにして花を見付けるということです。

「そうすると、この段落はどんな役目の段落ですか」

・解決したこと、答えが書いてある段落です。

・まとめの役割です。

1　初め……問題提起

2　中…………実験で調べたこと

3　まとめ……わかったこと、答え

「今日はこの三番目、まとめの段落ですね」

と確認します。

■答えの文を書き抜き話し合う

「答えの文を見付けてノートに書きます」

このような実験から、モンシロチョウは、色を手がかりにして花を見つけていることが分かりました。

この部分が答えです。

「どうして色とわかったのですか」

・三つの実験からです。

■図に書いて整理する

そこで、話し合いながら、問題提起・実験結果・わかったことを次のように整理していきます。

主な言語活動

・問題提起の答えの文を書き抜き、前の文とつなげて説明する。

・色も見分ける根拠を、前の文から見付けて話し合う。

問題提起
チョウが花に飛んでいく手がかりは何か。
色か、匂いか、形か

①花壇の実験・四色の花
花をすぐに見付けることができる

②プラスチックの実験・四色の花
においではない

③色紙での実験・四色・四角形の紙
形ではない

←

分かったこと・答え
チョウは、色を手がかりとしている。

■図と言葉を見ながら説明する

このような板書を見ながら、花を見付ける手がかりは「色」であるということを説明させます。可能性を一つずつ消していく様子が説明できればいいと思います。そして残ったのが「色」だから、花を見付ける手がかりは花の色ではないかと言うことができるという論理をつかみます。グループで説明し合うのもよいでしょう。

■色も見分けることについて話し合う

「手がかりは色だとわかりましたが、そのこともう少し詳しいことが書いてありますね。何と書いてありますか」

・色も見分けることができるようです。
・黄色と紫は見付けやすいです。
・赤は見えないらしいです。
・「ようです」「らしい」なので、はっきりは言えないのがわかります。
・見分けられるは、区別できるということです。

■推論の根拠を見付けて話し合う

「『色も見分けられるようです』は、どの実験から考えたことですか」

・色紙の実験です。紫にはたくさん集まって、赤にはほとんど来ません。
・花壇の実験でもそうでした。
・プラスチックでもそうでした。

「三つの実験の結果からだけでしょうか」

・この三つの実験の結果から、はっきり確かめる別の実験をしたと思います。

「どういうやり方ですか。想像しましょう」

・今度は、何色も用意して色だけ変えて調べたと思います。それでわかりました。
・モンシロチョウの「目」を調べたと思います。

「きっとそういうことをして、紫はよく見える、赤は見えないらしいとわかってきたのでしょうね」

■写真を見て話し合う

教科書の写真を見て、チョウがどの花に集まるかを、そのわけ・色を述べながら、発表します。四人のグループでやるといいでしょう。

〈板書例〉

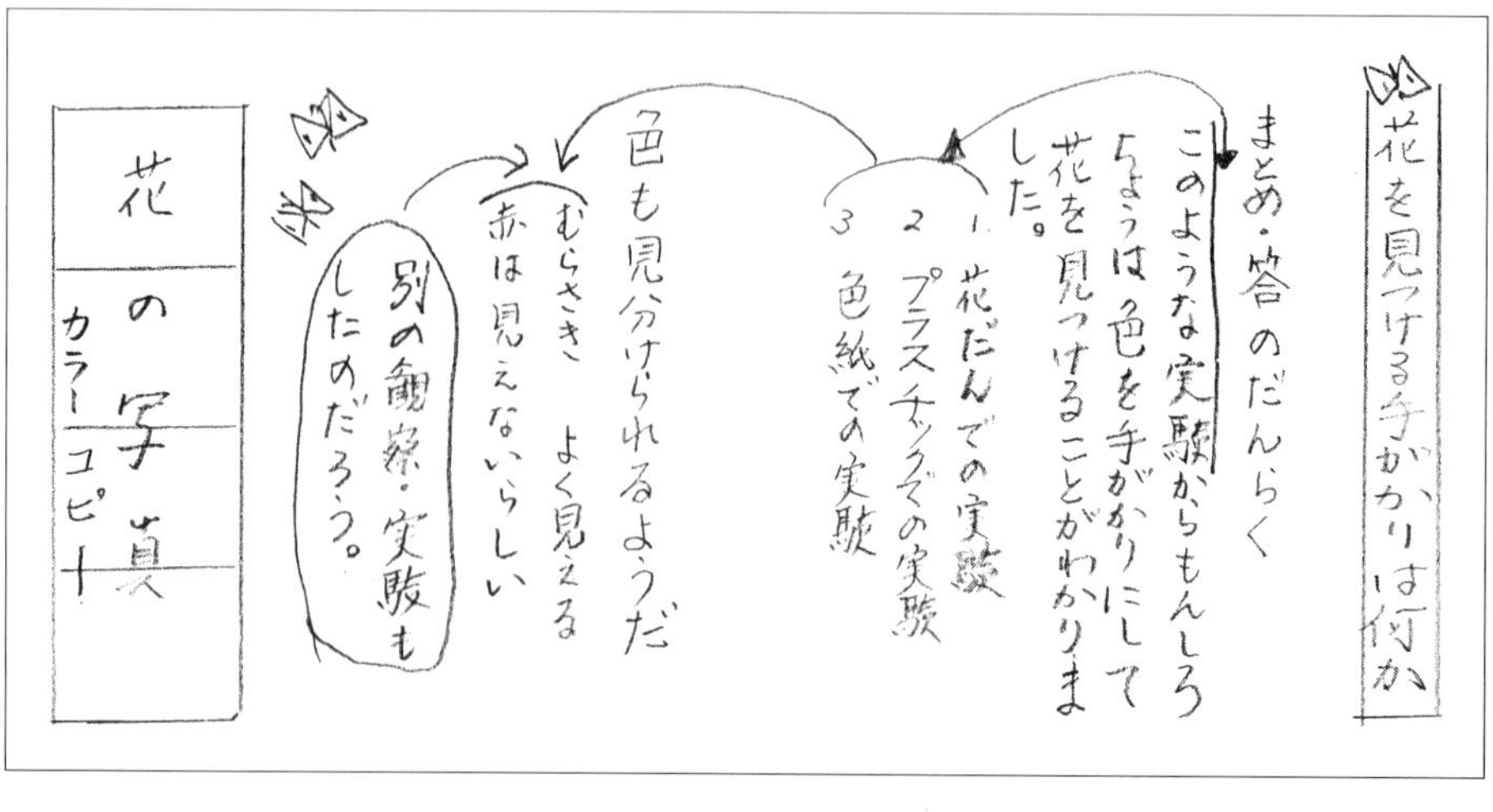

授業展開

第7時 大きなまとめの段落を読み、全体の構成をつかむ

【第一五段落・全体】

■筆者の考えをつかむ

最後の一五段落は「科学＝昆虫学」に対する筆者の考えが述べられています。

音読してから、こう聞いてみましょう。

「ここにはモンシロチョウが花を見付ける手がかりのことが書いてありますか」

・書いてありません。

・色や形やにおいや、花や、モンシロチョウのことは出ていません。（一七一ページ参照）

「それではこの段落は、いりませんか」

・なくても大丈夫です。問題提起の答えは、前のまとめの段落にありました。

「そうですね。答えはもう出ていますね。ここには別なことが書いてある。だから要らないと言う人がいてもおかしくないのですね。では、どんなことが書いてありますか」

・筋道を立てて、実験・観察を重ねていくことが大事ということです。

・筆者の考えです。

■言葉の変化に注目して話し合う

「今までは、モンシロチョウでしたね。花を見付ける手がかりのことでしたね。ここはどうなっていますか」

・「昆虫は」とか「生活の仕組み」とか書いてあるので、他の虫でも、エサのこととか、いる場所のこととか、他の研究でも筋道を立てていくのが大事だと言っています。

・この研究のやり方は他のことでも使えますと言っています。

これらの発言を整理していきます。

・モンシロチョウ→昆虫
・花を見付ける・蜜を吸う→生活

これを一般化と言うことができます。

・三つの実験・観察（個別の課題）
→実験・観察（ほかの課題）

これも一般化です。一般化と教える必要はありませんが、一つのことから他のことにまで適応を広げていることを、「言葉」の変化でこのように見ていきます。

説明文の「まとめ」には、よくこのように一般化があります。言葉の変化でそれを見付

主な言語活動

・話題の発展変化を、言葉から見付ける。
・構成について話し合う。
・筆者の気持ちを考え、最後の段落について話し合う。

けるようにしたいものです。(一七一ページ参照)

■最後の段落と以前の段落の関係を話し合う

「この最後の段落は、問題提起の答えではなくなりますね。何を言っている段落ですか」

・筋道を立てて考えて、実験・観察したら、答えがわかった。だから、こういう実験や観察は大事だと筆者が言っています。

・関係はあるけれど、別のことを言っています。

「そうすると、このようになりますね」

関係を図示します。【1】

> ①問題提起
> ②〜⑬　モンシロチョウのこと
> ⑭　答えがわかった
> ⑮　昆虫の研究のやり方のこと
> 　(最後の段落・大きなまとめ)

「これを見て気付くことはありませんか」

・量が違います。最後のまとめは文章が短い。

・「花を見つける手がかり」のことだけならば、一四段落で終わってもいいのがわかります。

・こうやると「手がかり」がわかった、だから、研究のやり方は大事だというのが最後の段落です。

「花を見付ける手がかりだけならば、一四段落でもうわかりますね。でも筆者は、研究のやり方についても言いたいのですね」

・三年生で学習した「メダカ」は、メダカの体のことだけでした。

「いいことに気が付きましたね。メダカでは、だから魚の体はこうなっている、というようにまとめては書いてありませんでしたね」

■「まとめ」を書いた筆者の気持ちを考える

「先ほど、この大きなまとめの段落はなくてもいいと言った人がいましたね。先生もそう思います。でも筆者は、それを付け足してしまった。なぜでしょうか」

・一つ一つ確かめながら観察実験をしていくやり方を見て、なるほどと思ったからです。

・一つだけですぐに結論を出さないで、実験と観察を重ねているからです。それを見て、すごい、これが科学だと思ったからです。

「そうかもしれませんね。筆者は、『実験と観察を重ねていけば』と言っていますね。日高先生たちは粘り強くしかも一つ一つよく考えて、結果を重ねている、そういうことにきっと感動したのかもしれませんね。それでこの段落を付け足したのかもしれません」

■段落関係の整理をする

次の見出しを用意して、【1】に重ねて、黒板に貼ります。子どもたちは、教科書の段落の頭のところに書き込みます。【2】

> A〈日高先生たちの研究〉
> 問題提起・花を見付ける手がかりは何か
> 花壇の実験
> プラスチックの実験
> 四角い色紙の実験
> 問題の答え
> B〈筆者の考え・まとめ〉

構成を確かめながら、全文を音読して終了します。

〈板書例〉

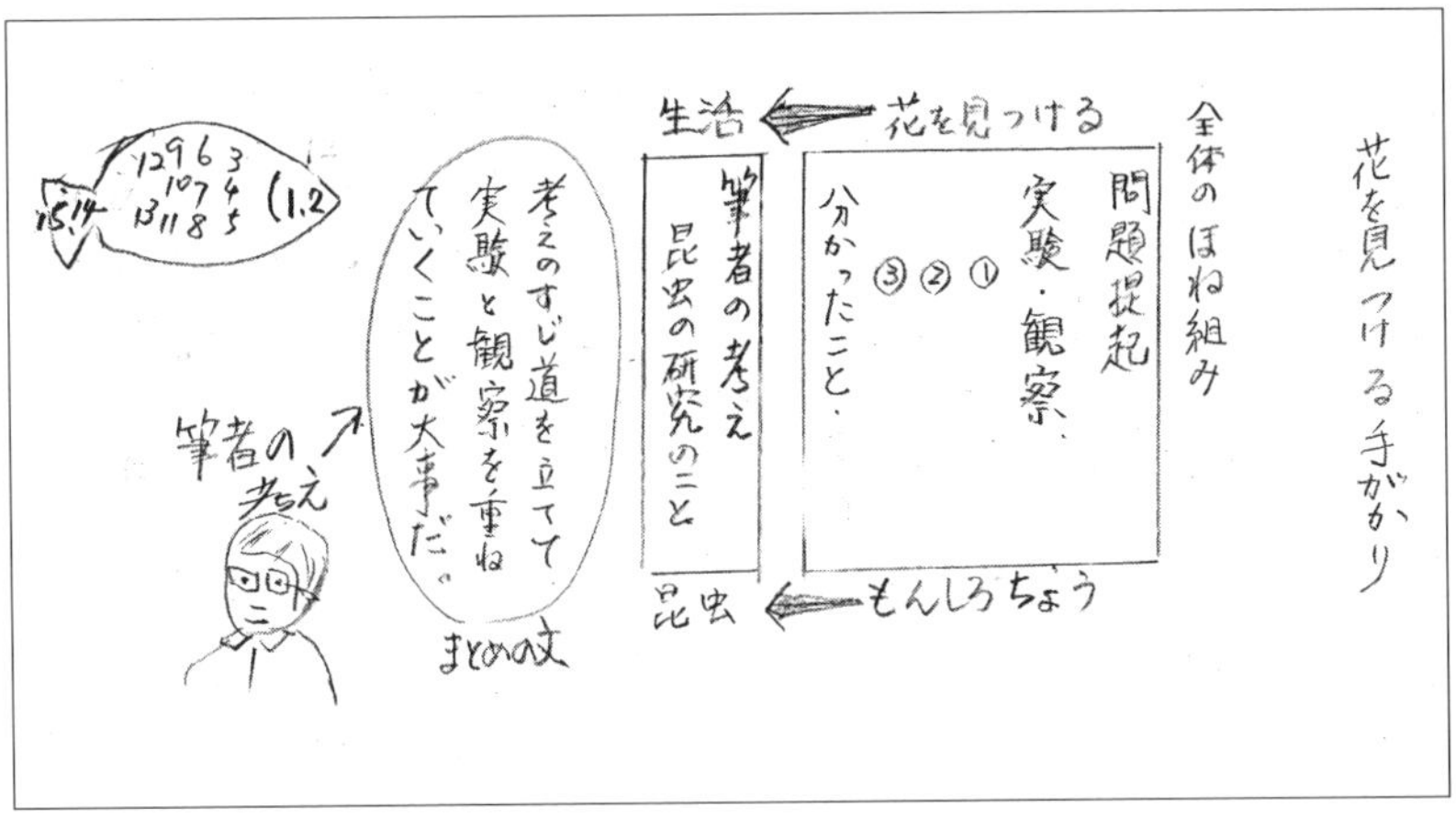
花を見つける手がかり
全体のほね組み
問題提起
実験・観察、
分かったこと。①②③
花を見つける
生活
もんしろちょう
昆虫
筆者の考え
昆虫の研究のこと
考えのすじ道を立てて実験と観察を重ねていくことが大事だ。
筆者の考え
まとめの文

▼一五段落を鯛焼きのしっぽに入れるか、しっぽの外にするか、話し合うのもいいでしょう。お皿に乗せた鯛焼きとすれば、一五段落はお皿のなかには納まります。

一般化　～個別・具体との対比～

最後の段落は「チョウ」ではなく「昆虫」となっています。蜜を吸う、エサを捕るは具体ですが、それをまとめて「生活」と書かれています。こういうところに気付かせるために、「チョウのことが書いてありますか。蜜を吸うことが書いてありますか。花の色のことが書いてありますか」と、わざと聞くとよいでしょう。本書は、それを意識して書きました。

もう一つ考えます。それは、「一般化の方向性」です。ここで筆者は、「研究の仕方」の方向へ論を進めて一般化しています。

もう一つ可能性としては、「昆虫が餌に接近する方法・機能」として、または「生命の働き」として一般化することがあります。

●「まとめ」と「一般化」。その妥当性

抽象的な表現、一般的な言葉を見付けることができるようになると、説明文のまとめの段落が見付けられるようになるでしょう。一般化はまとめと密接に関わっているからです。

そして、どういう方向へ一般化しているか、それが適切・妥当かも考えられるようになるでしょう。教科書の説明文には、時には、かなり無理をした一般化もあるからです。

●一般化の妥当性を吟味する方法

この「花を見つける手がかり」の最後の段落は、単なる一般化という読みはしませんでした。筆者が「こう書きたくなってしまったわけ」として話し合いました。「一五段落を付けたしたくなったわけ」が、無理なく子どもに理解されたとすれば、この文章の最後の一般化は、成功していると言うことができます。そうならない場合には、一般化を急ぎすぎたということになるでしょう。

●最後の一五段落の扱い、構成のこと

第2時では、⑮を「しっぽ」に入れましたが、7時では、それを微妙に変えました。しっぽの外に出すという考えも魅力的です。でも、お皿のなかには納まっているのです。

（今井）

3　一人読みをもとにしながら具体化して読む

「ウナギのなぞを追って」

塚本勝巳（作）
（光村図書・四年下）

書いてある言葉につぶやきで反応しながら読む。また、図や表と本文をつなげて説明することで、読みを確かにしていく。

ねらいと学習の重点

「説明文」というよりも報告文、ルポルタージュといった方がいい文章です。しかも研究の過程とそれに関わる人たちの心意気が伝わってくるすぐれた文章です。

ここでは、事実と考察を区別して読むことが求められています。そして、どの事実からどのような考えが引き出されたのかをつなげて読み取ることが大切になります。抽象的な部分は、具体化して見えるようにしていきます。

このなかでは場所と時期・時間が大事な要素です。この三つのキーワードにかかわる言葉に着目して読んでいきます。また、表や図と本文をつなげて読み取っていくことも、課題になります。簡単な要約も言い換えも課題になるでしょう。

今回は、子どもたちのつぶやきや疑問などをもとにして課題を立て、これらの学習活動を展開します。つぶやきのなかに、表現・言葉への着目、思考が生まれるからです。その際、筆者の思いが表現されていることにも注目していきます。

■学習指導計画〈10時間〉「ウナギのなぞを追って」

時	学習内容	学習活動
1	話の大体をつかむ	・題名から内容を想像して話し合う。 ・話の大体をつかみ、感想を書く。
2	話題の提示について読む	・繰り返しの表現に着目して、図に描き、理解したことを文にまとめる。 ・中心文から話題提示について考え、筆者の意図を書く。
3	調査のねらいと方法を読む	・調査の仕方とそのねらいについて読み取る。 ・事実と考えのつながり方を図に描き、再構成した文を書く。
4	ウナギの産卵場所をどのように予想したのかを読む	・図にかき、調査範囲を広げたわけを話し合う。 ・卵を産んだ場所をどのように予想したのかを図に記入しながら話し合う。 ・調査・研究の仕方について感想を書く。
5	整理して分かったことを読む	・整理して気付いたことを話し合う。 ・産卵場所について考えたことを言い換える。 ・産卵日を特定することについて、図を見て、話し合う。
6	産卵場所を特定していく方法を読む	・新しい言葉に注目して、場所を狭めていく方法をまとめる。 ・図を見ながら、分かることや気付いたことを説明する。 ・感想を書く。
7	産卵場所を特定した瞬間の筆者の思いを読む	・基本的な事実を押さえて、まとめる。 ・表現のしかた、語句から筆者の気持ちを読み取って話し合う。 ・感想を書く。
8	筆者の研究への意欲を読む	・中心文を視写して、筆者の思いを話し合う。
9・10	紹介文・要約文の書き方を学ぶ	・興味をもった部分を引用して紹介文を書く。 ・目的に合わせて要約文を書く。

授業展開

第1時 話の大体をつかむ

主な言語活動

・題名読みをし、つぶやきを書く。
・全文を読み、大体の内容をつかむ。
・初発の感想を書く。

■題名から想像して話し合う

まず、題名について話し合います。「ウナギのなぞを追って」という題名を各自独り言を言いながら読ませます。こんな感じでつぶやく子どももいるでしょう。

・ウナギ……カタカナか。どうして。
・ウナギの……ウナギのことだな。何かな。
・なぞを……わからないこと、知りたいことだ。
・追って……追いかける。調べることかな。

つぶやくことは立ち止まること、考えることなのです。この例にあるように言葉に即して読むという姿勢が生まれます。さらにこのなかには、これからの読みの課題も出てきます。

■つぶやきをノートに書く

「つぶやいたこと、心の中に浮かんだ言葉をそのままノートに書きましょう」

ノートに書いたら、それを発表して交流します。板書は模造紙にします。あとでまた使うためです。

・ウナギの成長の謎のことかな。
・ウナギの栄養についてかな。
・ウナギのいる場所のことかな。
・調べるのが大変だったことかな。

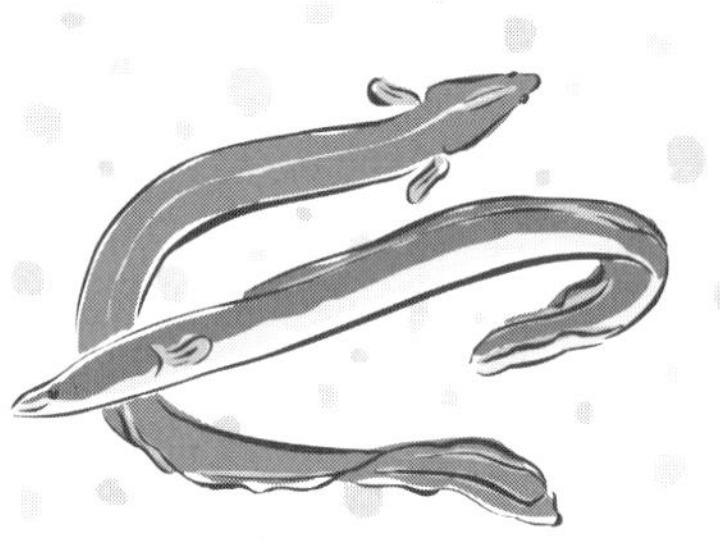

おそらく「ウナギのこと」「調べること」についての話し合いになるでしょう。それ以外の上記のようなつぶやきも、書いて掲示しておきます。今後読み取っていく際に出てきたら、関連づけることにします。

「さあ、どんなことが書かれているかな」

こうして、全文の音読に入ります。

■全文を読み、難語句の意味を知る

教師が範読します。そのあと、全文を各自で読みます。そしてどんな話だったかを大まかにつかむ話し合いをします。

・ウナギが卵を産む場所を見付ける話です。
・ウナギがマリアナの海山の近くで卵を産むことが書いてありました。

「題名の予想で、『調べる』『場所のこと』と言った人がいましたが、そういう話ですね」

　このあと、「海流」「レプトセファルス」「上流と下流」「年輪」「海山」の意味や位置を簡単に教えます。

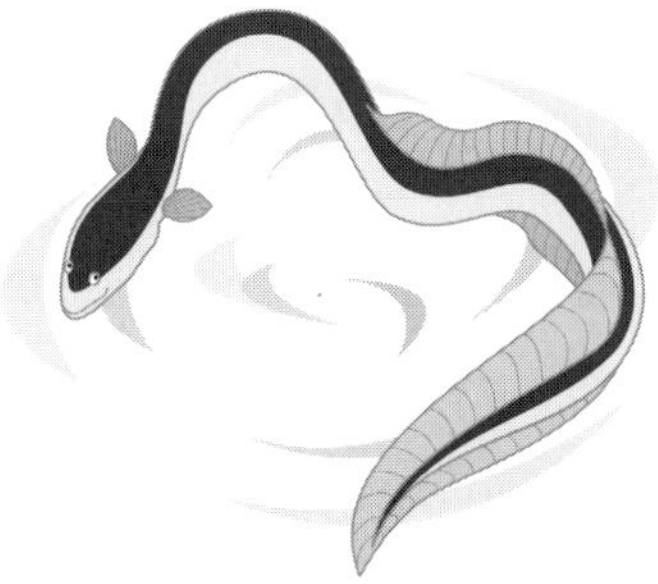

■初発の感想を書いて発表する

　さらに、初発の感想をノートに書き、何人かに発表してもらいます。

　ウナギに関するものと、研究方法に関するものに分けて発表してもよいでしょう。

〈板書例〉

ウナギのなぞを追って

ウナギの
・生きもの、魚、川、沼などにいる。
・かばやきにするとおいしい。
・ぬるぬるしてつかみにくい。

なぞを
・わからないこと、ひみつ
・ふしぎなところ
・調べたいこと

追って
・調べる。ずうっと続ける。
・何かがわかった。
・まだ続けている。

ウナギのたまごを産む場所を見つける話
調査・研究して、ウナギはマリアナの海山の近くの海でたまごを産むとわかったという話

◇つぶやきは思考の表れ

　新しいことや分からないことに出会うと「待てよ」「おや」と人はつぶやきます。そして思考が始まるのです。文章を読みながらも、実はつぶやいているのです。それを「声に出そう」「つぶやいていいんだよ」とすることで、意識化させようというのが「つぶやきをもとにして読もう」ということです。

・海……似た言葉が多い。大事な言葉だ。
・今年も……何回も。なぜ？
・やってきました……はるばると。
・調査……何を。どうやって。
・あざやかなぐんじょう色……きれいだ。

　特につぶやきが多い場所は、読み手にとっては、大事な場所なのです。そこが課題となることが多いでしょう。

　この授業でも、この段落での学習課題は何かを教師は前もってもっていることが必要です。それがないと、ただ散漫な話し合いになってしまいます。

話題の提示について読む

第2時

【第一〜三段落】

■本文を音読し、書き込みをする

この三つの段落は、「はじめ」としてのまとまりをもっています。しかし、はっきりと話題を提示していません。筆者の意図を読むことで、どんな話題をこれから展開していくのかが見えてきます。

第一〜三段落を教師が音読します。そのあと、全員が立って微音読します。このときの読み方は各自、自分が理解できる速さで読みます。終わったら座ります。そして、ひとり言（つぶやき）を言いながら教科書の本文に思い付いたことを書き込んでいきます。書き込みは、単語・語句で書くようにします。しっかりした文の形では書かせません。記号（マーク・線）も使います。

〈教科書への書き込み例〉

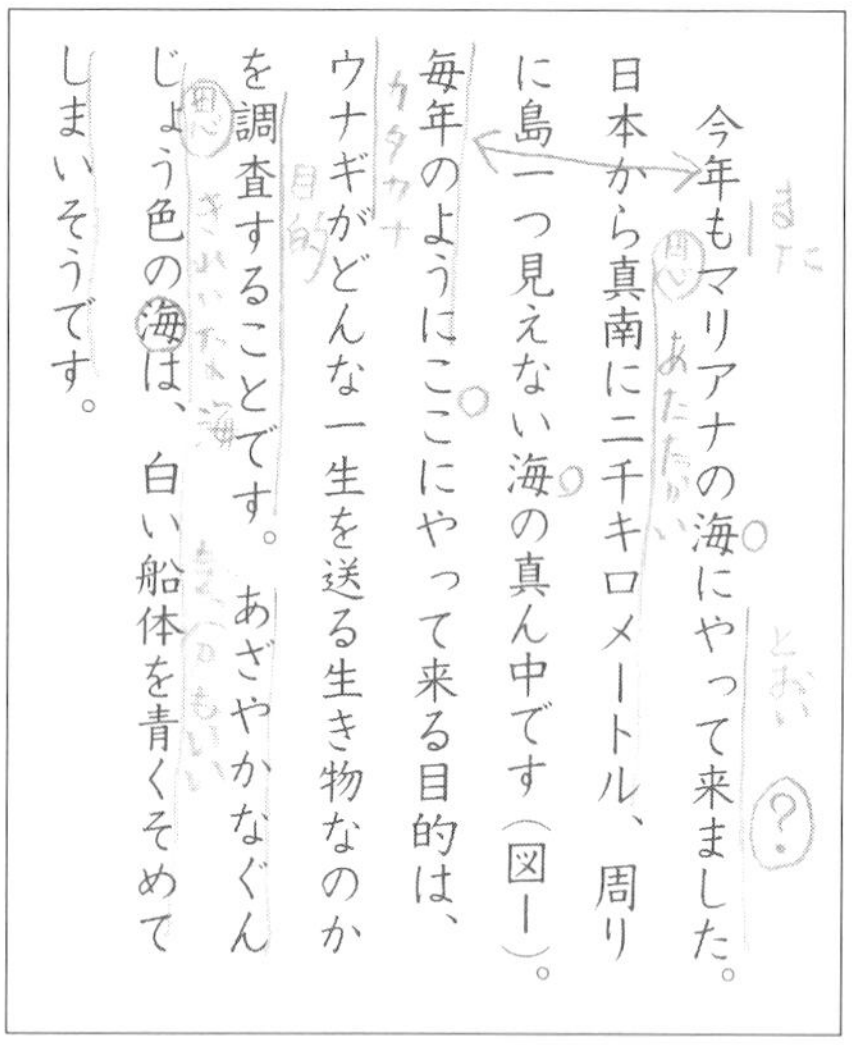
今年もマリアナの海にやって来ました。日本から真南に二千キロメートル、周りに島一つ見えない海の真ん中です（図１）。毎年のようにここにやって来る目的は、ウナギがどんな一生を送る生き物なのかを調査することです。あざやかなぐんじょう色の海は、白い船体を青くそめてしまいそうです。

ほぼ毎時間このようにします。

この作業は五分間くらいにして、途中でも打ち切ります。

主な言語活動

・繰り返し使われている言葉・語句に注目して、図に表し、文章を書き直す。
・筆者の意図をつかんで書く。

■話題提示の段落を押さえる

書き込みのあと、読み取り、発表に入ります。三つの段落を二、三人に音読してもらいます。

「この三つの段落は、この文章全体のなかで、どんな役割をもつところですか」

こうして、まず、全体をおさえます。

・「はじめ」の部分です。
・「これからこういう話をしますよ」というところです。

「では、そうなっているか読んでいきましょう。第一段落で気付いたこと、書き込んだことを発表してください」

・「今年も」だから、前にも来ています。何度も来ています。何のために来ているのかな。

・主語がありません。「わたしは」がないけれど、分かります。
・ウナギのことかなと予想しました。
・マリアナってどこなのかなと思いました。

言葉だけでは分かりにくいことは、絵・図などで補います。地図帳で「マリアナの海」を調べます。

・沖縄よりも遠い。
・台湾よりも南だ。

■繰り返し表現される言葉から場所の重要性を押さえる

「この第一段落のなかで、マリアナの海と同じ場所を指している言葉がいくつもありますね。いくつありますか」

同じことを指す別な表現に線を引き、見付けさせます。

・マリアナの南
・真南に二〇〇〇キロメートル
・島一つ見えない海の真ん中
・ここ
・あざやかなぐんじょう色の海

「このことから、どんなことを感じますか」

・マリアナの海は大事なところです。
・筆者はこの場所について、何か言いたいのかな。

「このように繰り返し出てくる言葉、似た言葉は多くの場合、筆者の伝えたいことを示しているのですね。筆者にはこの場所が大事なのですね、きっと」

■大事な言葉を押さえてから図に表す

「今、学習したやり方を使って、第二段落を読みます。書き込みながら読んでもいいです」

・「日本」が三回も繰り返されている。
・「ウナギ」も大事なんだ。三回も出ている。
・「南の海・ここ・卵を産む場所・ここ」。

これを内容の読みと関わらせて図に描いていきます。

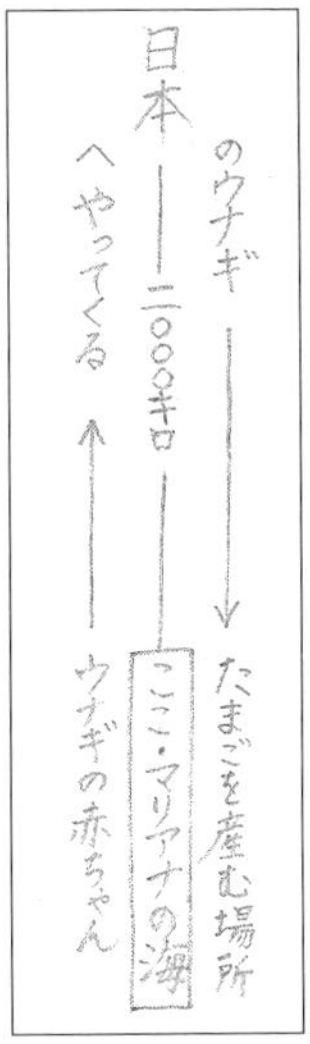

■図をもとにしてリライトする

「『ここ』『マリアナの海』とはどういう場所ですか。この図を見ながら文でノートに書きましょう」

・（ここ・マリアナの海は）日本のウナギが集まってきて、たまごを産む場所です。
・（ここ・マリアナの海は）日本のウナギの赤ちゃんが生まれる場所です。

このような二つの説明文になるでしょう。

「筆者はこのうちのどちらを一番言いたいのでしょう」

・はじめの方のたまごを産む場所ということです。
・「実は……です」という言い方で分かります。

ここで、ここまでのまとめをします。

・マリアナの海……筆者にとって大事な場所
・マリアナの海……ウナギが卵を産む場所

■中心文を見付け、筆者の意図を考える

第三段落は三つの文でできていることを確認します。それから聞きます。

「一番大事な文、中心の文はどれですか」

・一つ目の文の「分かったのは、つい最近のことです。」です。

・三つ目の文の「つき止められるまでに、実に七〇年以上の年月がかかったのです。」の方だと思います。

　話し合っていくうちに、三つ目の文の文末「のです」という強意（断定）の表現に着目して、後者であるという意見が出されるでしょう。「実に」についても同様な意見が出るでしょう。

　さらに、第一文と第三文は同じことを別な言い方で言っている裏返しの表現だから、両方が大切な文だという意見も出されるでしょう。「つき止める」という表現の強さから後者だという考えも出てくるでしょう。

「つい最近分かったことなのですよ。それまでに七〇年以上かかったのですよ、ということを言いたいのですね」とまとめておきます。

　おじいさんの生まれたころ、お父さんはまだ生まれていなかったころから始めて今までかかった。ここに筆者の思いがあります。

■筆者の提示している話題について読み取り、ノートに書く

「『それからこの場所がつき止められるまでに、実に七〇年以上の年月がかかったのです。』という文から、筆者がこれから話すことが予想できますね。どんなことを話したいのでしょうか」

　ノートに書きます。

・調べたことを伝えたい。

・七〇年もかかった、苦労したことを話したい。

・長い間かかって場所をつき止めたことを教えたい。

「筆者は『長い間の調査のことや工夫したことなどをこれから伝えますよ』と言っているのですね」

　本文を音読して終了します。

〈板書例〉

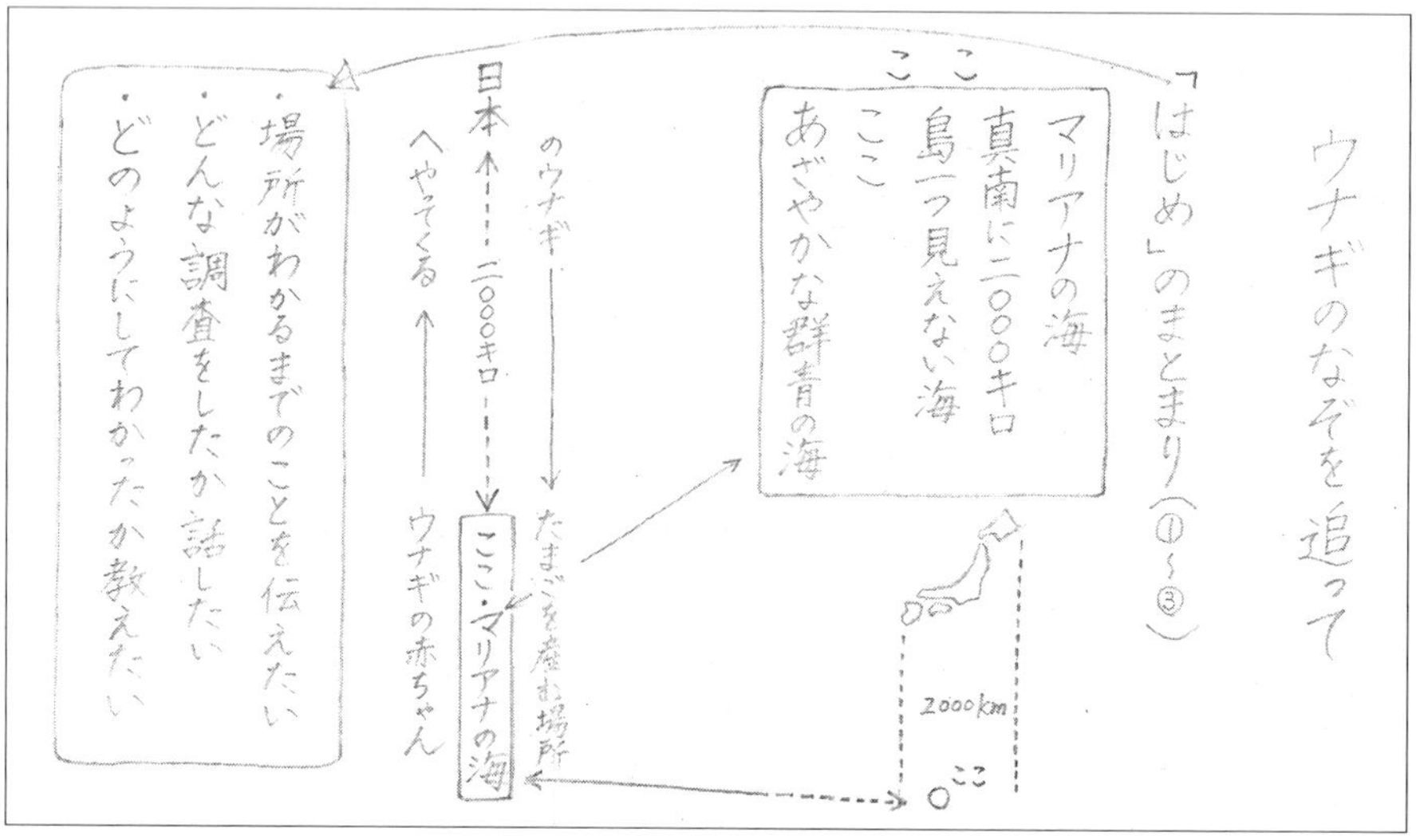

授業展開

第3時

調査のねらいと方法を読む

【第四、五段落】

■本文につぶやきを書き込む

教師が音読したあとで、各自、教科書につぶやきを書き込みながら読んでいきます。前回と同様に語句、単語、記号で書き込みます。関係ある言葉は線でつなぐようにします。書き込みの作業は、途中でも五分程度で終わりにします。

■言葉のかかり方から、調査を具体的につかむ

第四段落について、つぶやきなど記入したことをもとに話し合います。

・調査したことが分かります。
・「より小さいウナギを追い求めることから始めました。
・「追い求める」は「探す」ということです。簡単ではないという感じです。
・レプトセファルスを探すのです。

これだけでは言葉の言い換えにとどまってしまいます。そこで、具体化します。

■繰り返し調査した意図を考える

「『より小さいウナギを追い求めて』ということはどういうふうにしたということですか」

・もっと小さなものを探したということ。
・追い求めたのだから、ずうっと続けて探したということです。
・より小さいのだから、見付けたら次はもっと小さいのを探す、またそれより小さいのを見付ける。次々とそれを繰り返したということです。

主な言語活動

・言葉のかかり方に気を付けて、具体化して読む。
・図に描いてから、説明する文章を書く。
・「事実」と「考え」の関連を考え、理解したことを書く。

「より小さい」と「追い求める」のかかわり方に着目して読むと、調査が具体的に見えてきます。（板書参照）

■レプトセファルスを探すわけについて話し合う

第四段落にはレプトセファルスを探すわけは、はっきりとは書かれていません。しかし、第一文に主語として「たまごを産む場所を探す」という目的が書かれています。それに気付かせたいのです。

次のような問いをします。

「何のためにウナギのレプトセファルスを探すのですか」

・ウナギの卵を産む場所を探すためです。
・小さいウナギのレプトセファルスがいれば

その近くに卵があると言えるからです。卵を産む場所が分かるということです。

小さいレプトセファルスがいる。

←

（その近くに卵を産む場所がある）

こうして「調査のねらいは、卵を産む場所を探すこと」と押さえます。それを表す言葉が第一文の主語となっています。

■「事実」と「考え」に分けて読む

第五段落は事実と考えが関連付けて書かれています。

「ここでは事実と考えたことに分けて読んでみましょう」

事実には――、考えたことには〜〜を引きます。

○事実

・一九六七年、最初のレプトセファルス五四ミリメートルの……（大きさ）

・台湾の近くの海で……（場所）

（生まれてからだいぶ時間がたっている）

○考えたこと

・かなりのきょりを海流で流されてきた

・生まれた場所は、海流をもっとさかのぼった先にある。

「生まれてからだいぶ時間がたっている」は事実か、分かったことか、意見が分かれるでしょう。話し合うことで「大きさから分かったこと」だから、考えたことに入れるというのであればそちらに入れます。

■事実と考えのつながりを押さえて図に描く

「どういう事実から、生まれたところはもっと先にあると考えたのですか」

・五四ミリメートルと大きい事実です。生まれてから大分時間がたっていると考えました。

・時間が大分たっていて、その間、流されていたから、その時間の分をさかのぼる、上流のところで生まれたと考えました。

・台湾の近くで、もう、五四ミリメートルだから、生まれたのは台湾よりもっと先のほうだと考えました。

これらの話し合いの後でノートに図で描きます。

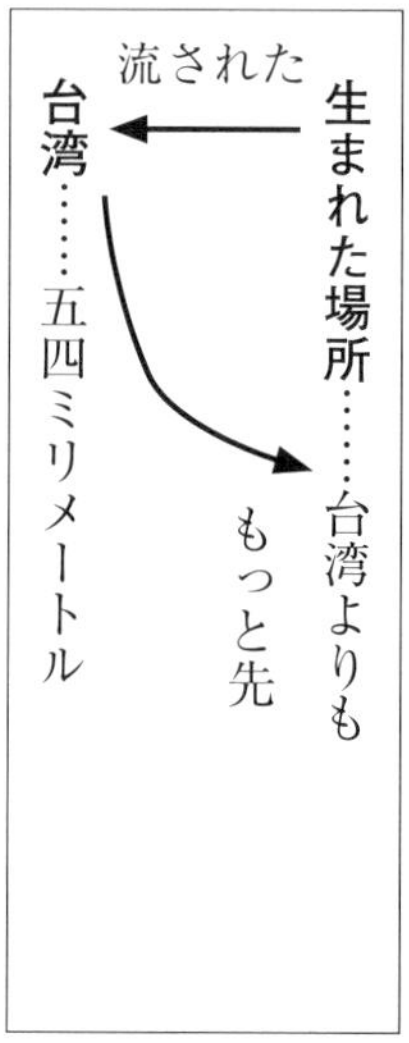

■図をもとにして、自分なりに理解したことをノートに書く

「生まれたのは台湾の近くではなく、もっと先だと考えたわけをノートに書きましょう」

事実を挙げて、考えを書くことになります。この図を参考にして文を書きます。

・台湾の海の近くでとれたのは、かなり大きく育っていたので、もっと遠くで生まれて流されてきたと考えた。（――が事実部分）

事実と考えたことがつながるように書けたかを交流して確かめます。発表を受けてさらに話し合います。

「これからはどこを探そうと考えたのでしょうか」

・台湾よりも海流をもっとさかのぼったところ。
・さかのぼるというのは、流れを逆に上がっていくことです。
・台湾よりももっと南です。

こうすると、次の調査の展開を予想できます。

■文末表現について話し合う

第四、五段落の時点では、筆者はまだこの調査には参加していません。前の人たちの調査・考察です。それが文末表現に反映しています。

……始まりました。
……思われました。
……考えられました。

ここの文末表現には、前の人たちがしたことが暗示されています。次の段落でそれが分かります。研究はつながっていくのです。

●文章を読む力をつけるために●
〜文のつながり方に注意しよう〜

この四段落は文と文のつながり方が見事です。

①……**調査**は、より小さいウナギを追い求めることから始まりました。
②調査では、**目の細かい網を使って**……
③網のなかには、さまざまな色や形の**小さな生き物が入ります。**
④このなかから、**レプトセファルスと呼ばれるウナギの赤ちゃんを**……
⑤レプトセファルスは**透明で柳の葉の形**……
⑥海のなかで**沈みにくく海流に乗って運ばれやすく**なっているのです。

新情報が次の文では、旧情報となっていきます。新情報だけを追っていくと、この段落のまとめができます。⑥のなかにこれまでの①から⑤までの情報が詰まっていると考えることもできます。（ゴシック文字は新情報。傍線は旧情報）

〈板書例〉

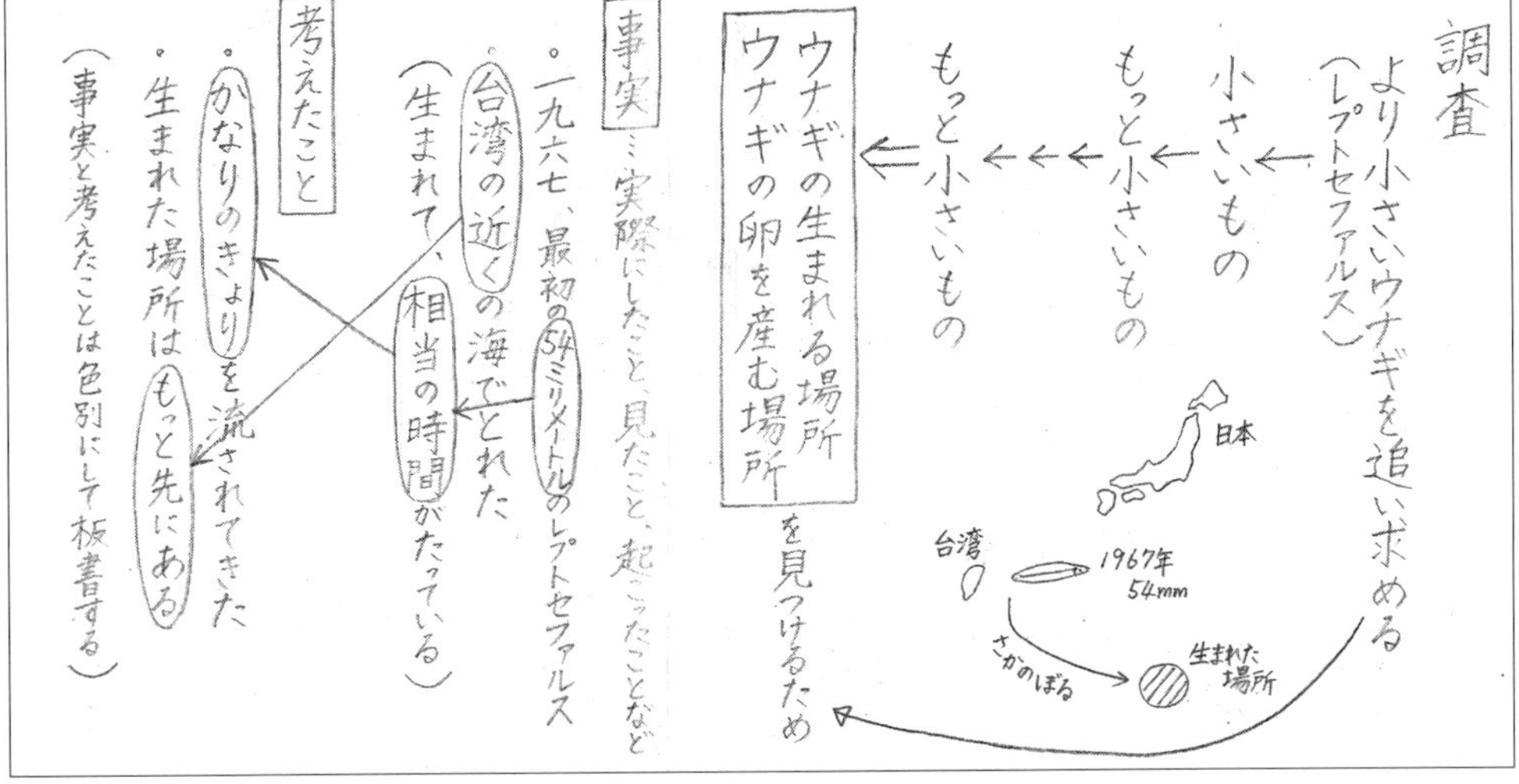

授業展開

第4時

ウナギの産卵場所をどのように予想したのかを読む

【第六・七段落】

主な言語活動

・場所の見当を図に描き、細かな表現を読み取って話し合う。
・調査・研究の仕方について感想を書いて話し合う。

■発言を整理して課題を作る

今回も子どもの書き込みの発表から入ります。こういう授業のよさは、子どもの気付きや疑問などがたくさん出されることです。その反面、散漫になるという難しさもあります。そこで、子どもの発言は整理するようにします。

・筆者が調査に参加したのが一九七三年、ここからはそのときのことが書かれている。
・調査の範囲を広げたこと。
・より小さなものがとれたこと。
・レプトセファルスの輪のこと。
・生まれた場所を予想したこと。

子どもたちの発言を聞きながら、このように黒板に整理していきます。そして、本時で重点的に取り扱うところを決めていきます。

■調査範囲を図に描き、広げたわけを話し合う

「調査範囲をどちらに広げましたか。地図に記入しましょう」

ノートに簡単な日本列島、台湾の位置を描いてから、広げていった方向を線で書き込みます。AとBの意見が出されると考えられます。ここで話し合います。

・「南へ、そして東へ」だから、どちらも合っています。

また、「そうかな」という反論も出されるかもしれません。

・「さらに小さなレプトセファルスを求めて、調査範囲を南へ、そして東へと広げていきました。」だから、もう台湾よりも南、「そして東」だから、Bがよいと思います。

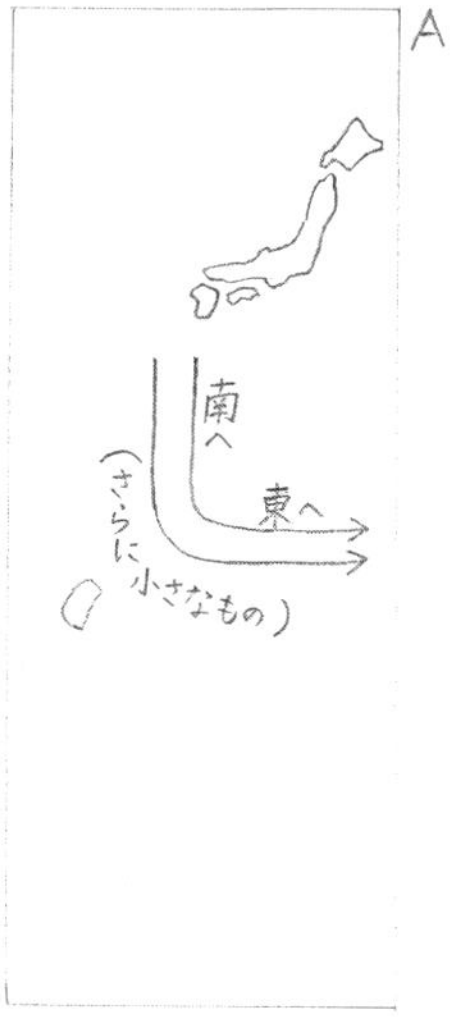

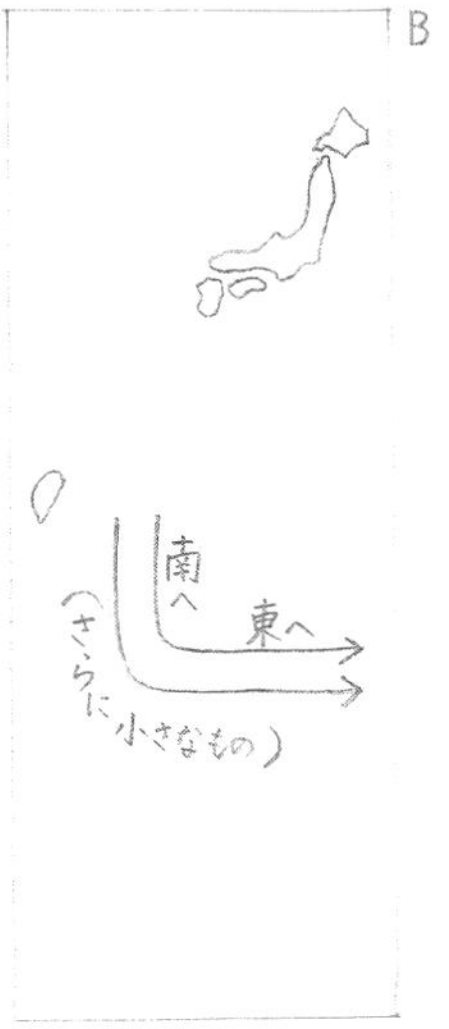

図に描くことによって、読みの甘さに気付

くことができます。それだけでなく「もっと小さいのを見付けたい」ということも鮮明になります。それが次の問いになります。

「どうして、さらに『南へ、そして東へ』と広げたのですか」

・上流から流れてくるから、上流にはもっと小さいのがいると考えたのです。

・そうすれば卵にたどり着けるからです。

■とれたレプトセファルスを図に書き込む

教科書の図を見ながらとれたレプトセファルスの絵と大きさを図に記入していきます。

「このなかで、一番うれしいのは、どれをとったときですか」

・マリアナ諸島の西で、一〇ミリメートル前後のものを一〇〇〇匹とったときです。

・「とることができました」で、うれしい感じが伝わってきます。

・とても小さいから、生まれた場所が近いということでうれしい。

説明文にも筆者の気持ちは表現のなかに微妙に反映しているのです。

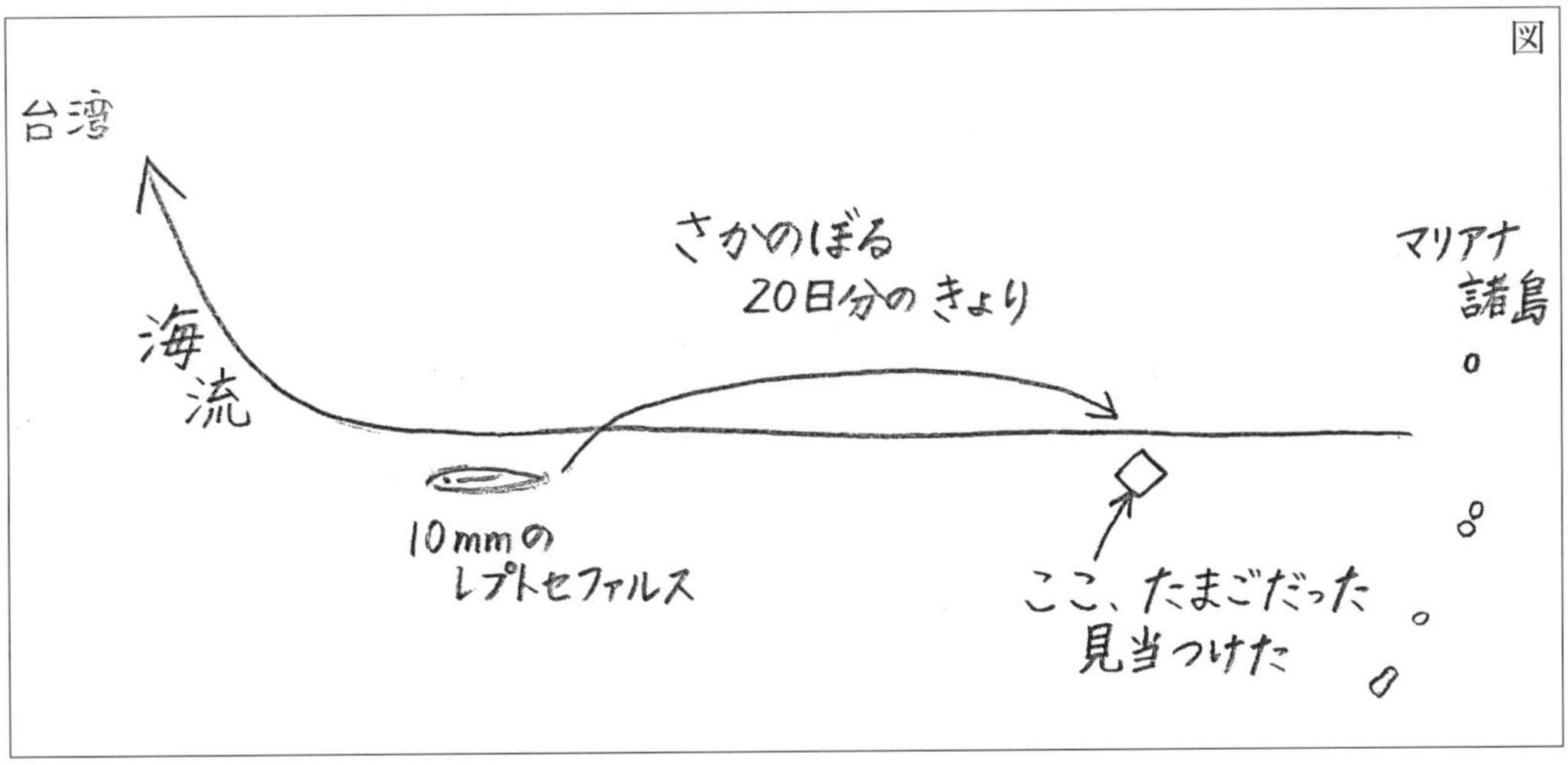

■たまごを産んだ場所をどのようにして見当をつけたのかを話し合う

ここでは、はじめに次のことをノートに書きます。

「親ウナギがたまごを産んだ場所はどのあたりだと見当をつけましたか」

・とれた所から、二〇日分の距離を計算して海流をさかのぼったところ。

これは図に記入します。何人かに前に出て図に記入してもらいます。（上図）

「図を見ながら説明しましょう」

・マリアナ諸島の西側です。

・一日でこれくらい流されるとして二〇日分、東の方へさかのぼる。

・だから二〇日前はこのあたり。

「どうして、二〇日分をさかのぼるのですか」

・一〇ミリメートルのレプトセファルスは生まれて二〇日たっていたからです。

・一日に一つずつ増える年輪のような「日輪」が二〇本あったので、二〇日たっていたのが分かったからです。

塚本勝巳氏の話によると、この輪は石灰質のもので、レプトセファルスの耳のなかにできるということです。

「これからはどこを探すことにしましたか」

・（一〇ミリメートルのレプトセファルスがとれた所から）海流で二〇日分戻ったところです。

■調査・研究の仕方について感想を書き、発表し合う

この段落は、予想→事実→予想というパターンになっています。それによって、場所の絞り込みがおこなわれています。そこで、ここに焦点を当てて感想を書きます。

・広い海だから、きちんとどの辺かなと予想をたてて調べたのがいいです。だんだん近付いていているような感じです。

・レプトセファルスの耳のなかの輪を調べて、何日かかって流されてきたのかを考えたのはすごいと思います。

・台湾の近くで見付かってから二〇年以上もたって、やっと一〇ミリメートルくらいのがとれたときは、うれしかったと思います。

〈板書例〉

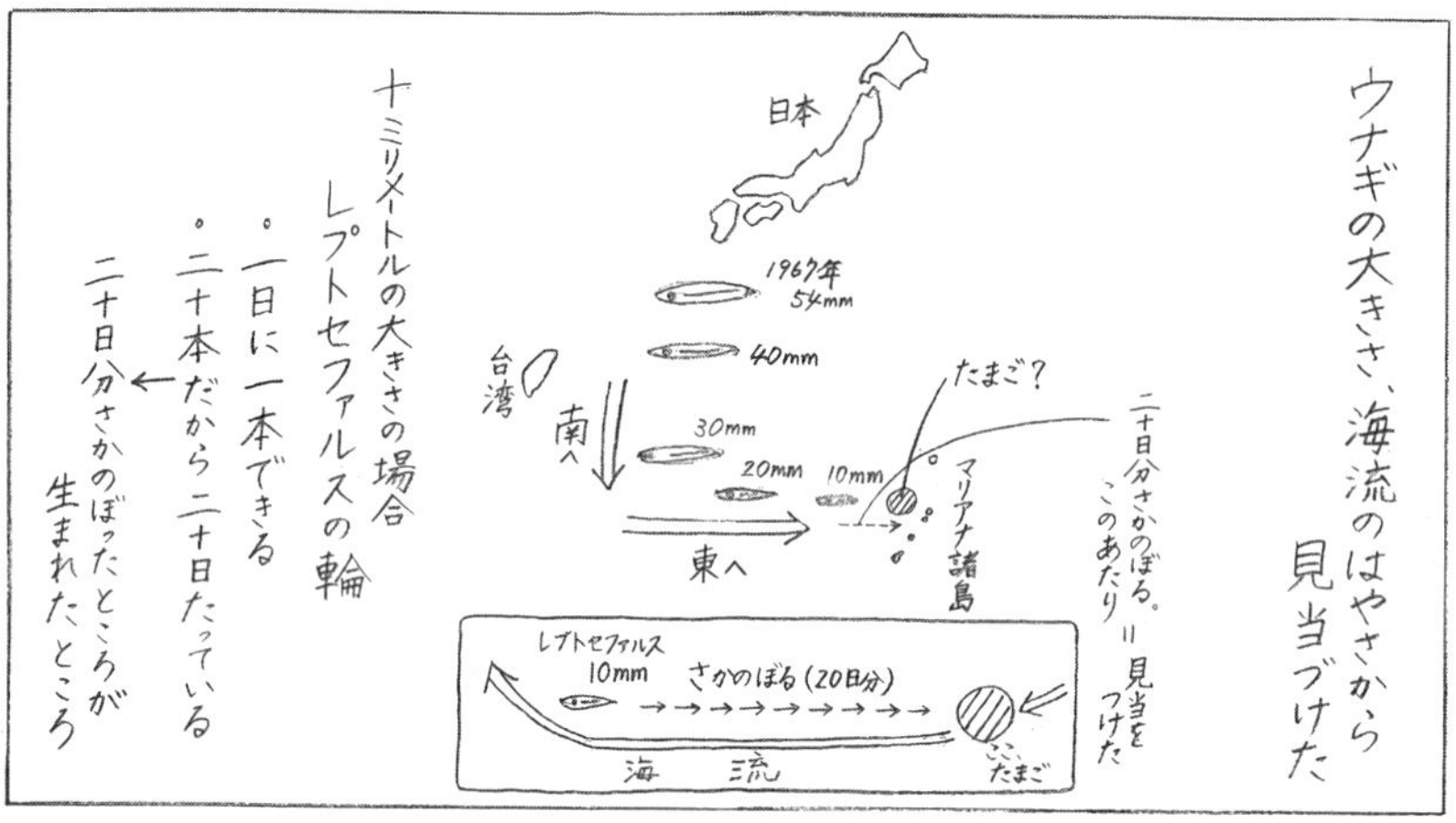
ウナギの大きさ、海流のはやさから見当づけた
日本
1967年 54mm
40mm
30mm
20mm
10mm
台湾
南へ
東へ
たまご？
マリアナ諸島
二十日分さかのぼる。このあたり＝見当をつけた
レプトセファルス 10mm
さかのぼる（20日分）
海流
たまご
十ミリメートルの大きさの場合レプトセファルスの輪
。一日に一本できる
。二十本だから二十日たっている
二十日分さかのぼったところが生まれたところ

●まとめのない段落は言い換えを●

説明文では、段落ごとにまとめが書かれていることがありますが、「ウナギのなぞを追って」はそうはなっていません。したことや考えたことで終わっており、まとめは読み手が自然におこなうように書かれています。

六段落　およその見当は付きました。

これで終わり、どこだとは書いてありません。でも読み手は「二〇日分の距離をさかのぼったところ」と場所を読みます。

七段落　親ウナギが卵を産む場所を決めるときにこれらの海山が何かの役に立っているかもしれない。私たちはそう考えました。

これで終わっていますが、読み手は場所は「海山の近く」と読むでしょう。

八段落　ウナギは、新月のころに合わせて、いっせいに卵を産んでいるようなのです。

ここも、いつ産むかとまとめてはいません。でも私たちは「新月のころに産むのだな」と理解します。他のところも含めて、「理解したことを言い換える」ことが、この教材では、学習（言語活動）の一つの課題になります。

授業展開

第5時

整理して分かったことを読む【第八・九段落】

■つぶやきから課題を見付ける

音読、書き込みのあとで話し合います。

発言は「整理したこと・その内容」「気付いたこと」「考えたこと」の三つにまとめられるでしょう。

・ここでは整理したことが書かれています。
（なぜ・どのように）
・それで気付いたこと（どんなこと）
・考えたことです。（どんなこと）
・暦で照らし合わせたことです。（何のために）

発言から課題（かっこのなか）が生まれます。

■整理したわけを想像して話し合う

整理したわけ想像してノートに書きます。

・卵を産む場所を知るためです。＝地図で
・いつ産むのかを知るためです。＝暦で

「なぜこの二つを知りたいのですか」

・この二つが分かれば、卵を産むところを見ることができるからです。

■整理して気付いたことを読み取る

「七段落で、地図で整理して気付いたことは何ですか。それが分かる文にサイドラインを引きましょう」

「……気がつきました」の後には、文が四つあります。このなかのどれが気付いたことなのかを読み取る作業です。

（A）東へ行くほど、レプトセファルスは小さくなっています。
（B）ある地点をこえると、それがぱったりととれなくなっています。

この二文が出されるでしょう。「どちらが新しく気付いたことなのか」を話し合います。

・Bです。Aは、もう前から分かっていることです。
・卵を産む場所を探しているのだから、「ある地点」に気付いた、Bのほうが大事です。

「ある地点とはどういうところですか」

・三つの海山があるところです。
・その東側ではとれないところです。

ここで場所や地点をはっきりと意識させます。これが、整理したことのうちの一つ目です。

■卵を産む場所はどこだと考えたのか言い換えて読み取る

「調査した人たちはウナギが卵を産む場所を

主な言語活動

・整理したわけを話し合う。
・中心文を言い換える。
・図を見て、研究者になったつもりで考えたことを書き、話し合う。

「どこの近くだと考えたのでしょうか」

・たまごを産む場所は三つの海山の近くと考えた。

この段落には、「どこだ。どこの近く」とは書いてありません。しかし子どもたちは、「海山の近く」と答えるでしょう。

「どの文から、そう言えるのですか」

・親ウナギが卵を産む場所を決めるときにこれらの海山が役にたっていると考えたからです。

・場所を決めるときに役に立っているということは、卵を産むのはこの場所の近くということを意味しています。

このように、筆者の意図を読んでいきます。

▼地図に記入して気付いたこと

海山の近くでたまごを産む

■図を見て、研究者になって話し合う

「八段落。ここも整理したことですか」

・そうです。誕生日を整理して、暦と照らし合わせています。

・暦だから、日にち・いつなのか、を調べていることが分かります。

とれたレプトセファルスのたん生日を計算して記入しよう。

とれた日	輪の数	たん生日
5月20日	4	5月（　）日
5月21日	6	5月（　）日
5月22日	7	5月（　）日
5月23日	8	5月（　）日

「表にしてみて、どんなことが分かりましたか。ノートに書きましょう」

・多くの誕生日が、新月のころに、集まっていること

教科書の図5を見て話し合います。

「ここは研究室です。さあ、上の図5ができあがった時に研究者たちはそれを見て、どんな話し合いをしたでしょうか、研究者になって呟いてみてください」

・あ、一箇所に集まっている。

・新月のところが多い。新月の時に行けば見付かるぞ。

・ウナギは新月に卵を産むんだ。

・どうして、月の満ち欠けに関係があるのかなあ。

・でも、五月より六月のほうが多いな。

・七月や八月の新月は、どうかな。調べてみよう。

・すごい。整理するのは大事なんだ。

こういう話し合いで、もう内容の読み取りができてしまいます。

「ここはどうまとめられますか」

▼暦と照らし合わせて分かったこと

新月のころにたまごを産む

塚本さんの話によると、卵を産むのは「夏の新月のころ」となっています。

〈板書例　第5時〉

一九九四年ごろ

調査の結果をもう一度整理した

⑧地図に記入した

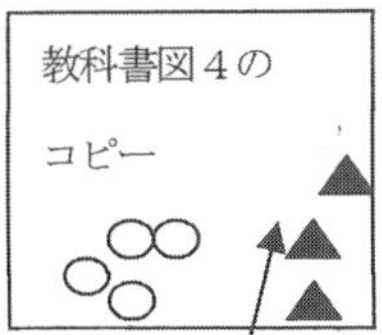
教科書図４の
コピー

・ある地点をこえると、ぱったりとれなくなる

海山

▼海山の近くでたまごを産む

⑨こよみと照らし合わせた

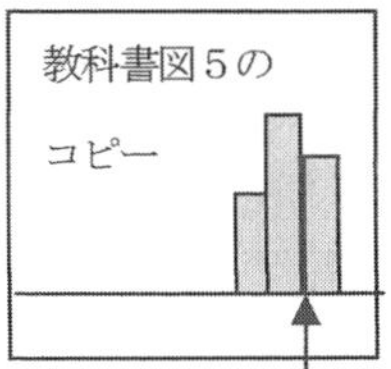
教科書図５の
コピー

・多くのたん生日が、新月の日前後に集まっている

▼新月のころに産む

●たん生日の計算のしかた

とれた日	輪の数	たん生日
5月20日	4	**5月 16日**
5月21日	6	**5月 15日** ←**新月の日**

＊6月も新月のころ

〈板書例　第6時〉

一九九四年

予想にもとづく調査

海山の近く（の海に）

新月のころ（に行って）

二〇〇五年

六月七日
新月の日
海山付近

五ミリ

生後わずか二日のレプトセファルス

もう少しだ。

●**場所をしぼりこむ**

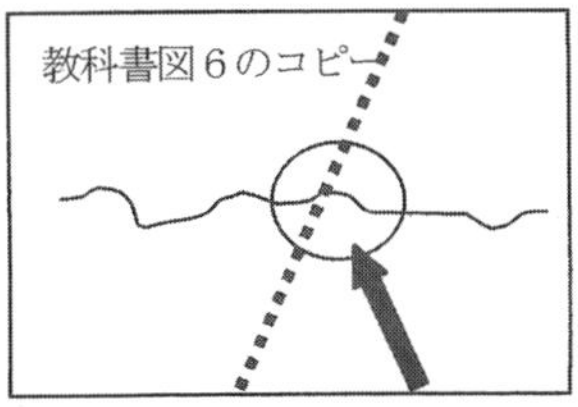
教科書図６のコピー

フロントと海山の連なりが交わる地点

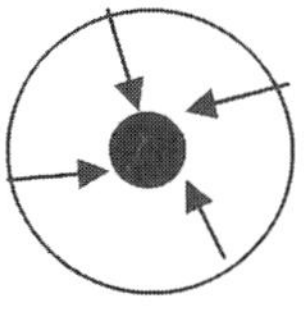

せまいはんい

●**教材研究のために**●

◇**輪は耳のなかにある**

魚の内耳には年輪のように一日に輪が一つ増える耳石があり、数えると誕生日が分かります。

◇**卵を産む場所は、ピンポイント**

卵は孵化までに三六時間しか大海原に存在しません。二階建ての家ほどの狭い空間（＝海中）に雄、雌がより固まって産卵します。

塚本さんたちは、その真上を何度も船で通っていたそうですが、その時は見付からなかった（気付かなかった）そうです。

◇**産卵日**

産卵は、夏、新月の晩におこなわれます。（教科書の表は、五、六月となっています）

＊東京新聞　二〇一四年四月一三日と日経新聞二〇一一年・一一月一三日の記事をもとに構成しました。

授業展開

第6時 産卵場所を特定していく方法を読む【第一〇～一一段落】

■つぶやきをもとに課題を作る

一〇、一一段落を読み、書き込んでいきます。書きこみの発表を整理しながら、本時の課題を作っていきます。

調査範囲を絞り込んだ

・なぜ

・どのようにして

・その結果は

この二つの段落では、これが読みの中心になるでしょう。

■段落の関係について話し合う

「いつごろ、どこを調査しましたか。ノートに書きましょう」

・いつ……新月のころ

・どこ……海山の近く

「どの文で分かりますか」

・「海山の近く」「新月のころ」という二つの予想に基づいてわたしたちは調査しました。

・この予想で調べたのだから「海山の近く」で「新月のころ」に調査したのが分かります。

■段落のつながりを話し合う

「この予想はどの段落に書かれていましたか」

・海山の近くということに気付いたのは八段落です。

・新月のころという予想は九段落です。

・『「海山の近く」「新月のころ」という二つの予想』と十段落では短くまとめられています。

主な言語活動

・段落の関係を話し合う。

・基本的な出来事を読み取り、まとめる。

・卵に近付いているわけを話し合う。

・図を見て説明する。

⑧段落……たまごを産む場所を決めるとき、海山が役に立っているのかもしれない。

⑨段落……新月のころに合わせて、たまごを産んでいるようなのです。

⑩段落……「海山の近く」「新月のころ」という予想（にもとづいて）

■確実に卵に近付いているわけを読み取る

「では、予想通りにしたら、卵は取れましたか」

・なかなか取れませんでした。

・でも、生後わずか、二日目のレプトセファルスが取れました。

「いつ、どこで、どういうレプトセファルスが取れたのかノートに書き出してください」

・いつ……二〇〇五年六月七日。新月の日
・どこ……海山付近
・大きさ…五ミリメートル（生後二日）

「ここを読んでどう感じますか」

・予想が当たった。
・でも予想した時は、一九九四年でしょう。あれから一一年もたってやっと卵に近付いた。
・今までは、一九九四年ごろとか書いてあったけど、ここだけは、「六月七日」と日にちをはっきりと書いています。だから、特別な日でうれしい日だったと思います。

この最後の発言は表現の仕方の違い・変化に注目しての発言です。出ないときには教師から気付かせるようにします。

「どうして卵に近付いていると言えるのですか」

・「生後二日」ということは、二日前には卵だったということです。
・あと二日分さかのぼれば産む場所が見付かるかもしれません。
・もう近くまで来ている。

「でも卵は見付からない。それでどうしましたか」

・場所をさらに絞り込みました。
・海では範囲が広すぎるからです。
・卵を産む場所は、狭い範囲に固まっているからです。（一八七ページ参照）

■絞り込む方法を読み取り、図を見て説明する

「一一段落で新しい言葉が出てきます。どれですか」

・フロントです。
・塩分の濃さが違う、海水の境目です。

「研究者たちはこの図6を作ってから、どこを探そうとしたのですか。ノートに書きましょう」

・フロントと海山の交わる地点です。

「ではどこを調査したのですか。図6で説明してください」

・ここです。フロントと、海山が十字に交わっています。
・小さなレプトセファルスが取れたところよりも、少し東です。少し北です。
・フロントということを入れて考えたので、今までよりも少し北になっています。
・場所は、一つの点になっています。

「新しい条件を入れて、整理することで、もっと狭い範囲・地点になったのですね」

・でも、どうして卵を産むこととフロントが関係しているのかな。

「もし関係があるとすれば、新しい謎になりますね」

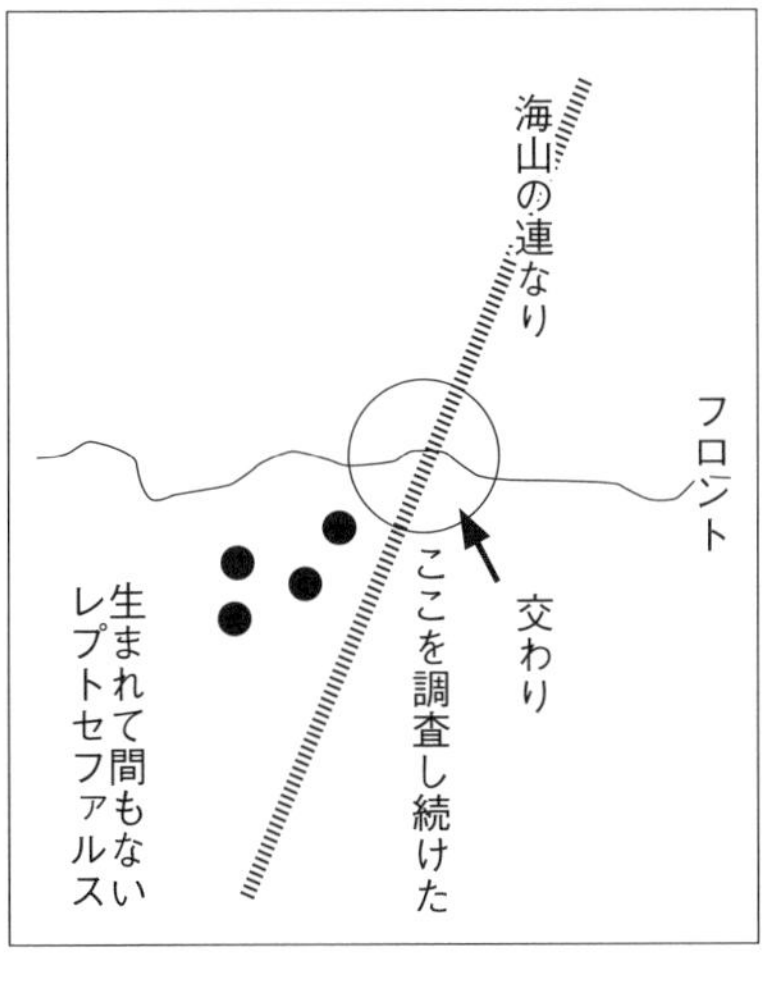
海山の連なり
フロント
交わり
ここを調査し続けた
生まれて間もないレプトセファルス

授業展開

第7時　産卵場所を特定した瞬間の筆者の思いを読む【第一二段落】

■表現の特徴から読み取る

「ここを読んでどんなことを感じましたか。あなたはどんなつぶやきをしましたか」と聞いてみます。

・卵が見付かってよかったな。
・苦労したな。
・三六年かかったのか。大変だったな。
・よくも続けたなあ。

　このような感想に交じって次のような感想が出てくるでしょう。

・ここは説明文ではなくて、物語文にそっくりです。

「いいところに気が付きました。ほかのところと比べてみると確かに、物語みたいな書き方になっていますね」

■筆者の思いを読み取る

「どこから、物語みたいと感じたのですか」

・一つの場面で書かれています。
・その時の出来事で書かれています。
・人物の思いも伝わります。
・様子も詳しく書かれています。

■一つの場面で書かれているわけを話し合う

「どうしてここは、このように一つの場面で書いたのでしょう」

・一番うれしかったことだからです。
・一番伝えたい瞬間だったからです。

主な言語活動
・言葉を押さえて、前の段落と関連付けて読む。 ・筆者の思いを読み取り、文に書く。 ・詳しい描写のなかに、筆者の喜びを読み取り、話し合う。

・作文でも、大事なところはこのように場面で詳しく書きます。
・山場だからです。

■「出来事」と「思い」をノートにまとめる

「文学作品みたいですね。では、いつ、どこで、どんなことがあって、うれしかったのか、この場面をまとめてみましょう」

▼いつ……「二〇〇九年三月二二日、新月二日前の明け方

→日にちだけでなく、明け方と書いてあるわけ、新月二日前と書いたわけを話し合う。

▼どこ……書いてないけれども前の段落と関係付けると、分かる。

▼卵の様子……虹色、輝いて。筆者たちの気持ちも読める。写真・図7を見て話し合う。

▼興奮と期待、大きな歓声……たくさんの人たちがいっしょに研究していた。

▼三六年の月日……いろいろなことを塚本さんは（一人で）思い出しているかもしれない。こんな話し合いになるでしょう。文学作品に似た読み方となります。

■筆者の思いがもっともよく表れている文を見付けて、話し合う

「では、このなかで筆者の気持ちが一番よく伝わるのはどの文ですか。書き出しましょう」

・ついに……たどり着くことができたのです。

・三六年の月日が流れていました。

この二文が出るでしょう。

・「ついに」「のです」という書き方で、ここが一番強く言いたいのが分かります。

・月日が流れていました、からは、強い気持ちというよりも、しみじみとした気持ちが伝わります。自分に向かって、何かを感じているようです。

「この二つの文のなかの言葉で気が付くことはありませんか」

・「たどり着く」「月日が流れていました。」という言葉です。

・大変だったということを感じます。

・いろいろ迷ったことも感じます。

・人生を感じる言葉です。

・「たどり着く」はウナギと似ています。南の海に卵を産む場所にやっとたどり着くからです。

最後の二文には、筆者のさまざまな思いが込められているのをこのように話し合ってみてはどうでしょうか。

〈板書例〉

ついにたどりついた

二〇〇九年五月二二日

●新月の二日前の明け方

教科書図7のコピー

ウナギのたまご二つ

・直径一・六ミリ

・にじ色にかがやく

●場所……海山とフロントの交点

ついにたどり着くことができたのです。

三六年の年月が流れていました。

塚本さんの思い

・よくやったな

・がんばってよかった

・大変なこともあった

・失敗も多かったな

・しみじみとした気持ち

授業展開

第8時 筆者の研究への意欲を読む【第一三段落】

■まとめの段落について話し合う

本文を音読した後で「まとめの文章」であることを確認します。

・これまでのことを振り返ってまとめている。
・今、今年のことを書いている。
・新しいこれからの課題のことを書いている。

まとめの段落の特徴としてこのようなことが出されるでしょう。三つの文について見ていきます。

■視写して、筆者の思いを話し合う

段落全文を視写してから、つぶやきの書き込みをします。そして話し合います。文は三つあります。それぞれの文から、伝わってくる筆者の気持ちを中心に話し合います。

（記録文・報告文ですが筆者の気持ちを考えて読むこともあるのです）

○一文目から

・分かったという喜び。満足感。ほっとしたという感じ。
・「ほぼ」だから、まだ、課題が残っているという気持ちもある。

○二文目から

・「知りたいことはまだまだふえるばかり」だと言っているが、喜んでいるみたいだ。
・新しい謎が二つも出てきたのだ。

○三文目から

・この話の一番はじめの文とつながっている。
（冒頭の文の答えとしてこの文があるのです）
・やる気が伝わってくる。

主な言語活動

・中心文を見付けて、視写する。
・中心文から、筆者の思いを話し合う。
・感想を書く。

・また、マリアナの海という場所になっている。
・謎を解決するぞという気持ち。
・海が好きみたいです。

このようにして、研究への筆者の意欲・気持ちを読み取ることができます。

■最後の一文から伝わってくることを書き、話し合う

「この三つの文のなかで、筆者の思いがいちばん伝わるのはどれですか。サイドラインを引きましょう」

・わたしたちは、今年もマリアナの海にやってきたのです。という文です。
・この文は冒頭の文に戻る、初めにつながる文だからです。

・やってきたのです。「のです」と言う言い方で強い気持ちが伝わる。
・また、「マリアナの海」と言う「場所」で終わっている。この話では、場所が大事だからです。

「では、冒頭の段落を読んでみましょう」と言って対応していることを確かめます。

単に、冒頭と末尾が対応しているにとどめないで、ここに筆者の強い思いがあることを読んでいきます。

「では、この最後の文からどんな感じがするのか、何が伝わってくるのかを書きましょう。題名も付けます」

〈感想例〉

> **「まだまだやるぞ」**
>
> この話は「ウナギのなぞを追って」という題です。ここまでで、たまごを産む場所は大体分かりましたが、まだまだ、なぞはあります。それで筆者たちは今年もまたマリアナの海に来ているのが分かります。「今年も……来たのです」という書き方のなかから、筆者の研究への意欲が伝わってきます。

> **「研究は楽しいな」**
>
> 「今年も」と書いてあるので、毎年のように行っているのが分かります。研究が好きでたまらないという感じがします。「私たちは」と書いたのは、一人だけではない、みんなで研究しているのだということを言いたいのだと思います。
>
> 謎を解いていくように研究する楽しさが伝わってきます。

> **「ウナギの謎は卵だけではない」**
>
> ここを読んで、初めの段落にある言葉が理解できました。塚本さんたちは、卵だけでなく「ウナギがどういう一生を送るのか」を知りたいのです。だから今年も来ているのです。ずっと続く研究ということが分かります。

この最後の一文は、研究への筆者の姿勢が表れています。おそらくこの記録文全体の底に流れている筆者の思いが込められている一文です。それをこのように読み取ってほしいのです。感想の発表をしてから本文を音読して終了します。

〈板書例〉

まとめの段落

筆者の思い
・満足・よくやったな
・新しいなぞも出てきたぞ
・まだまだ研究を続けるぞ

最初の文につながる

> わたしたちは、今年(も)マリアナの海にやって来たのです。(強い気持ち)

・研究は楽しい
・海も好きだ
・ずっと続けるぞ
・みんなで研究するのは楽しい
・新しいなぞが増えるけれど、ますますやる気になった

授業展開

第9・10時

紹介文・要約文の書き方を学ぶ

■興味をもったところを「引用」して紹介文を書く

ここでは引用を入れた紹介文を書きます。

［1］この話のなかで一番興味をもったところ、なるほどと思ったところを□で囲む。

［2］そう思ったわけをノートに書く。

（一つだけでなく、二・三つ書けるとよい）

［3］□で囲んだところを引用して紹介文を書く。

紹介文には次のような内容が入ります。

①題名「ウナギの謎を追って」は必ずはじめのほうに入れる。

②何についての話なのか、話の大体を書く。

（一文で書けるとよい）

③どこが興味を引いたのかを書く。

④囲んだ部分を引用する。

⑤ここに興味をもったわけ・感想などを書く。

⑥まとめを書く。

〈例文〉

・「**ウナギのなぞを追って**」**は、**日本のウナギがどこの海でたまごを産むのかを調査・研究してつき止めた**話です。**

このなかで、わたしがなるほどと思ったのは、レプトセファルスというウナギの赤ちゃんの年輪みたいな「輪」をもとにして、生まれた場所を予想したところです。

「レプトセファルスの体のなかには、一日に一本ずつふえる、年輪のような輪のできる部分があります。その輪を数えれば、生まれてから何日たっているかを知ることができます。」（七九～八〇ページ）

研究者たちは、こうしてたんじょう日を予想しました。そして海流をさかのぼってさがすことができたのです。

先生の話では、この「輪」は耳のなかにできるそうです。よくこの輪に気付いたなと思いました。わたしもこの輪を見たいと思います。

「ウナギの謎を追って」は自然のなかのふしぎを追及していく面白さを味わえる話です。

（ゴシック文字の部分はあらかじめ示しておいてもよい）

このように、紹介文では、

◆話全体にかかわる文

◆自分が興味をもった部分

この二つを合わせた文章にすることが求められます。自分の文と引用の部分がうまくつながるかどうかが課題です。

■再構成から要約文へ

第六段落を扱ってみましょう。

主な言語活動

・興味をもったところを「引用」して、紹介文を書く。

・目的に合わせて要約文を書く。

この段落の中心は「**たまごを産んだ場所の見当をつけたこと**」と押さえることができます。この中心に沿って、キーワードが見付けられます。

＊キーワードは「大事な言葉」としてではなく、「卵を産んだ場所を見当づけるための言葉」として内容で押さえます。

・一〇ミリメートルのレプトセファルス
・輪が一日に一本増える
・生後二〇日
・二〇日分の海流をさかのぼる
・たどりつける

キーワードを《**卵を産んだ場所の見当**》にそってつなげていきます。文章の再構成です。

〈例文〉
一九九一年、マリアナの西の海で一〇ミリメートルほどのレプトセファルスがとれました。レプトセファルスには一日に一本ずつふえる輪があります。この一〇ミリメートルのレプトセファルスは輪が二〇本あったので生後二〇日たっているとわかりました。**それで、ここから海流を二〇日分さかのぼったところが生まれた場所と見当をつけました。**

（ゴシック文字の部分は初めから示しておいてもよい）

文のつながり方、文末表現も、自分の文らしくなってきます。これをもっと短くして要約文を書きます。

●要約文にする

ここでもやはり、中心を押さえます。

「たまごを産んだ場所の見当をつけたこと」が中心です。

再構成した文章（例文）の前半は、まだ具体的なことが書かれています。そこをまとめます。ここは、「**生まれて何日たっているかを知るところ**」と押さえればいいでしょう。

それに合わせて、文を作ります。

〈要約文・例文〉
とれたレプトセファルスの「輪」から生まれて何日たっているかを知り、その日数分だけ海流をさかのぼります。その、さかのぼったところが生まれた場所と見当をつけました。

この要約文には具体的な場所や数字はもうありません。抽象化して理解したからです。

●連体修飾（句）を身に付けよう

たくさん本を読んでいる子は自然に身に付けますが、これはとりたてて指導したほうがよいでしょう。

とれたレプトセファルスの輪から

これは前半の二つの文を、まとめる言葉・連体修飾句です。これができると、文章・話が簡潔になります。

・夜中におじいちゃんを起こした豆太は
・雪うさぎが女の子をさらっていくお話
・おじいさんが首に巻いていた手ぬぐい

こうすることで、いくつかのことをまとめて表現できるのです。人物を紹介する、出来事を紹介する、どこでどうやって手に入れたかを伝える、などの設定で指導できるでしょう。

III

言語活動・言語事項

子どもが生きる
ことばが活きる

1

俳句に親しむ

～たくさん読んで、たくさん詠もう～

五・七・五の一七音でつくる俳句は、「世界で最も短い詩」と呼ばれます。季節を感じさせる言葉「季語」を句のなかに一つ入れる約束になっています。

俳句の学習は、小学校三年生から始まります。小学校では、次のことを大切にして学習を進めます。

◆声に出して繰り返し読み、歌のリズムを味わう
◆句が詠まれた季節や情景、作者の感情などを想像する

■声に出して読む・暗唱する

教科書には、松尾芭蕉や与謝蕪村、小林一茶など、子どもたちでもよく知っている有名な歌人の句が載っています。そのため子どもたちは、「知っている」と意欲をもって授業に取り組みます。

俳句は、五・七・五のリズムでつくられていることは三年生で学習しています。それを確認し、区切りを意識しながら声に出して読みます。教師が範読し、そのあとに子どもたちが読みます。こうすることで、どの子にも各句の切れ目が分かります。また、付録CDやデジタル教科書に音読したものが収録されています。範読の参考にしたり、児童に聞かせたり、活用することができます。

リズムに慣れ、すらすら読めるようにするために、さまざまなパターンで何度も繰り返し音読します。

・全員で
・少人数で
・交互に
・一人で　など

暗唱するくらい何度も繰り返し音読させます。その後、自分の好きな句を一人で音読したり、同じ句を選んだ子同士で一緒に発表したりします。

■俳句を読んだあとの活動

音読の他にもさまざまな活動をすることができます。

◆俳句で物語を作ろう

自分の好きな句を選び、その句がどのような場面で詠まれたのか想像をふくらませ、物語にする活動です。

雀の子そこのけそこのけ御馬が通る　小林　一茶

ああ、ぽかぽかして暖かい春の日だなあ。木々の緑がまぶしいな。おや、こんな道ばたに雀の子がいる。親離れして、ひとり立ちしたのかな。かわいいな。あ、向こうから馬がやって来るぞ。逃げないとふまれてしまうぞ。雀の子や逃げなさい。

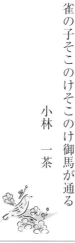

句を清書した紙に一緒に物語を書き、挿絵も描くと、素敵な作品になります。

◆お気に入りの俳句のプレゼンテーションをしよう

気に入った俳句の魅力をプレゼンテーション形式で発表します。個人でおこなっても、同じ句を選んだ友だちとグループでおこなってもいいです。絵を使ったり、句を大きく習字で書いたり、プレゼンテーションのやり方は子どもたちに工夫させます。また、作者の魅力にも触れさせたり、現代に生きる自分たちとのつながりを考えさせたり、活動を広げてみるのもおもしろいです。

◆俳句を詠もう

①身の回りのことで五・七・五

いきなり「俳句を詠みましょう」と言っても、とまどってしまいます。まず、普段の生活のなかで「おもしろいな」「不思議だな」「あれ!?」など、心にピピッと響いたことを一七文字で書きます。

先生の字と服きれいな　参観日

授業参観のときの先生の様子を痛快に詠んでいます。

足元の　アリしか見えぬ　山登り

遠足の山登りのことです。顔を上げる元気もなく、足元ばかり見ていたのですね。アリも山を登っていたのでしょうか。

富士の水　魚の群れの　万華鏡

移動教室で山梨県の忍野八海に行ったときのことです。湧水池に魚の群れが泳ぐ様子を、万華鏡のようだと考えました。

このように、心にピピッときたときのことを五・七・五の短い言葉でズバリと言い表すのが、俳句づくりの基本です。

②「季語」を入れて五・七・五

そして、これに「季語」が入ると俳句になります。季語には、さまざまなものがあります。

◆気候を表す言葉
「花ぐもり」「梅雨」「名月」「雪」など
◆生活のなかの言葉
「入学」「遠足」「運動会」「海水着」「ストーブ」など
◆生き物や食べ物
「桜」「ほたる」「さんま」「みかん」「草餅」など

季語は「歳時記」という辞書で調べることもできますし、インターネットでも調べることができます。

俳句は季語を入れて作るものですが、一句に入れる季語の数は一つまでにしておくのがよいとされています。それぞれの季語が互いに持ち味を打ち消し合ってしまい、その句のよさがなくなってしまうこともあるからです。一句のなかに二つ以上の季語が入ることを「季重なり」と言います。

このように、

「五・七・五の一七音に季語を入れる」

というルールを守れば、子どもたちでも簡単に俳句をつくることができます。

楽しく学ぶことわざ・慣用句・四字熟語

ことわざや慣用句は、現代の生活では、だんだんに使われなくなってきているように思います。困った時、悩んでいる時、気持ちを伝えたい時など、知っていると便利で役に立つものです。

機械的にではなく、音読など声に出して楽しく学習したいものです。

ことわざ
「時は金なり」「石の上にも三年」などのように、昔から、人々が生活をしていく上で役に立ついろいろな知恵や教訓を分かりやすく言い表す言葉です。

慣用句
「耳を貸す」「目を光らす」など、いくつかの言葉が結びついて、もとの語句とは違うある決まった意味を表す言葉です。

四字熟語
「一朝一夕」「一石二鳥」など、漢字四字で知恵や教訓・真理などを言い表す言葉です。

■知っていることわざや慣用句を発表する

「聞いたことがある。」「使ったことがある。」「言われたことがある。」ことわざや慣用句をたくさん発表させます。

「どんな時にことわざや慣用句を聞いたことがありますか」

・朝早く起きて宿題をしたときに、「早起きは三文の徳」と言われたことがあります。
・サッカーチームに入りたいと言った時、お父さんが、「石の上にも三年だ。入りたいなら三年間は止めないで続けなさい。」と言いました。
・「時は金なり」だ。時間はお金では買えないから大事にしなさいと言われました。
・お母さんとお父さんが話している時に、「子どもが口を挟んではいけません。」と、注意されたことがあります。

子どもの発言を紙に書いて次の学習に生かしたり、掲示をして日常的に意識的に使っていくようにします。

「ことわざ辞典」を使って学習します。

おもしろい言葉、使ってみたい言葉、びっくりする言葉など、興味があることわざや慣用句を見付けるようにします。

■慣用句の学習

慣用句には、「顔」「目」「耳」など体に関係した言葉がたくさんあります。

○「『目』のつく慣用句を調べましょう」

・目が高い　　・目にあまる
・目が回る　　・目を疑う

・目を三角にする　・目もくれない
・目と鼻の先　・目を奪われる
・目が肥える　・目を光らす

○「『耳』のつく慣用句を調べましょう」

・耳を貸す　・耳にたこができる
・耳をすます　・耳を傾ける
・耳をそろえる　・耳が早い
・小耳にはさむ　・耳が遠い

○「楽しい慣用句を調べましょう」

・かぶとを脱ぐ　・すずめの涙
・ねこをかぶる　・水に流す
・油を売る　・一目置く
・木で鼻をくくる　・砂をかむ

○「□に言葉を入れてみよう」

・□方ふさがり
・□はだぬぐ
・目を□角にする
・間□髪

数字が入ることに気付くでしょう。

他にも、動物が入る言葉、植物が入る言葉、道具が入る言葉などテーマを決めて探す学習もできます。

■ことわざの学習

ことわざにも、体に関係する言葉、動物が出てくる言葉、数字が使われている言葉、似た意味の言葉、反対の意味の言葉、楽しい言葉などがあります。どんなことわざをテーマにして調べてみたいかを決めます。

○体の部位を使ったことわざ

・頭かくして尻かくさず
・のどもと過ぎれば熱さ忘れる
・目は口ほどに物を言い
・顔に泥を塗る

○動物が出てくることわざ

・井の中の蛙大海を知らず
・馬の耳に念仏
・えびで鯛をつる
・亀の甲より年の功
・ねこに小判
・水を得た魚のよう
・まな板の鯉

○数字が使われていることわざ

・三つ子のたましい百まで
・読書百篇おのずから通ず
・三人寄れば文殊の知恵
・石の上にも三年
・一富士二鷹三なすび

○反対の意味を表すことわざ

・好きこそものの上手なれ
⇔
・下手の横好き
・危ない橋をわたる
⇔
・石橋をたたいて渡る

■四字熟語の学習

熟語は難しい学習です。知っている言葉やおもしろい言葉を発表します。

・大器晩成
・優柔不断
・絶体絶命

意味や使い方などに簡単に触れるようにし

ます。
いずれの学習も、
・声に出す。
・日常的に意識して使う。
ことが大切です

■ことわざブックを作る

かわいい子には旅をさせよ

【意味】
子どもがかわいいなら、甘やかせてはいけない。愛する子どもなら手元に置いて甘やかすより、世の中に出して苦労させたほうがよい。
それが子どものためになる。

【使うとき】
二〇歳になったら家を出て、自分で生活をするほうがいい。自分ですべてやらなければいけない。
「かわいい子には旅をさせよ」と言いますから。

ことわざ・慣用句を書く。

ことわざ・慣用句の意味を書く。

使うときや場所を書く。

【いろいろなガイドブックを作る】

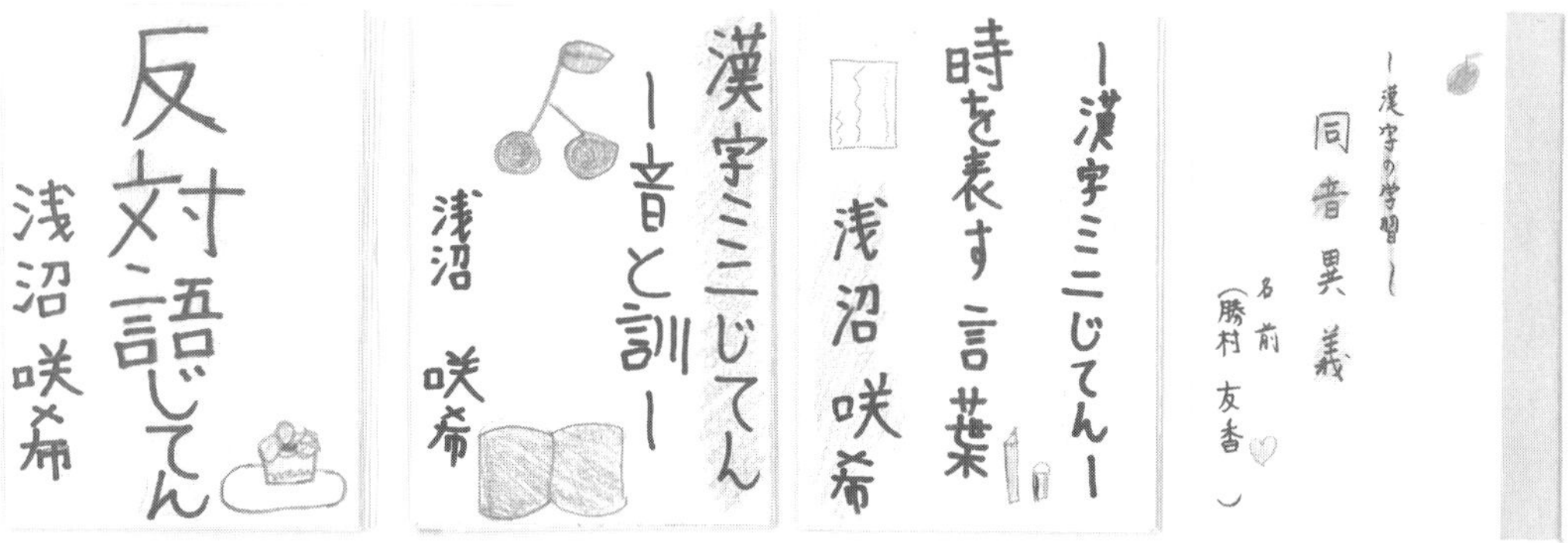

3　ことばあそび　～言語感覚をみがこう～

「いろいろな意味をもつ言葉」

（光村図書・四年上）

■同音異義語

日本語は、同音異義語が多いという特徴をもった言語です。教科書には、「とる」「たてる」「でる」など多くの同音異義語が載っています。それらを学習したあと、次のような活動をすることができます。教科書には動詞のみが載っていますが、名詞と動詞の同音異義語も取り上げてもよいでしょう。

①二つ重ね

いわゆる「だじゃれ」と言われるものです。きまりは次の二点です。

○同じ読み方の語が二つ以上入っていること。

○意味が通る文になっていること。

なかには三つ重ねて作る子も出てきます。

・鈴が鳴ったらうれしくなった。
・絵にこったら肩こった。
・仮面ライダーがメールを返信して変身。
・山本さん以外賛成だなんて意外だ。
・校医さんが更衣室で着替える。
・起床してすぐ気象情報を見る。
・父は何事も正確にしたい性格だ。
・航海したことを後悔する。
・官房長官が朝刊を読む。
・先生の先制攻撃。
・期間限定の機関車に乗って帰還する。

②なぞかけ

・「風邪」とかけて、「綱」ととく。
　そのこころは、どちらも「ひく」。

・「カメラ」とかけて、「どろぼう」ととく。
　そのこころは、どちらも「とる」のが仕事。

■折句（おりく）

よく「あいうえお作文」と呼ばれるものです。折句は、日本に古くから伝わることば遊び歌です。

①身の回りのさまざまなものの名前で

生き物、食べ物、人など何でも構いません。自由に作ります。教師が例を示すと子どもたちはイメージをもつことができます。

あつい日には
いつも人気者
すぐとけちゃうけどね

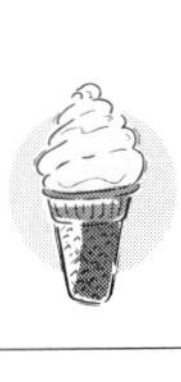

ねこが苦手なぼく
ずっと息をひそめて
みつかったらすぐ逃げる

やさしくて
まがったことが大きらい
もう少し好き嫌いが減るといいね
ともだち思いの山本さん

作るのに慣れてきたら、例に挙げた作品のように、つながりや音読したときのリズムのよさなども考えながら作るようにアドバイスします。

② 五〇音の好きな行で

五〇音の好きな行を使って折句を作ります。なかなか書き出せない子には、辞書を使ってその文字が初めにくる言葉を探させます。擬音語や擬態語も使うことができます。

一つの行だけを使っても、二つの行を使っても構いません。頭を同じ文字でそろえて作る方法もあります。

まいった
みすをした
むねがさわいで
めがさえて眠れない
もう明日がやってくる

あめがふる
いえの上に
うみの上に
えきの上に
おーい　もうやんでくれ

ありが
いえを作る
うんとこしょ
えんやこら
おおきな土を運ぶんだ
かわいい幼虫のために
きれいないえを作るんだ
くいしんぼうの幼虫のために
けむしやいもむしつかまえろ
こんやもばっちり働くぞ

きれいな
きつつき
きのうえで
きをつつく

さよならは
さみしいね
さっきまでのたのしさと
さよなら

■オノマトペ（擬音語と擬態語）

テーマごとにさまざまなオノマトペを考えて書きます。一人ひとりで考えて書いたあと、グループで話し合ってもいいでしょう。ここで書いたものは、ファイリングしておき、作文を書く際に見て、生かせるようにします。

水の音

・しずくが落ちる……ピチャンピチャン
・少しだけ流れる……チョロチョロ
・たくさん流れる……ザーザー、ジャージャー
・飲む…………ゴクゴクゴクゴク
・池で魚がはねる……ピシャン

紙の音

・破る………ビリビリ
・折る………シュー
・めくる……ピラピラ
・丸める……ガサガサ

話す

・小さい声で話す……ひそひそ
・ないしょ話をする……こそこそ
・みんなが話す……がやがや

歩く

・赤ちゃんが歩く……よちよち
・子どもが歩く……てくてく
・急いで歩く……すたすた
・酔っ払いが歩く……よろよろ
・どろぼうが歩く……こそこそ
・カメが歩く……のろのろ
・ゾウ……のっしのっし
・みんなで歩く……ぞろぞろ
・うれしそうに歩く……るんるん
・疲れ切って歩く……ふらふら
・チワワが歩く……とことこ
・泥のなかを歩く……ぐちゃぐちゃ

■いろいろな言葉で言い換える

子どもたちに作文を書かせると、「楽しい」「すごい」の言葉が大量に目に飛び込んできます。語彙を増やし、自分の文章に生かせるようになって欲しいと、このような言い換えの言葉を考える学習を取り入れました。この活動で書いたものも、前のオノマトペのものと同じようにファイリングし、子どもたちが自分の好きなときに見られるようにします。

楽しい

・ゆかい　・おもしろい　・にぎやか
・よろこばしい　・明るい　・ごきげん
・心うれしい　・満足　・心地よい

すごい

・目覚ましい　・すばらしい
・見事　・驚異的　・最高　・素敵
・輝かしい　・優れた　・輝かしい

他にも気持ちを表すさまざまな言葉を書き溜めておくといいでしょう。

さまざまなことばあそびの活動を通して、子どもたちの言語感覚をみがいていきたいものです。

〈学習シート例〉

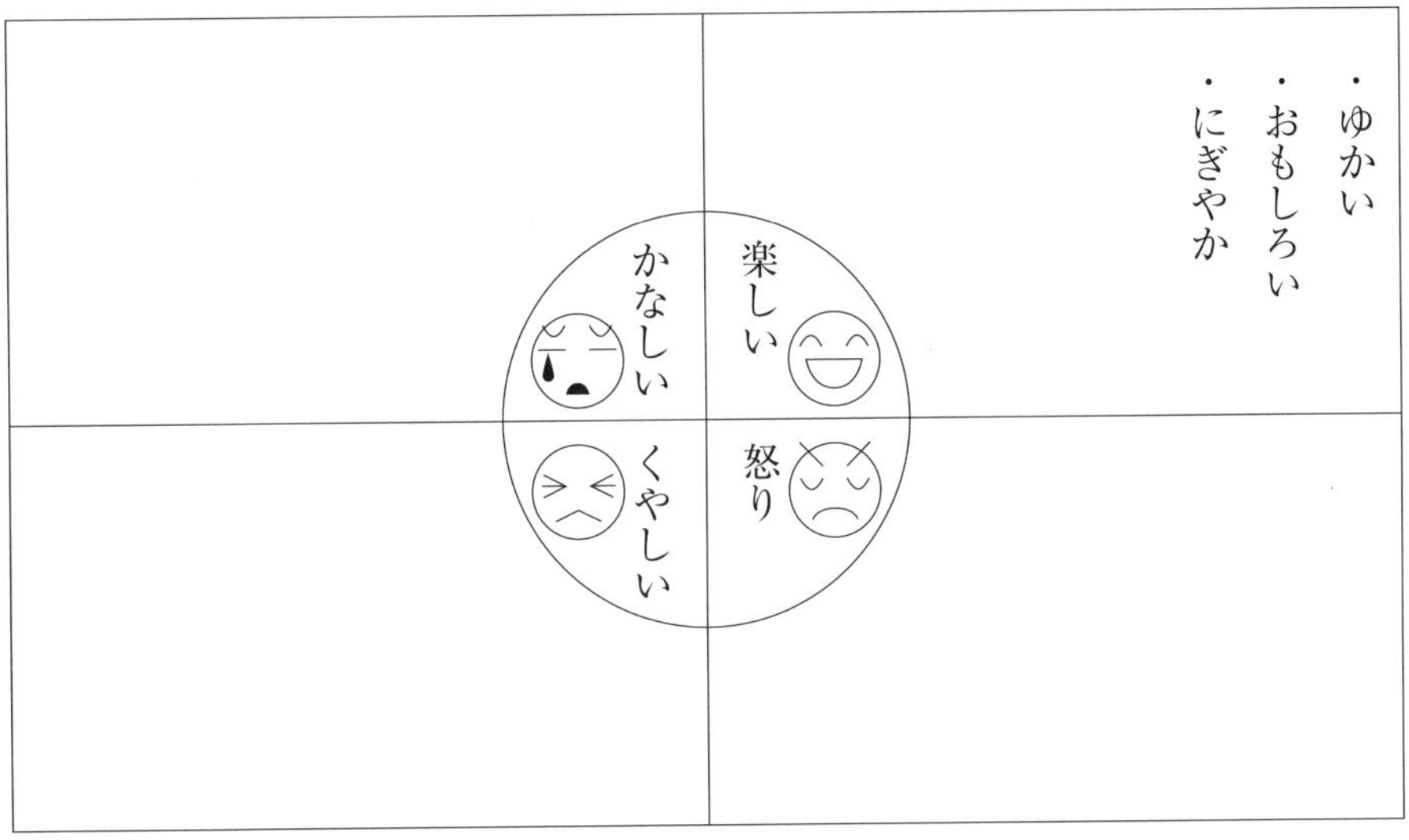

Ⅳ

作文

１　説明する文章を書く（３時間）

「アップとルーズで伝える」関連

（光村図書・四年下）

説明文を書く練習です。子どもたちの実際に合わせて選んでください。

４年生になると、物事を客観的にあるいは抽象化して考える力が伸びてきます。もの・ことについての説明文を書くことで、「多くの人にとってどうなのか」と考え始めます。「自分がそう思うから」では済まないのです。そうして、客観的に考えることになるのです。もちろん、子どもの個別的な感じ方は反映しますが、それでも、「誰にとってもそれは同じだ」という観点で物・事を見るようになっていきます。説明文を書くことは、考え方を育てることになります。

ここで用意した学習シートはそのための初歩的な練習です。子どもの実際の合わせて選んでください。

おそらく、まだうまく書けない子が多いはずです。ですから書いた後で、読み合う学習を必ずします。それで大事なことに気付くからです。そこでもう一度書いてみよう、と呼びかけるのもいいでしょう。「学校給食」とか「うさぎ」などの別の題材でもいいでしょう。

■身の回りのもの・ことを説明する文章を書く

●使用学習シート①

「説明してから国語辞典と比べてみよう」

●ねらいと使い方

・「もの」や「こと」の中心的な意味や役割など、必要なものを落とさないで説明する。
・具体例や場面なども少し取り入れて説明できる。
・国語辞典の説明の仕方から学ぶことができる。
・どこに視点を当てるかで、同じものでも説明が異なることに気付く。
・自己評価を大事にする。

■対比して、簡単な説明的文章を書く

●使用学習シート②

「対比して説明する文章を書こう」

●ねらいと使い方

・スプーンとフォークの似ているところと違うところを、ノートやメモに書き出し、対応させる項目を選ぶ。
・一つの段落に一つのものを書くことで、段落のまとまりをつかむ。
・まとめの段落をつける。
・どことどこを対比させるかを考えることで、対応関係を考える。
・一つの段落の分量の目安は、三文程度とする。
・書いた文章のどことどこが対応しているのかを交流する。

〈学習シート①〉

身の回りのもの・ことを説明する文章を書く

名前

次のものを説明する文章を書き、国語辞典の書き方と比べましょう。

(1)「えんぴつ」

自分で書いた説明	国語辞典

◆自分の書いた説明と国語辞典に書いてあるものを比べましょう。

①ほぼ同じ

②ちがっていた→（ちがっていたところを書きましょう。）

(2)「野球」

自分で書いた説明	国語辞典

◆自分の書いた説明と国語辞典に書いてあるものを比べましょう。

①ほぼ同じ

②ちがっていた→（ちがっていたところを書きましょう。）

説明をするとき、落としてはいけないものには、どんなことですか。例を見てあとの二つを書いてみましょう。

例・ 鉛筆＝筆記用具・書くときに使うもの―（これは落とせませんね。）

・ピアノ＝

・春＝

〈学習シート②〉

対比して説明する文章を書こう

名前

「スプーンとフォークのちがい」について説明する文章を書きましょう。

① スプーンとフォークの似ているところとちがうところをメモする。

② メモを見ながら、段落のまとまりを考えて書く。

・はじめの段落　・スプーンの説明の段落　・フォークの説明の段落　・まとめの段落

（はじめ）　スプーン　フォーク　（まとめ）

スプーンとフォークのちがい

2　作文の練習

見たことや聞いたことを書く

■見たことを書く

［1］教師の動作・言動を書く

「これから先生がすることをよく見ていてください」と言って、よく見させてから書きます。

●一分間のことを一〇分間程で書く

花瓶を用意します。それに花を挿してテーブルの下に隠しておきます。それを取り出します。以下はその時の作文です。教師の実演は一分ぐらいで、複雑なことはしません。実演が終わったら、子どもたちはその出来事を書きます。

書き始めて一〇分ぐらいたったら、途中でもやめさせます。

●前に出て読む

よく「いいところを見付けましょう」という授業を見ますが、それはしません。「わかるところを言ってください」と私は言います。**「友だちの作文を聞いたあと、どんなことがわかるか聞きます」**と伝え、前に出て読んでもらいます。

花びんの花

先生が、テーブルの下から、花びんを出しました。白い花びんです。花が二本さしてありました。先生はその花びんを、テーブルの右はじに置きました。テーブルの真ん中には教科書が置いてあったからです。花は、赤いカーネーションでした。少し長めに切ってあったので、花が曲がって、花びんが倒れそうに見えました。

●読み合う～最初は教師が観点を示す

「どんなことが書けていますか。わかりますか」

・花瓶を出したことです。

「そうでしたね。このように書いた人はいますか」

たくさん手が挙がります。

「よく見ていましたね」

・白い花瓶です。

・花は長くて曲がっていた。

「色・様子ですね。これも書けた人はいますか」

・はい。大きさも書けました。ちょっと細い花瓶です。

「花の色、カーネーションという花の名前などが書けましたね」

・花が二本ということも書きました。

「数字も書けていますね。みなさんさんはどうですか」

こうして、書いてあることから、よく見ていたことを、振り返ります。多くの子ができています。

これが書けているということは、よく見て

いたからです。それを当たり前と思ってもっと難しいことを要求する教師がいますが、私はそうは思いません。みんながよく見ていて、それを書いていることをお互いに確認し合うことから始めたいのです。

そこから次のように、少しだけ深めていきます。

「では、テーブルの、端っことか右端に置いたなどの場所も書いた人はいますか」

・横もいいですか。

「位置だからいいですよ」

「少ないけれどいいますね。位置、場所、これも書けるといいですね」

「では、位置、場所が書けた人に今度は読んでもらいます」と言って、次の子どもに読んでもらいます。

先生の花瓶

先生は机の下をのぞきこみました、そして、何かを出しました。花でした。先生はその花びんを机に置こうとしましたが、ちょっと考えてはじっこに置きました。さしてあったのはカーネーションでした。先生は、「もうこの花をあげる人がいなくなりました。」と言いました。お母さんのことかなと僕は思いました。

●書けていないことを問題にしないで書けたことを認め合う

また話し合います。もうここでは子どもから出すようになります。

・端っこに置いたのがわかります。

・ちょっと考えて、というのは真ん中に教科書があったからです。

「前の人には書いていなかったことが、この作文にはありましたね」

・先生が言った言葉です。

「先生の言った言葉も書いた人はいますか」

・ちょっと違うけれど書きました。

「では読んでください」

このようにして読んでいくなかで、「見たことが書けている」と様子がわかるし、なぜそうしたのか理由などもわかってくることをつかんでもらうのです。

子どもたちには、友だちの発表を聞きながら、必ず自分の作文を振り返らせます。その際、「書けていない」ことを指摘しないで、「ああ、これが書けている」「これもできた」というようにできていることをまず見ていくようにします。友だちの読むのを聞きながら、自分の足りないところは自分で気付いているのですから、あえてそれを話し合うことはしません。

三～五人ほど読んだら、今度はグループで交代で読むようにします。

●振り返りの観点

・見たことが書けたか

（色・数・大きさ・場所など）

・この学習でどんなことができたか

・どんなことがわかったか。

・これから気を付けること

［2］教科書の表紙を見て書く

「国語の教科書の表紙を見てどんな絵や文字があるかを書きましょう」と投げかけ、ノートに書かせます。最後は、「――これが僕たち（私たち）の教科書だ。」で結びます。

はばたき。よく晴れた空を六羽のツバメが飛んでいる。ツバメはくちばしに風船や四つ葉のクローバーをくわえている。風船には、トランペット、本、パレット、ラブレターなどが結び付けられている。一羽の大きなツバメの背には、子どもたちが乗っている。みんな笑顔でいる。

――これが僕たちの国語の教科書だ。

[3] 筆箱を見て書く

筆箱を外から見た全体的なことを書き、それからなかを開けて、見たものを書きます。自分の筆箱でも、友だちの筆箱でも構いません。


「――これが私の筆箱です。」

「――これが○○さんの筆箱です。」で結ばせます。

■聞いたことを書く

[1] 会話を書く

二つの作文を印刷して配ります。まず、こちらを読みます。

朝起きてから、お母さんとけんかをしました。お母さんは私の髪の毛を無理やりに引っ張ったからです。痛かったです。いくら急いでいても、ひどいと思います。

次に、こちらを読みます。


「ねえ、お母さん。これでいい」

髪の毛を結びながら私は言いました。お母さんはお皿を並べていました。

「今だめなの、後にして」

とめんどうくさそうに言いました。

「でもうまくはまらないんだよ。来てえ。遅刻しちゃうよ。」

私は大きな声で言いました。

「しょうがないわね、こうでしょ。ちゃんとくしでとかさないから、こうなるのよ。」

お母さんは、私の髪の毛を思い切り引っ張って言いました。

「痛いよ、やさしくして。」

と言っても手はゆるめません。私は、

「もういい。自分でやる。」

と言うと、お母さんは、

「勝手にしなさい。」

と言って、台所に行ってしまいました。


「どちらがおもしろいですか」と聞くと後のほうがいいという意見が多いでしょう。

●今日のことから会話を書く

「会話が書いてあると、このように様子も気持ちもわかりますね。では、今日の朝のこと、学校に来る時のこと、休み時間のこと、図工の時のことなどで、会話したことを書いてみましょう」

書けたらすぐに読み合います。その際は「面白いね」という読みを大事にします。そして、上手下手ではなく、会話が書けていることを確認し合います。

〈学習シート①〉鉛筆対談で会話を書こう

鉛筆対談で会話を書こう

名前

1 次の会話は、AさんとBさんが鉛筆で書いた会話です。読んでみましょう。

A 「来週ピアノの発表会があるから、毎日ピアノの練習があるの」。

B 「それは大変だね。ぼくは、ピアノはまったくひけないよ。ぼくは最近自転車を買ってもらったので、放課後は自転車に乗って公園によく行くよ」。

A 「いいね。どんな自転車なの」。

B 「黒のマウンテンバイクだよ。ピアノの発表会では、何の曲を演奏するの」。

A 「トルコ行進曲をひくの」。

2 右と同じように友達と鉛筆で言葉を書きながら会話をしましょう。会話は必ずかぎに入れます。交代で書き、声は出しません。 話題「この頃のこと」「好きな給食」「先生・私のくせ」「夏休みのこと」など

〈学習シート②〉原稿用紙での会話の書き方

原稿用紙での会話の書き方

名前

■左の文章と同じになるように書き写しましょう。

かぎの位置

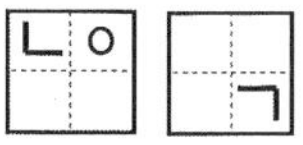

かぎを使う場合は、行を替えて書きます。

文が最後のます目で終わるときには、句読点やかぎは最後のますに書きます。

会話文が二行以上になるときには、二行目以降は、一ます下げて書きます。

家に帰ると、くつ箱の上に宅急便が乗っていました。私は、

「お母さん、これ、なあに。だれから来たの」。

と聞きました。お母さんは、

「それねえ、間違いみたいなの」。

と台所から答えました。

「ねえ、でもこれ、うちの番地が書いてあるよ」。

そう言ってもお母さんは、

「だって、その人、知らない人でしょ」。

お母さんは、めんどうくさそうに言いました。

［2］実演を見て会話を書く

黒板の前で教師と子どもが話をしているのを見てから書きます。簡単な会話がいいでしょう。

そうするとこのような文章が書けます。

> **先生と吉永さんの会話**　　山田　さおり
>
> 先生が、
> 「吉永さん、その手はどうしたのですか。」
> と言いました。吉永さんは
> 「昨日転んでしまいました。」
> と言いました。
> 「それは危なかったね。」
> と先生は言いました。それから、
> 「では、今日は体育は見学ですね。」
> と言いました。吉永さんは
> 「はい、そうします。」
> と言いました。

●かぎ「　」で行替えができたか

一五分ぐらいで書きます。書けたら、できれば、実物投影機や書画カメラなどで画面に写し、本文が他の子にも見えるようにして読ませます。「かぎ」が書けているのを確認します。「様子がわかりますね」。そして、それぞれが、自分の書いた文章を振り返ります。

●言い方、表情、声の調子なども話し合う

少し違う書き方をした子もいます。今度はそれを教師が読みます。

> 先生と吉永さん　　加藤　健太
>
> 先生が、
> 「吉永さん、どうしたの。」
> と心配そうに聞きました。吉永さんは、
> 「昨日自転車で転んだの。」
> と右手をおさえて答えました。先生は、
> 「それは危なかったね。」
> と右手をのぞき込みながら言いました。
> 吉永さんは
> 「今日は、体育は見学です。」
> と少し小さな声で言いました。

読んだあとに子どもたちに聞きます。

「どうですか」

・聞いたことだけでなく、見たことも書いてあります。

・心配そうに……のところです。

・のぞき込んで言いました、がよくわかります。

「そう、顔の表情・動作なども大事ですね。」

> ・表情
> ・動作

と板書します。

「表情や動作を書いた人はいますか」

・体育ができないところに、「つらそうに言いました」と書きました。

・けがの原因を言ったところに、「困ったような顔で言いました」と書きました。

・「腕を見てから答えました」と書きました。

「表情や動作の他には、どうですか。」

・「言いました」でなく、「聞きました」「答えました」と書いています。

「皆さんはどう書きましたか」と聞き、板書します。

・言いました。
・聞きました。
・答えました。
・たずねました。

「『言う』だけではなく、他の言葉もあるのですね」

・「小さな声で」、というのもいいと思います。

「声の感じですね。大きな声とか叫びましたとか。ぴったりする言葉を使うといいでしょう」

・声の調子・感じ
・声の大きさ

これらを、作文の中に書いた子に読んでもらいながら紹介します。ここでもできないことよりも、できたこと、書けたことを中心にして話し合います。

そして各自、自分が書いた文章を振り返ります。

教科書・文学作品で見付ける

●「白いぼうし」や「モチモチの木」で会話の書き方を見付けよう

教科書の文学作品は、「会話の書き方」の宝庫です。教科書の作品を使って、子どもたちの表現の幅を広げます。

四年生の教科書に載っている「白いぼうし」には、

・——話しかけました。
・——にこにこして答えました。
・——ひとりでに、笑いがこみあげてきました。
・——それは……小さな声でした。

などがあります。

三年生で扱った「モチモチの木」は、会話表現にバラエティーがあるので、こちらも使うとよいでしょう。例えば次のような表現です。

・——って、どんなに小さな声で言っても……
・——と、いばってさいそくする。
・——と、泣きそうに言った。

●編集・執筆者
山本　瑠香（やまもと　るか）　東京都杉並区方南小学校教諭

林　真由美（はやし　まゆみ）　元東京都杉並区立杉並第七小学校教諭
杉並区教育委員会済美教育センター研究員

今井　成司（いまい　せいじ）　元東京都杉並区立三谷小学校教諭
日本作文の会委員

●執筆者
小美濃　威（おみの　たけし）　元東京都杉並区立桃井第五小学校教諭
杉並区浜田山小学校講師
東京作文教育協議会会長・日本作文の会委員

吉田　綾子（よしだ　あやこ）　元東京都調布市立染地小学校教諭
日本作文の会委員

上野　健太（うえの　けんた）　元東京都杉並区立西田小学校教諭
元杉並区教育研究会国語部長

イラスト（表紙）　44℃ MOTOKI
カット　上野　祐広

4年生《ねんせい》 国語《こくご》——教科書《きょうかしょ》教材《きょうざい》の読《よ》みを深《ふか》める言語活動《げんごかつどう》
発問《はつもん》を中心《ちゅうしん》とした全時間《ぜんじかん》の展開例《てんかいれい》

2018年4月24日　初版第1刷発行

編著者　今井《いまい》　成司《せいじ》・林《はやし》　真由美《まゆみ》・山本《やまもと》　瑠香《るか》
発行者　新船《しんふね》　海三郎《かいさぶろう》
発行所　株式会社 本の泉社
〒113-0003 東京都文京区本郷 2-25-6
電話：03-5800-8494　Fax：03-5800-5353
mail@honnoizumi.co.jp ／ http://www.honnoizumi.co.jp
印　刷　亜細亜印刷　株式会社
製　本　株式会社　村上製本所

ISBN978-4-7807-1686-3　C3037